Bräuche im Lebenslauf am Zürichsee

Bräuche im Lebenslauf am Zürichsee

Peter Ziegler

Th. Gut Verlag

Impressum

Bräuche im Lebenslauf am Zürichsee
© Th. Gut Verlag, Zürich 2014
Gestaltung: Marc Aeschbach, Stutz Druck AG, Wädenswil
Druck: Stutz Druck AG, Wädenswil
Bindung: Schumacher AG, Schmitten
ISBN: 978-3-85717-223-6
Alle Rechte vorbehalten.

Besuchen Sie uns im Internet unter: www.gutverlag.ch

Inhaltsverzeichnis

Vorwort	7
Rund um die Geburt	8
Rund um die Taufe	29
Konfirmation	40
Erstkommunion und Firmung	45
Jungbürgerfeiern	48
Kiltgang, Eheversprechen und Verlobung	51
Rund um die Heirat	58
Rund um das Sterben	101
Anmerkungen	141
Bildernachweis	159

Dank

Der Autor dankt allen, welche die Herausgabe dieses Buches finanziell unterstützt haben:

Albert und Regula Höhn, Wädenswil

Vera Höhn und Andreas Christen, Wädenswil

Stutz Druck AG, Wädenswil

Maria und Heinrich Th. Uster, Wädenswil

Zürichsee Medien AG, Stäfa

Der Dank geht auch an jene, die Bildmaterial zur Verfügung gestellt haben:

Bächtiger Paul, Horgen

Baugeschichtliches Archiv der Stadt Zürich, Zürich

Braut- u. Festmoden Chez Janine AG, Bubikon

Burlet Reto, Wädenswil

Christen Urs, Pfäffikon SZ

Confiseur Bachmann AG, Luzern

Denkmalpflege des Kantons Zürich, Dübendorf

Dokumentationsstelle Oberer Zürichsee, Wädenswil

Fankhauser Fritz, Hütten

Grieder Sandra, Winterthur

Hoffmann Georges, Au

Kantonsarchäologie Zürich, Dübendorf

Kirchgemeindearchiv St. Peter, Zürich

Kutter Philipp, Wädenswil

Ortsmuseum Meilen, Meilen

Ortsmuseum Richterswil, Richterswil

Preisig E. Magdalena, Wädenswil

Schweizerische Nationalbibliothek, Grafische Sammlung, Bern

Schweizerisches Nationalmuseum, Zürich

Staatsarchiv des Kantons Schwyz, Schwyz

Staatsarchiv des Kantons Zürich, Zürich

Stäfa, Gemeindeverwaltung, Stäfa

Stiftsarchiv Einsiedeln, Einsiedeln

Wyss Pit, Dielsdorf

Zentralbibliothek Zürich, Grafische Sammlung

Vorwort

Im Jahre 2011 erschien im Th. Gut Verlag in Stäfa mein Buch «Bräuche im Jahreslauf am Zürichsee». Beim Studium der Quellen und der umfangreichen Literatur stiess ich immer wieder auch auf Bräuche, die den Lebenslauf der Menschen prägen. Dieses Brauchtum – von der Wiege bis zur Bahre – wird im vorliegenden Band geschildert. Gewürdigt werden Bräuche im Zusammenhang mit Geburt, Taufe, Konfirmation, Erstkommunion und Firmung, mit Jungbürgerfeier, Eheanbahnung, Verlobung und Hochzeit sowie dem Sterben. Nebst den Akten im Staatsarchiv Zürich – etwa den Gerichtsakten und Stillstandprotokollen – enthalten vor allem Biografien, Familiengeschichten, Ortsgeschichten und die mit 1850 einsetzenden Nummern des «Allgemeinen Anzeigers vom Zürichsee» interessante Hinweise. Berücksichtigt wird auch die jeweilige Gesetzgebung. Wenn immer möglich wird der Brauchtumswandel anhand von Presseberichten und Publikationen bis in die Gegenwart verfolgt.

Untersuchungsgebiet sind mit Schwergewicht wiederum die Ortschaften an beiden Ufern des Zürichsees sowie die Stadt Zürich. Bisweilen wird der Blick aber auch auf den Kanton Zürich und die Schweiz ausgeweitet.

Wädenswil, im Januar 2014
Peter Ziegler

Rund um die Geburt

Rund um die Geburt

Die Geburt bedeutet den Eintritt ins Leben, den Übergang in die menschliche Gemeinschaft. Um dieses Übergangsritual rankten sich schon früh allerlei Vorstellungen und Bräuche. Dazu gehörten etwa die Antworten von Eltern auf die Kinderfrage, woher die Geschwister kämen.

Höhlen und Kindlisteine

Die Frage nach der Herkunft der neugeborenen Knaben und Mädchen zählte bei den Vorfahren zu den unbequemen Kinderfragen.[1] Unterschiedlich fielen darum die ausweichenden Antworten aus. Im 19. Jahrhundert nannten die Eltern verschiedene Orte, von denen die Neugeborenen stammen würden. Emil Stauber hielt 1922 fest: «Nach frühem Kinderglauben kommen die jungen Erdenbürger aus Schluchten, Felsen, sonderbaren Steinen, aus Brunnenstuben, wo die Hebamme sie aus einem verborgenen Gemach holt. In Stäfa ist es der Stäfnerstein, ein nahe an der Wasserfläche des Sees aufragender Felshügel, dessen eines Ende das sonderbare Geheimnis in sich birgt.»[2] In Kilchberg hiess es, die Hebamme hole die Kleinen beim Kindlistein auf dem Üetliberg. Sie allein besitze den Schlüssel zu dessen eisernem Tor.[3] Die Kinder aus der Gegend von Wädenswil, Schönenberg und Hirzel stammten angeblich aus einer Felshöhle am Sihlsprung. In Horgen erzählte man, die Hebamme hole die Neugeborenen in Langnau. Im Berg Horgen gab es einen eigenen Kindlistein im nahen Holz. Noch 1952 – so schreibt der Volkskundler Heinrich Burkhard – sei die Sage vom Kindlistein in Horgens bäuerlichen Kreisen nicht vollständig verdrängt.[4]

Vom Storch

1968 überliefert Hans Frey für Stäfa, so weit man sich zurückerinnern vermöge, sei am rechten Ufer des Zürichsees der Storch als Kinderbringer tätig.[5] Für die Zürichsee-Gemeinden lässt sich dies allerdings erst für die Zeit um 1900 nachweisen. Der Volkskundler Eduard Hoffmann-Krayer schreibt 1913 in seinem Handbuch «Feste und Bräuche des Schweizervolkes»: «Nach dem echt schweizerischen Kinderglauben werden die Neugeborenen nicht vom Storch gebracht; der Glaube ist in neuester Zeit von Deutschland eingewandert.»[6] Bilderbücher, Kinderverse und Reime sowie farbige Postkarten machten den Storch, der die Mutter ins Bein beisst, rasch populär.

Der Storch als Kinderbringer.
Glückwunschkarte, verschickt 1924.

Erste Hinweise auf den Storch, der Neugeborene bringt, finden sich zu Beginn des 17. Jahrhunderts bei Gabriel Rollenhagen (1583–1619) aus Marburg.[7] In einem Kinderlied aus Leipzig von 1678 heisst es: «Klapperstorch, Langbein, bring meiner Mutter ein Kind heim.»[8] Zur Frage, weshalb der Storch die Kinder bringt, gibt es verschiedene Vermutungen. Adebar heisst der Storch in der Fabel. Erwogen wird daher ein Bezug zum zusammengesetzten germanischen Begriff «auda» für Glück und «bera» gebären. «stork» nannte man im Mittelhochdeutschen das männliche Glied. Das Wort soll später auf den Storch übertragen worden sein. Massgebend könnten auch die grossen Storchennester gewesen sein. Sie liessen sich mühelos als eigentliche Kinderwiegen deuten.[9]

«Rette sich, wer kann!» Ansichtskarte aus der Zeit um 1900.

SEXUELLE AUFKLÄRUNG

Die Frage sei erlaubt: Glaubten wirklich alle Kinder die Geschichten vom Storch oder die Aufklärungsversuche mit Blüten und Bienchen, wie sie der Kabarettist César Keiser 1967 in seinem Opus 5 im Gespräch «My Sohn nimm Platz!» so treffend geschildert hat? Mindestens den Jugendlichen, die auf den zahlreichen Bauernhöfen aufwuchsen, dürfte doch nicht entgangen sein, wie der Stier die Kuh und wie der Eber die Sau besprang. Und wer die Eltern in den 1930er und 1940er Jahren aus Scham nicht zu fragen wagte, fand andere Möglichkeiten, die Neugier zu befriedigen. Da gab es den Blick ins von den Eltern versteckte «Doktorbuch», wie zum Beispiel in das 1926 in deutscher Sprache erschienene und weit verbreitete Werk «Die vollkommene Ehe» von Th. H. van de Velde.[10] Sein meist unvollständiges Wissen erwarb man sich aber auch bei älteren Geschwistern oder bei Kameraden. Wegweisend für die sexuelle Aufklärung vieler wurden die beiden Schriften, die Dr. Emanuel Riggenbach in Basel publizierte: 1935 das Büchlein «Du sollst es wissen, eine Erzählung zur Geschlechtserziehung für die reifere männliche Jugend» und 1938 das Pendant für die Mädchen mit dem Titel «Du musst es wissen».[11]

Im August 1956 erschien in München die erste Nummer der Jugendzeitschrift «Bravo». Unter dem Pseudonym Dr. Jochen Sommer beantwortete der Arzt Dr. Martin Goldstein (1927–2012) seit Oktober 1969 in jeder Ausgabe Fragen der Jugendlichen um deren Sexualität. Das Magazin stiess auch in der Schweiz bald auf das Interesse der heranwachsenden Mädchen und Knaben. Denn hier erhielten sie Auskunft auf alle brennenden Fragen.[12] Auf grosse Beachtung stiessen ab 1980 sodann die Kolumnen, welche die Sex- und Partnerschaftsberaterin Martha Emmenegger (1923–2001) täglich in der Boulevardzeitung Blick veröffentlichte.[13] 1996 übernahm Eliane Schweitzer die Nachfolge Emmeneggers. Seit 2012 ist Caroline Fux Sexberaterin im «Blick».

Nicht nur über die Printmedien kommen heutige Jugendliche zu ihren Informationen. Aufgeschlossene Eltern klären ihre Kinder bereits früh altersgerecht auf. Und auch die Schule verschliesst sich seit Ende des 20. Jahrhunderts dieser Problematik nicht mehr und erteilt sexualkundlichen Unterricht.[14] Zudem holen sich heranwachsende Knaben und Mädchen Informationen über elektronische Medien.

HAUSGEBURTEN

Vom Mittelalter bis zu Beginn des 20. Jahrhunderts gebaren die Frauen ihre Kinder in der Regel zu Hause, und zwar auf dem Land wie in der Stadt Zürich. Frauen aus der Verwandtschaft oder der Nachbarschaft unterstützten die Gebärende als Geburtshelferinnen. 1415 waren bei einer Geburt in Zürich mindestens zwei Verwandte oder Nachbarinnen anwesend. Sie halfen der Hebamme und kümmerten sich um die Mutter und den Säugling. Männer – und auch Kinder – waren vom Geburtsvorgang ausgeschlossen. Der Vater wartete deshalb draussen, bis ihm eine der Frauen das Kind zeigte und gratulierte.[15] Lange Zeit gebaren die Frauen kniend, in Hockstellung.[16] Später benützten sie einen Gebärstuhl, wie ihn das Hebammenbuch des Zürcher Stadtarztes Jakob Ruf aus dem Jahre 1580 abbildet.[17] Auch Hebammen verfügten über einen Gebärstuhl mit verstellbarer Rückenlehne sowie beweglichen Arm- und Fussstützen, wie ein erhaltener Gebärstuhl aus dem Wädenswiler Berg zeigt. Transportiert wurde er meist mit einem Pferdefuhrwerk. Die Gemeinde Uetikon am See gab im Jahre 1720 dem Tischmacher Rudolf Weber den Auftrag, einen solchen «Kindbetter-Stuhl» herzustellen.[18] Susanna Escher-Meyer in Zürich wurde 1789 im Gebärstuhl entbunden. Ihre Schwägerin Regula von Orelli-Escher schreibt am 23. April ins Tagebuch: «Um halb sieben Uhr setzte sie sich in den Stuhl, verarbeitete die Wehen und um halb zehn Uhr gebar sie den herrlichen Knaben ohne dass sie in Schreien ausbrechen musste. Als die Wehen gegen dem nahen Ende der Geburt sich verlieren wollten, fanden sie sich auf ein Pulver und auf eine Essenz wieder ein.»[19]

Hausgeburt. Chronik des Zürcher Chorherrn Johann Jakob Wick, 1577.

Nicht immer kam die Hebamme rechtzeitig zur Geburt. Der Zürcher Pfarrer Johann Caspar Lavater (1741–1801) hielt in seinen Jugenderinnerungen fest, was man ihm über seine «Ankunft» berichtet hatte: «Ich kam so unversehens schnell, dass meine Mutter, ohne fremde Hilfe, sich plötzlich von mir entbunden sah. In unbeschreiblicher Angst musste sie sich im Bett der hinteren Stube auf dem zweiten Boden schier die Stimme ausschreyn, bis ihr und dem erblassenden Kind endlich jemand zu Hilfe eilte. Ausatmend lag ich zwischen ihren Knien. Sie hielt mich mit bebenden Armen. Keine Hebamme da! Nur Anna Körner, die Schwester der Hebamme, holte schnell Knoblauch, kaute ihn und hauchte ihn mir in die Nase. Der scharfe Geruch brachte mir endlich die Lebensfarbe und meiner bestürzten Mutter die Ruhe wieder. Endlich kam die Hebamme und vollendete, was zu vollenden war.»[20]

Wie eine Schwangerschaft in einer Familie der Zürcher Oberschicht verlief, hat Regula von Orelli-Escher in ihrem Tagebuch festgehalten: Nach der Heirat im Mai 1776 mit David Orelli, dem späteren Landvogt zu Wädenswil, wurde Regula während zehn Jahren nie schwanger. Dass sie keine Kinder bekam, war für sie «ein leeres, trauriges Leben». Arztbesuche bei Dr. Johannes Hotz (1734–1801) in Richterswil und viele Arzneien halfen nicht weiter. «Alles war umsonst. Ich blieb ohne Kinder. Ich fühlte mich unglücklich.» Als Regula von Orelli 1786 endlich schwanger wird, was Chorherr Rahn am 18. Juli bestätigt, bezeichnet sie dieses Jahr als das glücklichste ihres Lebens. Am 30. September verdingt man eine Wochenpflegerin und Amme, am 12. Oktober wird zur Ader gelassen und am 16. Oktober kommt die Hebamme Anna Barbara Schweizer-Heuberger zu Besuch. Am 10. Dezember sind Wäsche, Bett und Kinderzeug bereit. Am 13. Dezember strickt sie Kinderkappen und schreibt den «Freudrodel», die Wunschliste für Geburtsgeschenke. Am 14. Dezember arbeitet sie an einem neuen Schlüttli. Am 15. Dezember sichert Chorherr Rahn der Schwangeren zu, er werde ihr beim Gebären helfen. Als am 9. Januar 1787 Anzeichen von Wehen einsetzen, wird die Hebamme Schweizer gerufen. Diese meint, «vom Gebären sei jetzt keine Rede». Ab Mitte Januar nimmt die Schwan-

Ein Arzt untersucht eine Schwangere. Illustration aus dem 19. Jahrhundert.

Gebärstuhl aus dem Wädenswiler Berg, Mitte 19. Jahrhundert. Armlehnen und Fussstützen sind verstellbar. Für den Transport lässt sich der Stuhl zusammenklappen.

gere Dampfbäder, bleibt häufig im Bett, betet und hofft. Am 12. Februar bricht das Wasser, Anzeichen der baldigen Geburt, und man gibt ihr Hoffmannstropfen. Um 13 Uhr setzen die Wehen ein, um 15 Uhr ruft man den Chorherrn Rahn und die Hebamme Schweizer. Nachdem sie vor 17 Uhr zeternd und betend in der Stube auf und ab gegangen ist, setzt sich Regula von Orelli in den Gebärstuhl. Chorherr Rahn holt den Knaben heraus, wobei es zu einem Dammriss kommt. Man bringt die Wöchnerin ins Bett und legt ihr den geborenen Knaben auf die Brust.

Jede Geburt bedeutete früher für die Gebärende ein grosses Risiko. Entsprechend gross waren denn auch die Ängste, welche die Schwangere durchzustehen hatte. Ein Blick ins Tagebuch der Regula von Orelli-Escher macht dies deutlich: Am 14. September schreibt sie zum ersten Mal über die Möglichkeit des Todes wegen der Schwangerschaft. Gleichzeitig vergiesst sie Tränen des Glücks wegen ihres Zustandes. Am 12. Oktober sieht sie mit Angst der Geburtsstunde entgegen. Am 5. November schreibt sie ihrem Gatten mit Wehmut vorsorglich einen Abschiedsbrief und bittet ihn, im Falle ihres Todes gut für das Kind zu sorgen. Am 12. November befällt sie bange Furcht vor der Stunde des Leidens, in die sie kommen muss, und vor dem Tode. Am 14. Dezember verspürt sie wehmutsvolle leidende Augenblicke, Todesfurcht und Furcht vor dem Gebären. Am 20. Dezember betet sie zu Gott: «Ach, wenn ich nur auch mein Kind lebendig zur Welt bringen mag. Mit meinem eigenen Leben nehme ich's unbekümmert an. Denn ich bin Dein, lebendig oder tot.» Am 13. Januar 1787 schreit sie in Todesangst zu Gott. Am 12. Februar setzen die Wehen ein. Regula von Orelli empfindet unendliche Schmerzen, schreit erbärmlich und wird ohnmächtig. Hans Caspar ist geboren.[21]

Mit verbesserter Spitalpflege nahmen die Hausgeburten ab. Seit Ende des 20. Jahrhunderts sind sie aber wieder im Trend. Geschätzt wird eine sanfte Geburt in privater und intimer Atmosphäre.[22]

Der Kupferstecher David Herrliberger hat 1748 in seinem Werk «Heilige Ceremonien» eine Hausge-

Hausgeburt. Kupferstich von David Herrliberger, 1748.

burt in einer vornehmen Zürcher Familie abgebildet. Im Alkoven steht hinter zurückgezogenen Vorhängen das Nischenbett. Zum Bettzeug gehören der hohe Kissenberg, Bettdecke und Oberlaken mit breitem Spitzenbesatz. Die Wöchnerin erhält soeben eine Suppe, während auf dem Tisch eine Teegarnitur bereitsteht. Die Frau links am Fenster, wohl die Hebamme, beschäftigt sich mit dem Säugling. Vor ihr steht die reich ausgestattete Wiege.[23]

HEBAMMEN
HEBAMMEN IM ANCIEN REGIME

Frauen, die Geburtshilfe leisteten, gaben einander die erworbenen Kenntnisse und Erfahrungen weiter. Allmählich entwickelte sich so der Stand der Hebammen oder Wehenmütter. In der Stadt Zürich, wo schon 1415 eine Hebamme bezeugt ist, nahm sich der Stadtarzt des Hebammenwesens an. Seit 1554 war er verpflichtet, die Hebammen zu Fronfasten zu prüfen. Grundlage war ein Katechismus, den der Arzt Jakob Ruf (1505–1558) 1554 verfasst hatte: «Ein schön lustig Trostbüchle von den empfengnussen und geburten der menschen».[24] Wer die Prüfung bestehen wollte, musste Teile aus dem Hebammen-Katechismus auswendig hersagen können.[25] Postum veröffentlichte man 1634 ein Hebammenbüchlein des 1536 in Zürich als Scherer bezeugten Felix Würtz.[26]

In den Dörfern am Zürichsee wirkten ebenfalls vereinzelt Hebammen. Die Meilemer Kirchenrechnung von 1547 zum Beispiel enthält einen Ausgabenposten für die Hebamme. 1568 übernahm das Kirchengut für die Amme nicht nur einen Geldbetrag, sondern auch die Kosten für ein Paar Stiefel. 1589 erwähnt die Rechnung bereits eine zweite Hebamme, die sogenannte Spetthebamme.[27]

1697 vernahm die Zürcher Regierung, die Geburtsverhältnisse auf dem Land seien desolat. Sie forderte daher die Gemeinden auf, ihre Hebammen zur Prüfung nach Zürich zu schicken. Die Behörden sollten keine Frauen mehr anstellen, die nicht in Zürich geprüft und patentiert worden seien.[28]

Bereits zu Beginn des 18. Jahrhunderts verfügten die meisten Seegemeinden über eine Hebamme. Für Thalwil ist eine Hebamme – Regula Schwarzenbach-Syfrig – für 1669 bezeugt, für Wädenswil datiert ein

Hebamme in Zürich. Kupferstich von David Herrliberger, 1751.

Gebärende im Gebärstuhl. Holzschnitt von Erhard Schön aus dem Hebammenbuch «Der schwangeren Frauen und Hebammen Rosegarten» des Arztes Eucharius Rösslin, Strassburg 1513.

erster Beleg von 1722, für Erlenbach von 1750.[29] Die Hebammen wurden aus dem Kirchen- oder dem Gemeindegut besoldet und bezogen überdies ein sogenanntes Wartgeld. In Horgen zum Beispiel wurde dieses erst 1844 gestrichen, in Uetikon am See 1851.[30]

Aus Kostengründen verzichteten ärmere und kleinere Gemeinden auf die Anstellung einer Hebamme. Um diesem Mangel abzuhelfen, wurde 1774 jede Gemeinde verpflichtet, eine Hebamme zu wählen. Ausserdem verfügte die Zürcher Obrigkeit, dass Spetthebammen zu ernennen seien. Das waren Frauen, die zu ihrer Ausbildung die Hebamme bei Geburten begleiteten.[31] 1784 hatten die Gemeinden das von Stadtarzt Hans Caspar Hirzel (1725–1803) verfasste neue Lehrbuch für Hebammen anzuschaffen.[32]

Für die Entbindung hatte die Familie die Hebamme zu entschädigen. Reiche Familien entlöhnten in der Regel besser als ärmere, und so erfuhren wohlhabende Gebärende vielfach eine bessere Betreuung. Um dies zu verhindern, sah sich die Zürcher Regierung 1815 genötigt, in der erneuerten Hebammenordnung den Wehenmüttern gesetzlich vorzuschreiben, «den armen Weibern mit gleichem Eifer wie den reichen» beizustehen.[33]

Weibergemeinden

In den Dörfern am Zürichsee lag das Recht, die Hebamme zu wählen, wie auf der ganzen Landschaft in der Kompetenz der Weibergemeinde. Einzig das selbstbewusste Küsnacht wich in der Zürichseegegend von dieser Regel ab. Dort war die Kirchenpflege, der sogenannte Stillstand, das Wahlgremium.[34] Wahlberechtigt in den Weibergemeinden waren die verheirateten Bürgersfrauen und die in der Gemeinde lebenden eingebürgerten Witwen. Getagt wurde meist in der Kirche unter der Leitung des Stillstandes, der örtlichen Kirchenbehörde. Der Pfarrer führte den Vorsitz. Er nannte vorerst die Bedingungen, die an das Amt einer Hebamme geknüpft waren: Gesundheit des Leibes und der Seele, Frömmigkeit, Demut, Sanftmut, Bescheidenheit, Gewissenhaftigkeit, Treue und Verschwiegenheit. Dann gab er die Namen der Vorgeschlagenen bekannt. Darauf begann das «Geraune». Eine Frau nach der andern trat zum Taufstein vor und flüsterte (raunte) dem stimmenzählenden Stillständer mit dem Rücken gegen ihre Mitbürgerinnen den Namen der bevorzugten Kandidatin ins Ohr. Dieser notierte den Wunsch mit einem Strich auf der entsprechenden Liste. Die neugewählte Hebamme wurde mit einem Empfehlungsschreiben an den zuständigen Arzt versehen. Bei diesem musste sie sich das nötige Rüstzeug für ihren künftigen Beruf aneignen. Auf Geheiss des Stillstandes hatten die Meilemer Hebammen im Jahre 1762 einen Fortbildungskurs beim Zürcher Stadtarzt zu besuchen und 1785 händigte ihnen die Kirchenbehörde die gedruckte neue zürcherische Hebammen-Anleitung aus.[35]

In Kilchberg fand 1782 eine Frauengemeinde statt, welche die Hebamme wählte.[36] In Oberstrass datieren die ersten Protokolleinträge über eine Hebammenwahl aus dem Jahr 1783. Nach der Wahl trafen sich die Frauen im Gemeindewirtshaus zu «Trunk und Braten» auf Kosten der Gemeinde.[37] Als die Weibergemeinde 1794 für die Oberwacht Stäfa zwei Hebammen zu wählen hatte, meldeten sich fünf Kandidatinnen.[38]

Die Hebammenwahl war oft ein Intrigenspiel. Denn durch ihre Tätigkeit stieg die Frau in der Dorfgemeinschaft sozial auf. Dies zeigte sich unter anderem darin, dass für sie – wie für Pfarrer, Sigrist, Richter oder Schulmeister – in der Kirche ein angeschriebener Stuhl reserviert war.[39] Und da die «Wehenmutter» aussereheliche Schwangerschaften dem Pfarrer melden musste, übte sie auch polizeiliche Pflichten aus.[40] Wirkten in einer Gemeinde zwei Hebammen gleichzeitig, konnte es zu Kompetenzstreitigkeiten kommen. Um dies zu verhindern, wies der Stillstand Stäfa im Jahre 1793 jeder der beiden in der Unterwacht tätigen Hebammen einen genau umschriebenen Wirkungskreis zu.[41] Als Horgen 1858 gleich drei Hebammen zu wählen hatte, fanden sich zur Frauengemeinde 555 Wahlberechtigte ein, mehr als an einer Gemeindeversammlung der Männer.[42]

Seit der Mitte des 19. Jahrhunderts luden Inserate in der Presse zum Besuch der Weibergemeinden ein. Im «Allgemeinen Anzeiger vom Zürichsee» finden sich solche Anzeigen zum Beispiel für Wädenswil aus den Jahren 1858, 1861, 1863 und 1876, für Richterswil von 1881, für Schönenberg von 1861, 1864 und 1879, für Hütten von 1875.[43]

Das Zürcher Gemeindegesetz von 1865 legte fest, die Wahl der Hebamme könne in die Kompetenz des Gemeinderates fallen. Gestützt auf diese Bestimmung verzichteten immer mehr Gemeinden auf die Durchführung einer Weibergemeinde. In Meilen beschlossen die Männer schon 1875 in einer Gemeindeversammlung, die Wahl der Hebamme dem Gemeinderat zu übertragen.[44] In Wädenswil vollzog 1892 die Gesundheitskommission die Ersatzwahl für die verstorbene Hebamme Anna Elisabetha Widmer-Diener.[45] Gemäss Verordnung betreffend das Hebammenwesen vom 30. Juli 1881 waren noch beide Wahlverfahren möglich. § 18 bestimmte: «Die Wahl einer Hebamme steht, wie es bisher Übung war, der Frauengemeinde, sonst aber der Gemeindebehörde zu. Im ersteren Falle hat die Gesundheitsbehörde der Frauengemeinde einen unverbindlichen Wahlvorschlag zu machen. Die Frauengemeinde ist befugt, ihr Wahlrecht der Gesundheitsbehörde zu übertragen. Findet die Wahl durch die Frauengemeinde statt, so soll dieselbe acht Tage vorher von der Gemeindevorsteherschaft angekündigt werden. Die Leitung der Frauengemeinde liegt dem Präsidenten der betreffenden Gemeinde ob. Der Gemeindeschreiber führt das Protokoll. Stimmberechtigt sind alle im majorennen Alter stehenden Frauenspersonen.»[46]

Auch die Hebammenordnungen vom 6. März 1890 und 4. April 1907 räumen noch beide Wahlmöglichkeiten ein: «Die Wahl einer Hebamme geschieht entweder durch die Frauengemeinde oder durch die Gesundheitsbehörde. Im ersten Fall hat die Gesundheitsbehörde der Frauengemeinde einen Vorschlag zu

Nach dem Gebären. Holzschnitt von Erhard Schön, Strassburg 1513.

unterbreiten. Die Frauengemeinde ist befugt, ihr Wahlrecht der Gesundheitsbehörde zu übertragen. Die Leitung der Frauengemeinde obliegt dem Präsidenten der Gesundheitsbehörde.» Neu war 1907 die Vorschrift, dass jede politische Gemeinde mit Hebammen versehen werden müsse, und zwar im Verhältnis von je einer Hebamme auf 1000 bis 2000 Einwohner.[47]

Ausbildung seit dem 19. Jahrhundert

Im 19. Jahrhundert war die typische Hebamme selber Mutter mehrerer Kinder. Sie kam meist aus einem kleinen bäuerlichen Betrieb oder war mit einem Handwerker verheiratet. Ihre Erwerbstätigkeit verbesserte die ökonomische Basis der Familie.[48]

Seit dem 19. Jahrhundert wurde die Ausbildung der Hebammen stets verbessert. 1809 übernahm der Zürcher Staat die Ausbildung der Hebammen und gründete hierfür eine besondere Anstalt.[49] Durch Gesetz vom 20. Dezember 1832 wurde die Stelle des Hebammenlehrers aufgehoben. Fortan war der Professor der geburtshilflichen Klinik an der Universität für die Ausbildung der Hebammen verantwortlich.[50] Gemäss Gesetz betreffend das Medizinalwesen vom 2. Oktober 1854 sorgte der Staat für den Unterricht der Hebammen. Für Kantonsbürgerinnen war die Ausbildung unentgeltlich. Von den Gemeinden vorläufig gewählte Hebammen erhielten ausserdem während der Unterrichtszeit einen wöchentlichen Beitrag von drei Franken aus der Staatskasse.[51] Gemäss Verordnung von 1890 führte die Frauenklinik jährlich zwei Hebammenkurse von sechs Monaten Dauer durch. Zur Aufnahme waren unter anderem ein Sittenzeugnis der Ortsbehörde und ein Zeugnis des Bezirksarztes erforderlich. An den theoretischen und praktischen Unterricht schloss sich eine Prüfung an. Zur Ausübung des Berufes erteilte die Sanitätsdirektion die nötigen Vorschriften. Einmal jährlich hatte der Bezirksarzt die Gerätschaften der Hebammen auf ihren Zustand zu untersuchen.

Die Pflichtordnung vom 15. Juli 1891 listet das Material auf, über das jede Hebamme verfügen musste. Dazu gehörten unter anderem eine Spülkanne mit Schlauch, Hahn, zwei Mutterrohren und einem Klistierröhrchen, Wundwatte und Jodoformgaze, sechs Meter schmales weisses Band, verwendbar als Nabelschnurbändchen und Tamponfaden, ein silberner Katheter, eine Nabelschnurschere, Fieber- und Badethermometer, eine Gummiunterlage, ein Fläschchen mit Hoffmannstropfen und ein Töpfchen mit Vaseline. Ausführlich beschrieben sind die Aufgaben der Hebamme, ihre Pflichten gegenüber der Schwangeren, die Besorgung der Geburt und der Wöchnerin, die Pflege der Neugeborenen und die Pflichten gegenüber Behörden.[52]

Seit den 1860er Jahren gab es in einzelnen Gemeinden am Zürichsee auch freiberuflich tätige Hebammen. Dies belegt beispielsweise ein Inserat, das Amalie Baumann-Rebmann aus dem Oberort Wädenswil am 20. Mai 1863 in den «Allgemeinen Anzeiger vom Zürichsee» einrücken liess: «Die Unterzeichnete, neuestens vom h. Medizinalrath des Kts. Zürich als Hebamme patentirt, empfiehlt sich als solche den verehrlichen Frauen hiesiger Gemeinde bestens und wird sich die genaue Befolgung ihrer Pflichten angelegen sein lassen. Ebenso empfiehlt sie sich für das Schröpfen.»[53] Bereits in der nächsten Ausgabe vom 23. Mai warb eine zweite Hebamme aus Wädenswil für ihre Dienste: «Vom h. Medizinalrathe geprüft und patentirt, empfehle ich mich den verehrlichen Frauen in meiner Eigenschaft als Hebamme und verspreche geflissentliche Erfüllung meiner Obliegenheiten. Zugleich empfehle ich mich fürs Schröpfen. Anna Welti, geb. Bosshard, in Gisenrüti Wädensweil.»[54] 1892 bewarb sich auch die Witwe Marie Rhyner für ihre Hebammendienste: «Anzeige und Empfehlung. Den verehrten Frauen von Wädensweil zur gefl. Kenntnis,

Im Beisein der Wöchnerin bestimmt die Hebamme das Gewicht des neugeborenen Säuglings.

dass ich mich in hier als Hebamme niedergelassen habe und empfehle mich den werten Frauen zur Ausübung meines Berufes aufs Höflichste.»⁵⁵

Manche Hebammen wirkten während Jahrzehnten in der Gemeinde. Bei ihrem Rücktritt oder Tod wurde dann oft mitgeteilt, wie viele Kinder sie zur Welt gebracht hatten. So 1913 in Richterswil. Dort war die eine Hebamme während 53 Jahren tätig, die andere 33 Jahre lang. Die beiden assistierten bei 2000 beziehungsweise 1250 Geburten.⁵⁶ Im Jahre 2010 zählte man in der Schweiz 3000 Hebammen. 2200 waren im Spital angestellt und 800 freiberuflich tätig. Neuerdings werden die Hebammen an der Zürcher Fachhochschule für Angewandte Wissenschaften ausgebildet. Im Herbst 2012 beendeten dort erstmals 49 Hebammen den Bachelorstudiengang. Alle fanden ohne Probleme eine Stelle, die meisten in einem Spital in der Grossregion Zürich.⁵⁷

Der 1894 gegründete Schweizerische Hebammenverband zählte 2010 rund 2500 Mitglieder.⁵⁸ Die heutigen, modern ausgebildeten Hebammen verfügen über vielseitige Kenntnisse, wie das 2012 im Internet publizierte Angebot der Hebamme Corinne Lindegger-Zwald in Rapperswil belegen mag:⁵⁹

«Beratung zur Familienplanung, Schwangerschaft und Pränataldiagnose
Schwangerschaftskontrollen
Betreuung von Risikoschwangeren nach ärztlicher Verordnung
Hebammenpraxis
Beleggeburten (ambulante Spitalgeburt mit frei praktizierender Hebamme)
Wochenbettbetreuung zu Hause
Stillberatung, Elternberatung
Rückbildungs- und Beckenbodengymnastik / Beckenbodentherapie
Geburtsverarbeitung nach traumatisch erlebter Geburt
Weitere Dienstleistungsangebote: Akupunktur in Schwangerschaft, Geburt und Wochenbett.»

GEBÄREN IM SPITAL

Im Heiliggeist-Spital am Wolfbach in Zürich gab es im 16. Jahrhundert nebst einer Krankenabteilung auch eine Gebärstube. Sie unterstand der Aufsicht des Stadtarztes, der auch den Dienst der Hebammen überwachte und deren Ausbildung verantwortete. 1551 wurde an der Spitalgasse ein eigentliches Krankenhaus gebaut: die «neue Sammlung», die auch eine «Kindbettkammer» mit sechs Betten enthielt. 1810 verfügte die Kindbettstube über 13 Plätze für schwangere und gebärende Frauen. 1824 registrierte man 20 Geburten, 1825 deren 36.⁶⁰ Die Mehrheit der Frauen gebar um diese Zeit immer noch zu Hause. Denn die Müttersterblichkeit war um 1850 im Spital vier- bis fünfmal höher als bei der Hausgeburt.⁶¹ 1846 wurden zum ersten Mal hundert und 1860 zweihundert Geburten erreicht.

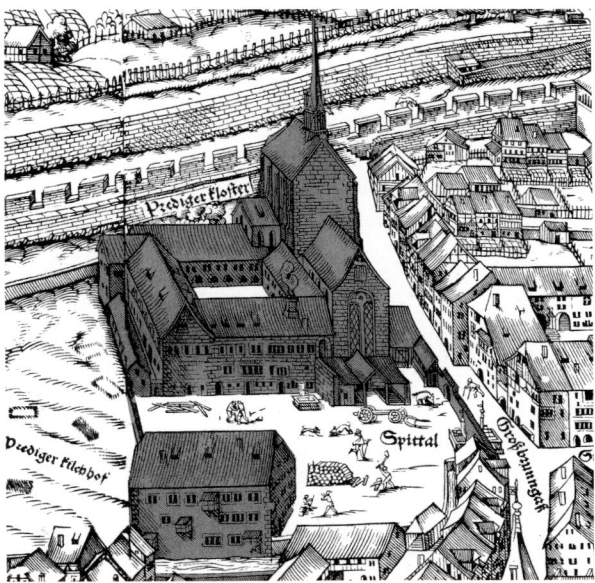

Spital im ehemaligen Predigerkloster in Zürich, 1576.

Schwestern mit Säuglingen im Spital Wädenswil, 1937.

1875 wurde die alte Gebäranstalt an der Spitalgasse geschlossen und eine neue Entbindungsanstalt in der Gemeinde Oberstrass bezogen. Sie verfügte über 91 Betten mit folgender Aufteilung: 17 für Schwangere, 14 für gesunde Wöchnerinnen, 7 für kranke Wöchnerinnen, 14 für gynäkologische Kranke und 18 für Hebammenschülerinnen.[62] 1890 beschloss der Regierungsrat die Namensänderung von Gebäranstalt in Kantonale Frauenklinik. Mit dem Bezug eines Neubaus im Jahre 1918 verfügte die Frauenklinik über 460 Betten.

Seit der ersten Hälfte des 20. Jahrhunderts gingen die Hausgeburten auf Kosten der Spitalgeburten zurück. In der Stadt Zürich registrierte man im Jahre 1929 3280 Spital- und 974 Hausgeburten. 1948 kamen auf 5551 Geburten im Spital nur noch 334 Geburten zu Hause.[63] Auch die Formen des Gebärens sind vielfältiger geworden. Die Geburten erfolgen auf natürliche Weise, mit Geburtszange, Saugglocke oder durch Kaiserschnitt, im Rhönrad oder im Wasser.

In der Schweiz kam im Jahre 2013 jedes dritte Kind per Kaiserschnitt zur Welt. In Kilchberg wurde jedes zweite Kind so geboren. Dies bedeutete die höchste Rate in der Schweiz. In Rüschlikon lag dieser Wert bei 48 Prozent. Hauptgründe dafür sind das steigende Alter der Erstgebärenden und die Angst vor Schmerzen. Im Universitätsspital Zürich haben Frauen an der Zürcher Goldküste die höchste Kaiserschnittrate.[64] Woher kommt der Name Kaiserschnitt? Gemäss Legende soll Julius Cäsar per Kaiserschnitt zur Welt gekommen sein. Nur deshalb soll seine Mutter die Geburt überlebt haben. Wahrscheinlicher ist, dass der Kaiserschnitt seinen Namen dem römischen Gesetz «lex caesarea» aus dem 6. Jahrhundert verdankt. Dieses untersagte, dass eine verstorbene Schwangere beerdigt wurde, bevor das Ungeborene aus ihr herausgeschnitten (lat. caedere = herausschneiden) worden war.[65]

Im Jahre 2013 verfügten im Raum Zürichsee folgende Spitäler über Geburtsabteilungen: das Universitätsspital Zürich, die Stadtspitäler Waid und Triemli, die Klinik Hirslanden sowie das Spital Zollikerberg, das Kreisspital Männedorf, das Seespital Horgen und das Paracelsus-Spital Richterswil. Dazu kommen Dutzende von Frauenärztinnen und Frauenärzten sowie Hebammen, welche zu Hause oder in Geburtshäusern Geburtshilfe leisten.

Besonders beliebt scheint für viele Eltern die Geburt an einem Tag mit Schnapszahl zu sein. Jedenfalls verzeichneten die Zürcher Spitäler am 12.12.12 eine besonders hohe Zahl von Kaiserschnitten.[66]

KÜCHLETE

Nach Abschluss der Hausgeburt wurden die Helferinnen auf Kosten der Kindbetterin bewirtet. Das Fest, an dem man verschiedene kleine Butterkuchen servierte, hiess Küchlete. Um den Wöchnerinnen hohe Ausgaben zu ersparen, schränkte der Rat 1422 die Anzahl der Besucherinnen an der Küchleten auf die Blutsverwandten und die künftige Taufpatin ein. 1488 erlaubte die Obrigkeit nur noch jenen Wöchnerinnen eine Küchleten, deren Männer der Constaffel angehörten und sich den Aufwand finanziell leisten konnten.[67] Gemäss dem Bericht von Johann Wilhelm Stucki aus dem Jahre 1582 schenkte man allen Frauen, die bei der Geburt geholfen hatten, die Fröidsuppe aus.[68] Da immer mehr Frauen zu diesem immer üppigeren Freudenmahl erschienen, verfügte die Zürcher Obrigkeit 1692, fortan dürften «nur noch jene Weiber» zu einem bescheidenen Mittag- oder Nachtessen eingeladen werden, die der Kindbetterin beigestanden seien.[69] 1718 hiess es erneut, die Essen dürften nicht zu üppig und zu teuer sein. Rindfleisch, Brot und Wein sollten genügen. Stammhalter von Zünftern wurden auf den Zürcher Zunftstuben auf Kosten des Vaters «vertrunken». Wurde der Säugling rund vier Wochen nach der Geburt erstmals gebadet, feierte man dies wieder mit einem Fest.

Nicht nur die Zürcher Obrigkeit beschränkte die Küchleten und Freudmähler, auch der Rat der Stadt Rapperswil schritt dagegen ein und verbot sie mit Mandat vom 13. Dezember 1633. Ein neuer Erlass vom 20. November 1659 bestimmte, eine Kindbetterin dürfe nicht mehr als zwei- oder dreimal besucht werden.[70] Diese Anordnung war indessen nur schwer durchzusetzen. Bereits 1677 erliess der Rat die neue Verfügung, eine Kindbetterin dürfe nicht mehr als zweimal besucht werden, und zwar nur von den «Vaterleuten». Dabei dürfe aber keine Gasterei angestellt werden.[71]

KINDBETTWEIN UND FRÖIDSUPPE

Auch die Wöchnerin oder Kindbetterin erhielt eine besonders kräftigende Kost. Dies galt auch für Arme. Die Zürcher Almosenordnung vom 15. Januar 1525 bestimmte, dass eine arme, in der Stadt wohnende Frau, die Bürgerin ist und ein Kind zur Welt bringt, acht Kopf Wein (rund 29 Liter) sowie Mus und Brot aus dem Almosen erhalten solle.[72] 1554 beschloss der Zürcher Rat, selbst in Zeiten von Teuerung und Not sollten die Kindbetterinnen Fleisch erhalten. Besonders geschätzt und kräftespendend war das Murmeltierfleisch.[73] 1599 empfahl man als Kost für Wöchnerinnen auch Eiersuppe, Eiermus, Hahnensuppe, Kalbfleisch, Küchli, Omeletten und als Getränk Veltliner Wein. Die Rechnungen der Landvogtei Wädenswil enthalten bis 1798 Ausgabenposten für Kindbetterinnen-Wein. Jede Frau, die einen Knaben zur Welt brachte, hatte zum Beispiel in den Jahren 1558/59 Anrecht auf einen Kopf Wein (3,6 Liter) auf Kosten der Landvogtei, und dies «nach altem Brauch».[74] In Kilchberg besass der Abt von Kappel das Recht, von jeder Haushaltung ein Fasnachtshuhn zu beziehen. Eine Frau im Wochenbett erhielt dieses jedoch als Geschenk zurück.[75]

In bürgerlichen Familien reichte man auch der Wöchnerin seit dem 17. Jahrhundert die stärkende warme Fröidsuppe, und zwar in einer Wöchnerinnen- oder «Chindbettschüssel». Diese war ein Geschenk zur ersten Geburt und bestand aus zwei Teilen: aus einer tiefen, runden Henkelschüssel und aus einem dicht schliessenden Deckel. Wöchnerinnenschüsseln waren in der Regel aus Silber gearbeitet und meistens vergoldet. Schüssel und Deckel trugen reiche Verzierungen. Im Schweizerischen Nationalmuseum in Zürich wird die Suppenschüssel aufbewahrt, welche Susanna Gossweiler-Orelli 1694 zur Geburt ihres Sohnes Hans Conrad geschenkt bekommen hat. Die Schüssel ist das Werk des Zürcher Goldschmieds Dietrich Meyer und zeigt auf dem Deckel Christus als Kinderfreund und im Schalenboden die Wappen der Familien Gossweiler und Orelli.[76]

JEDES JAHR EIN KIND

«Die Frau ist eine herumwandelnde Gebärmutter, die mit der Gebärmutter denkt», schrieb der Zürcher Arbeiterarzt Fritz Brupbacher, der 1901 an der Badenerstrasse eine Praxis eröffnete und die Kinderscharen täglich vor Augen hatte.[77] Die Häufung der Geburten ist auch ein Phänomen früherer Zeiten. Manche Mütter starben an der Geburt oder im Kindbett und auch die Säuglingssterblichkeit war sehr hoch. Darauf wird im Kapitel «Rund um das Sterben» näher eingegangen.

Der Kinderreichtum war aber beträchtlich: Das Ehepaar Hans Heinrich Falk (1652–1720) und Anna Zollinger in Zollikon hatte zehn Kinder, neun Knaben und ein Mädchen. Einem Sohn, Leutnant Hans Heinrich Falk (1697–1753), gebar dessen Frau Barbara Ernst 13 Kinder, sieben Knaben und sechs Mädchen. Hans Rudolf Falk (1737–1804) und Anna Bleuler waren Eltern von zehn Knaben und vier Mädchen.[78] Verena Bleuler gebar ihrem Mann Jogg Wunderli (1650–1693) auf dem Weiler Burg in Meilen ebenfalls 13 Kinder. Deren fünf starben aber bereits in jungen Jahren. Aus der Ehe von Gerber Hans Jakob Wunderli (1751–1822) mit Ester Reif gingen wiederum 13 Kinder hervor, von denen aber nur drei das Erwachsenenalter erreichten.[79]

Die vielen Geburten bedeuteten für die Frau eine grosse körperliche, gesundheitliche und seelische Belastung. Emilie Pestalozzi-Wiser (1818–1882), die im

«Chindbettschüssel» von Susanna Gossweiler-Orelli, 1694.

Vorjahr ihr fünftes Kind geboren hatte, schrieb am Neujahrstag 1852 in ihr Tagebuch: «Dürfte ich wünschen und sagen, was eine Mutter glücklich macht, so gehört dazu gewiss ein mässiger Kindersegen, dass sie ihren geistigen und körperlichen Bedürfnissen selbst nachkommen kann.»[80]

Mit der Einführung der Antibabypille im Jahre 1961 liessen sich ungewollte Schwangerschaften verhüten. Nach dem Pillenknick von 1965 sank die Zahl der Geburten drastisch. Ab 2005 stieg die Geburtenzahl in der Schweiz wieder an. Gleichzeitig erhöhte sich das Durchschnittsalter der erstgebärenden Frauen. 2001 lag es bei 28,9 Jahren, 2012 bei 31,6 Jahren.[81]

AUSSEREHELICHE GEBURTEN UND GENIESSVERHÖR

Im Mittelalter gab es keine gesetzlichen Nachforschungen nach der Vaterschaft eines nichtehelichen Kindes. Man bezeichnete solche Kinder als Unechte, Bastarde, Unflatkinder, Bankerte, Wildflügel oder Hübschkinder. Sie waren recht- und ehrlos.[82]

Eine schwangere ledige Frau war verpflichtet, ihren Zustand dem Pfarrer oder dem Stillstand, der Kirchenbehörde, anzuzeigen. Der Pfarrer informierte dann das Ehegericht in Zürich. Die Ehesatzung von 1719 schrieb vor, dass sich eine Ledige bei der Vermutung einer Schwangerschaft von einer Hebamme untersuchen lassen müsse. Wer die Schwangerschaft bis zur Geburt verheimlichte, wurde bestraft.[83]

Gab die Gebärende den Namen des Kindsvaters nicht bekannt oder wurde die Paternität von einem angeblichen Schwängerer bestritten, schritt man zur folterähnlichen Methode des Geniessverhörs. Während die Gebärende in den Wehen lag und grösste Schmerzen litt, wurde sie von der Hebamme im Beisein von zwei ehrlichen, unparteiischen Frauen befragt, wer der Kindsvater sei. Man ging davon aus, dass die völlig ausgelieferte Frau im Augenblick grösster Geburtsschmerzen keine Falschaussagen machen werde. Als letztes Mittel zur Erforschung der Wahrheit diente der Eid.[84]

Mit Erlass vom 22. Februar 1799 untersagte das Helvetische Direktorium allen Hebammen bei Strafe, das Geniessrecht weiter anzuwenden. Die Vaterschaft indes war weiterhin von Staates wegen abzuklären.[85] Im Matrimonialgesetz von 1804 taucht das während der Helvetik abgeschaffte Geniessverhör wieder auf. Wörtlich heisst es in Artikel 159: «Während der Geburts-Schmerzen wird die Gebärende durch zwei Ortsbeamte, worunter wenigstens ein Mitglied der Kirchenvorsteherschaft sein soll, in Gegenwart der Hebamme auf ihr Gewissen, doch ohne allen physischen Zwang, zu zwei Malen bestimmt um den Vater des Kindes gefragt und die Aussage, mit den Unterschriften beider Beamten und der Hebamme versehen, durch den Pfarrer an das Ehegericht eingeschickt.»[86] Den weiteren Verlauf des Verfahrens schildert Eva Sutter wie folgt: «Sobald die Klägerin ‹aus den Wochen› war, musste der Pfarrer dem Ehegericht davon Bericht geben. Dann wurde ein neuer Verhandlungstermin angesetzt. Kamen die Richter zu keinem Schluss, begann der Informativprozess. Beide Parteien wurden im Zuchthaus von einer Verhörkommis-

Zürcher Pfarrherr vor dem Grossmünster, Anfang 18. Jahrhundert. Stich von Johann Andreas Pfeffel.

sion einvernommen. Nach spätestens acht Tagen hatten die Beamten den Verhörbericht vorzulegen und die beiden Gefangenen erneut den Eherichtern vorzuführen. Dabei kamen auch Foltermethoden wie Auspeitschen zum Zug, um der Wahrheit auf den Sprung zu helfen. Als letzte Möglichkeit wurde die Eidesleistung gefordert. Leistete ihn die Klägerin, wurde das Kind dem Beklagten zugesprochen.»[87] Die Hebammenordnung von 1815 milderte das Geniessverhör. Artikel 19 bestimmte: «Die Hebammen sollen unverheiratete Schwangere bei der Geburt niemals plagen oder den immer empörenden Versuch machen, die Geburt zu hinterhalten, um dadurch den Namen des Vaters von ihr herauszupressen.»[88]

1831 ging die Spruchkompetenz in Vaterschaftsklagen an die neu geschaffenen Bezirksgerichte über. Gleichzeitig mit den Körperstrafen wurde auch das Geniessverhör abgeschafft. Die Anzeigepflicht für nicht ehelich schwangere Frauen galt bis 1853. Das «Privatrechtliche Gesetzbuch für den Kanton Zürich» des Juristen Johann Caspar Bluntschli überliess es 1854 der Initiative der schwangeren Frau, eine Klage einzuleiten.[89]

1908 gründeten Frauen in Zürich einen Verein, um ledigen Müttern – «gefallenen Mädchen» – zu helfen. Der «Verein für Mütter- und Säuglingsschutz» eröffnete 1927 in Zürich Riesbach den «Inselhof», wo bereits zwei Jahre später 90 uneheliche Kinder zur Welt kamen. Deren ledige Mütter waren vorwiegend Dienstmädchen, Fabrikarbeiterinnen, Verkäuferinnen oder Näherinnen. Wer damals unverheiratet ein Kind bekam, galt als moralisch minderwertig und wurde gesellschaftlich geächtet. Denn mit ihrem kleinen Einkommen hatten ledige Mütter kaum eine Chance, sich und ihr Kind durchzubringen.[90] Aus dem «Inselhof» entstand 1971 die Maternité Triemli in Zürich, eine moderne Geburtsklinik mit sozialpädagogischen Angeboten für Mutter und Kind.[91]

1978 trat das neue Kindsrecht in Kraft. Es schaffte die Unterscheidung zwischen Ehelichkeit und Unehelichkeit ab und stellte das nichteheliche Kind dem ehelichen gleich.

STILLEN UND KINDERNAHRUNG

Im Gegensatz etwa zu Frankreich hatte die Amme, welche anstelle der Mutter das Stillen eines Säuglings

Reklame für Nestle's Kindermehl in der «Illustrierten Zeitung Leipzig» vom 11. August 1898.

übernahm, in der Schweiz kaum je grössere Bedeutung.[92] Ein Beleg für die Amme findet sich im Tagebuch der Regula von Orelli-Escher. Am 7. Januar 1788 hält sie fest, eine Glarner Frau habe sie ersucht, deren angeschwellte Brust auszutrinken. Sie habe das dann durch ihre Küchenmagd tun lassen, was der Frau wohlgetan habe.[93]

Regula von Orelli-Escher stillte ihren 1787 geborenen ersten Sohn Hans Caspar 36 Wochen lang am Morgen, um 16 Uhr und um ein Uhr nachts. Nach 19 Uhr erhielt das Kleinkind einen Schoppen. Als die Mutter dem Kind die Brust nicht mehr, sondern nur noch Schöppchen geben konnte, weinte sie.[94]

Schon vor 3000 Jahren gab es Kleinkinder, die man mit dem Fläschchen aufziehen musste. Dies belegt ein Saugfläschchen in Tierform aus Ton, das Taucher bei Ausgrabungen auf dem Grossen Hafner im Zürcher Seebecken bergen konnten.[95]

1867 erfand der Apotheker und Fabrikant Henri Nestlé (1814–1890) in Vevey ein Kindermehl, das als Babynahrung die Muttermilch ersetzen konnte. Er stellte zunächst eine Milchpaste aus kondensierter Milch und Zucker her, die er später durch ein Biskuit ergänzte. Aus dem gemahlenen Biskuit, der Milchpaste und Kaliumbicarbonat entstand «Henri Nestlés Kindermehl», das dem Unternehmen bald zu Weltruf verhalf.[96] In der «Illustrierten Zeitung Leipzig» vom 11. August 1898 warb Nestlé wie folgt für sein Kindermehl: «Milch-Zwieback-Pulver 30-jähriger Erfolg, enthält die reinste Schweizermilch. Das älteste und bewährteste Ersatzmittel der Muttermilch. Nestlés Kinder-Nahrung ist sehr leicht verdaulich, verhütet Erbrechen und Diarhoe, erleichtert das Entwöhnen und ist schnell und einfach zu bereiten.»[97]

Schon 1863 findet sich im «Allgemeinen Anzeiger vom Zürichsee» ein Inserat, das für die Kindernahrung «Nepiobroma» warb. Zu kaufen war sie in Paketen zu einem Pfund in den Apotheken von Horgen, Wädenswil und Richterswil.[98] 1878 führte der Apotheker Salomon Steinfels in Wädenswil das «Chamer Kindermehl» im Sortiment. Der Drogist Ferdinand Kompfe in Männedorf warb 1880 für das «Anglo-Swiss Kindermehl», das nahrhafter, löslicher und leichter verdaulich sei als andere Kindermehle.[99] Während Babynahrung in der zweiten Hälfte des 19. Jahrhunderts meist nur in Apotheken und Drogerien zu kaufen war, findet sich heute ein reiches Angebot für alle Entwicklungsstufen des Kleinkindes in Reformhäusern, Lebensmittelläden und in den Regalen von Grossverteilern.

Früher waren die Mütter in den Wochen nach der Geburt ausschliesslich auf die Ratschläge der Hebamme angewiesen. Heute haben sie Gelegenheit, Säuglingskurse und Mütterberatungen zu besuchen. Zudem stehen Hilfsmittel zur Verfügung: Wickelkommode, Babywaage, Wegwerfwindeln, Milchpumpe und Ersatzprodukte für Muttermilch.[100]

SCHNULLER, NUGGI

Die Geschichte des Schnullers reicht weit zurück. Ausgrabungen in Italien, Zypern und Griechenland belegen, dass Babys schon vor mindestens 3000 Jahren mit einem Schnuller beruhigt wurden. 1473 wird er erstmals in der medizinischen Literatur erwähnt. Der deutsche Arzt Bartholomäus Metlinger beschreibt den süssen Lutschbeutel in seinem «Regiment der Jungen Kinder». 1506 schuf Albrecht Dürer das Gemälde «Madonna mit dem Zeisig». Das Kind auf dem Schoss der Madonna hält einen Schnuller aus Stoff in der Hand. Der Leinenstoff wurde mit Honig, gesüsster Milch, Weinbrand oder gar Mohnsamen gefüllt. Im 18. Jahrhundert kritisierten Mediziner solche Sauglappen. 1845 wurde der erste Gummisauger patentiert, der dem späteren Schnuller ähnelte. Um 1900 erhielt der Schnuller seine heute übliche Form mit Gummisauger, einem Schild, der das Verschlucken verhindert,

Der Nuggi beruhigt das Kind.

und einem Ring als Griff. Viele Babybücher, die zwischen 1930 und 1950 erschienen, lehnten den Nuggi ab, weil er die Zahnstellung schädige. Dann entwickelten der Zahnmediziner Adolf Müller und der Arzt Wilhelm Baltes einen der Gaumenform angepassten Nuggi, der 1949 in den Vereinigten Staaten auf den Markt kam und später auch in der Schweiz Verbreitung fand.[101]

WINDELN

Während Generationen verwendeten die Mütter zum Wickeln ihrer Säuglinge Stoffwindeln, die gewaschen und immer wieder benützt wurden. In den 1950er Jahren entwickelte der amerikanische Chemieingenieur Victor Mills eine Einmalwindel aus Papier. Unter dem Namen Pampers – abgeleitet aus dem Englischen to pamper, was auf Deutsch so viel wie verwöhnen oder verhätscheln bedeutet – kam die Wegwerfwindel 1961 in den Vereinigten Staaten auf den Mark. In Deutschland wurden Pampers 1973 eingeführt, in der Schweiz 1976. Verbesserte Trockenheit, Tragkomfort und Arbeitserleichterung für die Mutter, die auf das Windelwaschen verzichten kann, verhalfen der Einwegwindel rasch zum Durchbruch.[102]

BAUMPFLANZEN

In manchen Bauernfamilien am Zürichsee ist es noch heute Sitte, für das neugeborene Kind einen Baum zu pflanzen. Oft wird dabei auch die Nachgeburt vergraben. Der Baum soll dann später besonders süsse Früchte tragen.[103] Bekannt war die Geristeig-Linde im Hirzel. Sie wurde im Jahre 1858 von einem Bauern anlässlich der Geburt seines Sohnes gepflanzt. 1971 fiel sie einem Blitzschlag zum Opfer.[104]

FRÖIDMÄIEN UND GEBURTSANZEIGE

Kommt heute ein Kind zur Welt, geben dies die Eltern ihren Verwandten und Freunden in der Regel mit einem Telefonanruf oder einem SMS (Short Message Service) bekannt. Manche versenden per MMS (Multimedia Messaging Service) sogar ein Bild des Säuglings. Später folgt dann meist eine gedruckte oder am Computer verfertige Geburtsanzeige.

Schon im 18. Jahrhundert kannte man in der Stadt Zürich eine spezielle Form der Geburtsanzeige. Vornehme Familien zeigten Verwandten und Bekannten die Geburt eines Kindes durch das Dienstmädchen an. Dieses trug den «Fröidmäien» im Arm, einen

Mädchen mit «Fröidmäien», eine Geburt anzeigend. Neujahrsblatt 1844 der Künstlergesellschaft Zürich.

hübschen Strauss seltener Blumen, die mit einem weit herabhängenden Seidenband geschmückt waren.[105] Regula von Orelli-Escher schreibt im Zusammenhang mit der Geburt ihrer Tochter Regula am 6. Dezember 1789: «Am 7. 12. sagt man die Freude an. Man überbringt die freudige Nachricht den Freunden und Verwandten durch einen Dienstboten, der als Insignum den Freudenmäien trägt.»[106] Auch Henri Meister schildert 1818 den Brauch, den er sonst nirgends gesehen habe: «Ein Brauch, der mir gleichfalls von einigem poetischem Sinne zu zeugen scheint, ist jener, die Geburt eines Kindes allen Verwandten und Familienfreunden durch die jüngste und hübscheste Angestellte des Hauses anzeigen zu lassen. Um sich dieses Auftrages zu entledigen, muss sie ihren besten Putz hervorkramen und dürfte sich nie ohne einen mächtigen Strauss der schönsten Blumen, die die Jahreszeit zu pflücken gestattet, sehen lassen. Dieser ist das glückliche Symbol für die angenehme Nachricht, die überbracht wird und für die keiner der Empfänger unterliesse, dem Mädchen ein entsprechendes Geschenk zu machen.»[107]

Der Zürcher Kupferstecher Franz Hegi hat das Mädchen mit dem Fröidmäien im Bilde festgehalten, begleitet von einem Vers des Dichters David Hess:

«In Zürich verkündet den Eintritt ins Leben
Ein Mädchen mit Bändern und Blumen
geschmückt.»[108]

Wurde die Geburt eines Knaben angezeigt, flatterte am Blumenstrauss ein rotes Band, für ein Mädchen ein weisses.

Der alte Zürcher Brauch ging in den 1860er Jahren zurück. Dass er sich aber bis gegen 1900 halten konnte, war alten Zürcher Familien zu verdanken, die lange an der ehrwürdigen Sitte festhielten.[109]

Der seit 1841 in Wädenswil herausgegebene «Allgemeine Anzeiger vom Zürichsee» veröffentlichte zunächst Jahresstatistiken über die Bevölkerungsbewegung der linksufrigen Seegemeinden und ab 1876 die Resultate vierteljährlicher oder monatlicher Erhebungen der Zivilstandsämter.

Um 1940 waren gedruckte Geburtsanzeigen noch keine Selbstverständlichkeit. Viele Eltern konnten sich die Ausgabe nicht leisten. Dank des Computers ist dies anders geworden. Heute zeigen viele Paare die Geburt ihres Kindes mit selbst verfertigten Geburtskärtchen an.[110]

Bis 1875 hatten die Pfarrer die Geburtsregister zu führen. Nach der Revision der Bundesverfassung von 1874 ging diese Aufgabe auf den 1. Januar 1876 von der Kirche an die Zivilstandsämter über. Das Bundesgesetz vom 24. Dezember 1874 bestimmte in Artikel 15, wer zur Anzeige einer Geburt verpflichtet war: «der eheliche Vater; die Hebamme oder der Arzt, welche bei der Niederkunft zugegen sind; derjenige, in dessen Wohnung oder Behausung die Niederkunft erfolgt ist; die Mutter, sobald sie dazu im Stande ist.»[111]

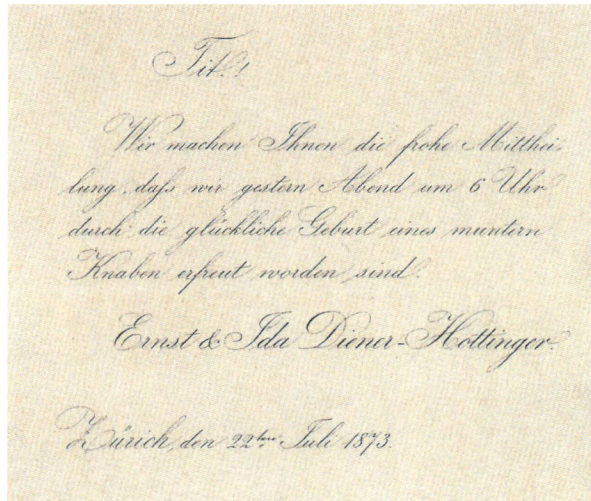

Geburtsanzeige aus dem Jahre 1873. Der Brauch, Geburtsanzeigen zu drucken, war damals noch wenig verbreitet.

Babytafel – ein Ende des 20. Jahrhunderts aufgekommener Brauch.

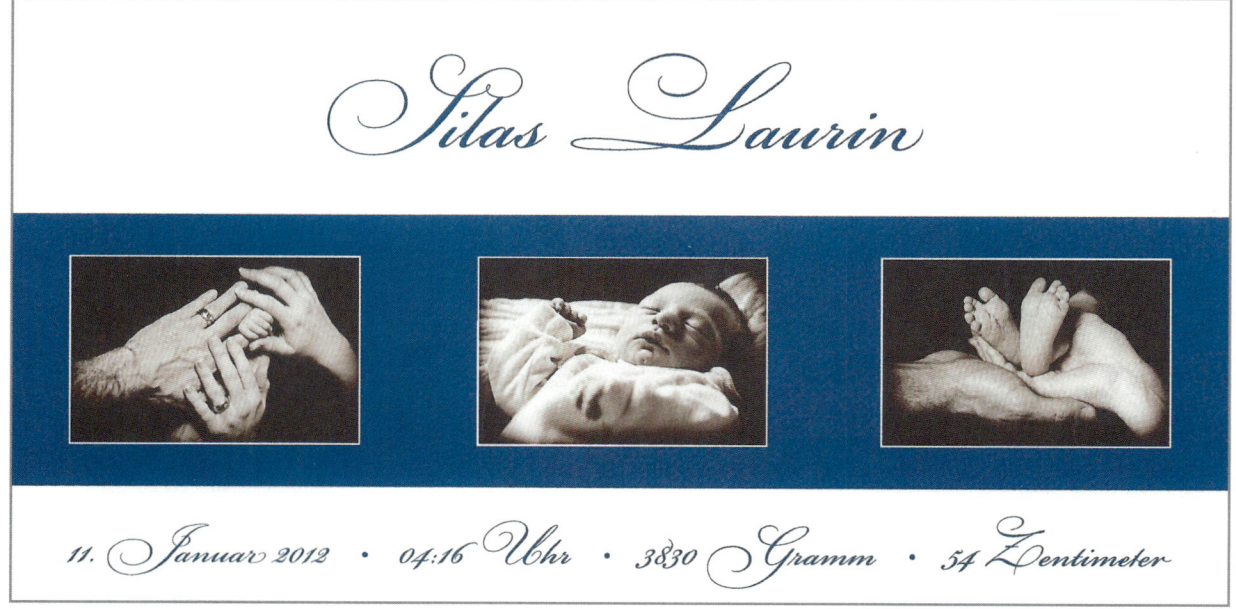

Heute werden Geburtsanzeigen häufig am Computer hergestellt und zeigen Bilder des Neugeborenen.

Um Kosten zu sparen oder aus Datenschutzgründen veröffentlichen die Gemeinden jetzt die Zivilstandsnachrichten nicht mehr in der Zeitung. Lediglich religiöse Blätter wie die Gemeindeseiten des «Kirchenboten für den Kanton Zürich» oder Pfarrblätter publizieren die Geburten im Zusammenhang mit der Taufe weiterhin. Und auch die meisten Spitäler lassen Bilder der Neugeborenen in der Zeitung erscheinen oder stellen Fotos und Namen ins Netz, sofern die Eltern dazu die Erlaubnis erteilen.

BABYTAFELN

In den 1990er Jahren begann sich auch am Zürichsee ein neuer Brauch durchzusetzen, in der Schweiz ausgehend von den Kantonen Luzern, Schwyz, Zug und Aargau. Eltern machten die Geburt eines Kindes öffentlich, indem sie am Balkongeländer oder an der Hausfassade ein Namens-Banner aufhängten oder im Garten eine Babytafel aufstellten. Magdalena Preisig hat die Neuerung für Wädenswil untersucht und im «Jahrbuch der Stadt Wädenswil» 2007 beschrieben.[112] Die meisten Geburtstafeln bestehen aus Sperrholz, sind mit Baby- oder Tiersujets bunt bemalt und verkünden den Vornamen und meist auch das Geburtsdatum des Neugeborenen. Als beliebte Sujets gelten der Storch, Babys, Blumen, Schmetterlinge und Käfer. Aber auch Märchenfiguren des Fernsehzeitalters wie Hase, Mickey Mouse, Biene Maja oder Pumuckl sind begehrte Motive. Vielfach überrascht der Götti oder die Gotte des Kindes die Eltern mit der Geburtstafel, die dem Neugeborenen Glück bringen soll. Ursprünglich wurden die Namenbanner und Babytafeln selbst hergestellt. Dann stiegen Schreinereien und Läden für Babyartikel ins Geschäft ein. Über das Internet kann heute eine Vielzahl von Geburtsschildern und Tüchern in allen Preislagen bestellt werden.[113]

DIE FRAGE NACH DEM GESCHLECHT

In früheren Zeiten hatte die Frage nach dem Geschlecht weit grössere Bedeutung als heute. Wichtig war die Geburt eines Stammhalters, der den Familiennamen weiterführen und einmal den Bauernhof oder das Geschäft übernehmen konnte. Ein Jahr, in dem viele Nüsse reiften, galt als Bubenjahr. Hatte die Schwangere Flecken im Gesicht, wiesen diese auf ein Mädchen hin. Rote Backen dagegen deuteten die Geburt eines Knaben an.[114]

Wurde sehnlichst ein Stammhalter erwartet, aber ein Mädchen geboren, konnte dies anfänglich zu Enttäuschungen führen. Meta Heusser-Schweizer berichtet über ihre Geburt: «Am 6. April 1797 gebar Mutter ihr fünftes Kind. Der Vater hatte so sicher auf einen Ersatz seines verlorenen Einzigen (Caspar 1794–1796) gehofft, dass er etwas betroffen war, als ihm eine Tochter geschenkt wurde; dennoch hat er den Schmerz dieser Täuschung mich nie fühlen lassen.»[115]

Dank moderner Technik wie Ultraschall kann das Geschlecht des Kindes schon vor der Geburt bestimmt werden. Von dieser Möglichkeit machen jedoch nicht alle Ehepaare Gebrauch und lassen sich bei der Geburt überraschen.

NAMENGEBUNG

Den Namen des Neugeborenen bestimmen die Eltern, behalten ihn aber bis zur Geburt geheim. Im 15. Jahrhundert waren die Vornamen noch weit weniger differenziert als heutzutage. Für Männedorf nennt der Steuerrodel aus dem Jahr 1470 die folgenden männlichen Vornamen, deren Häufigkeit in Klammern beigefügt wird: Hans (24), Heini (8), Uli (6), Peter (5), Jörg (4), Rudi (4), Oswald (3), Chlaus (2), Rutschman (2), Burkhart (1), Felix (1), Jos (1), Michel (1) und Stefan (1). Töchter hiessen Anna (3), Adelheid (1) und Verena (1).[116]

Kurz nach der Reformation wurden die Knaben mit Vorliebe nach biblischen Vorbildern benannt. Auch die vorreformatorischen Heiligennamen Ulrich (auch der Name Zwinglis), Felix (der Zürcher Stadtheilige), Caspar und Georg (Jörg) waren weiterhin beliebt. Im 17. Jahrhundert wurde es in Zürich üblich, einem Knaben den Namen des Göttis, einem Mädchen den Namen der Gotte zu geben.[117]

Paul Kläui hat für Stäfa die Bevölkerungsverzeichnisse des 17. Jahrhunderts ausgewertet. Im Jahre 1634 trugen von 429 männlichen Personen 88 den Namen Jakob und Hans Jakob und 86 hiessen Hans oder Johannes. 64 nannten sich Heinrich oder Hans Heinrich, 62 Andreas und 37 Hans Rudolf. Zwölf

Knaben hiessen Melchior und je sechs Beat, Oswald und Ulrich. Von den 407 weiblichen Vornamen entfielen im Jahre 1634 98 auf Anna, 85 auf Barbara; 40 hiessen Elisabeth, 34 Verena, 32 Susanna, 25 Margret, 21 Katharina, 15 Adelheid und 11 Maria. Auch 1671 führten Jakob und Hans Jakob, Hans und Johannes sowie Heinrich und Hans Heinrich die Liste der Knabennamen an und bei den weiblichen Vornamen nahmen weiterhin Anna (145), Barbara (132) und Elisabeth (83) die Spitzenplätze ein. Es folgten Maria mit 64 Nennungen, Susanna (61), Verena (52), Regula (48), Katharina (35), Margret (30) und Adelheid (10).[118]

Da in vielen Familien der gleiche Vorname gebraucht wurde und Vater und Sohn oft gleich hiessen, brauchte es Unterscheidungen durch Übernamen oder Spitznamen. Die Grundprotokolle der Gemeinde Richterswil aus dem 17. Jahrhundert erwähnen unter anderem folgende Personen: Hans Müller, genannt Buchenhans; Heinrich Strickler, genannt Aescher; Jakob Eschmann, genannt Schwarzen; Heinrich Staub, genannt Schöpflipur; Heinrich Eschmann, genannt Rübelis. Weitere Übernamen lauten Büebli, Runggeler, Mostkopf, Tschumper, Gockel, Grölli, Katzenstäuber, Speckli, Laubegger, Grosshans, Müsser, Tröttli usw.[119] Die Rechnungen der Landvogtei Wädenswil erwähnen in der ersten Hälfte des 18. Jahrhundert unter anderem folgende Übernamen: Jos Stocker, genannt Mabuben (1700); Hans Baumann, genannt Ziegenhirt (1702); Caspar Baumann, genannt Klybüebli (1702); Heinrich Stocker, genannt Buggelis (1705); Heinrich Baumann, genannt König (1735); Jakob Trinkler, genannt Kloter (1736) und Hans Rusterholz, genannt Französli (1748).[120]

Wie das Taufregister der Kirche St. Peter in Zürich zeigt, wurden im 19. Jahrhundert neue Vornamen beliebt, so Walter, Wilhelm, Emil, Carl, Edwin, Oskar, Otto, Gottlieb, Theodor oder Emanuel.[121] Im Jahre 1983 taufte man in Zürich die Knaben vor allem auf die Namen Daniel, Marco, Michael, David, Christian, Andreas, Thomas, Patrick, Simon und Stefan.[122]

Wie bei den Knaben wechselte die Namengebung nach 1800 auch bei den Mädchen grundlegend. Nun wurden französisch klingende Vornamen Mode: Louise, Henriette und Zusette, aber auch deutsche wie Friederike, Wilhelmine oder Christiane. Dazu kamen wieder Heiligennamen wie Klara, Theresa und Franziska, aber auch Namen aus Schillers Tell: Gertrud und Bertha.[123] In Horgen waren um 1900 für Mädchen Vornamen wie Henriette, Babette oder Lisette besonders beliebt.[124]

Die Tradition schränkte die Namenwahl ein. Das erste Kind erhielt in der Regel den Vornamen des Vaters oder der Mutter, das zweite Kind den Namen des Grossvaters oder der Grossmutter. Dann folgten abgestuft die Namen anderer Vorfahren.[125] Im späten 19. Jahrhundert setzte sich die Sitte durch, manchen Kindern zwei oder gar drei Vornamen zu geben: den eigenen, jenen des Vaters und des Grossvaters, beziehungsweise der Mutter und der Grossmutter. Das Zivilstandsamt verlangte jedoch die Bezeichnung des Rufnamens. Meta Heusser-Schweizer (1797–1876), die Tochter des Pfarrers Diethelm Schweizer-Gessner im Hirzel und Mutter der Schriftstellerin Johanna Spyri, erläutert in der Hauschronik die Wahl ihrer drei Vornamen: «Der dreifache Name Anna, Margareta, Barbara (später Meta) wurde mir gegeben, die beiden ersten nach der Grossmutter Schweizer, der letzte nach der Patin Gessner-Heusser, der Gattin des ältesten Bruders meiner Mutter.»[126] In Horgen wählte man in den 1940er Jahren mit Vorliebe Doppelnamen wie Hansjürg, Hanspeter, Hansueli, Annaregula, Annagreth oder Annabeth.[127]

1916 kritisierte ein verärgerter Zürcher Lehrer die Verstümmelung der Vornamen: «Am Taufstein hiessen die Kinder Reinhold, Gertrud, Maria, Friedrich, Heinrich, Johannes, Jakob, Fridolin, Mathilde, Emilie, Hermann, Sophie, Wilhelm, Adolf. Aus den armen Kindern sind die Fremdlinge Reini, Trudy, Märy, Fridi, Heini, Schang, Schaaggi, Friedli, Thilde, Miggi, Hermy, Söphy, Willy, Dölfi geworden. Es gibt keine Josephina, Anna, Olga, Berta, Hedwig, Elise, Babette, Margareta, Susanna, Karolina, Magdalena, Paulina, Emma mehr, sondern nur noch eine Sina, ein Anny, Olgy, Berty, Hedy, Lisi, Betty, Margy, Susi, Karli, Leny, Päuli, Emmy, Käthy. Der Gusti (Gustav oder August) geht zu seinem Freund Noldi (Arnold); sie besuchen miteinander den Ferdy (Ferdinand); alle drei treffen den Oski (Oskar) bei dem auch der Lieni

(Leonhard) steht. Wir wollen die schönen Kindernamen in der richtigen Form beibehalten, sprechen, schreiben, rufen!»[128]

Bei der heutigen Namengebung achten die Eltern vermehrt darauf, dass der Name gut klingt und sich nicht für dumme Abkürzungen anbietet. Auch Modetrends spielen eine Rolle.[129]

Gemäss einer Zusammenstellung im «NZZ Folio» waren dies in den Jahrzehnten zwischen 1920 und 2000 die am häufigsten gewählten Vornamen:[130]

Jahr	Knabennamen	Mädchennamen
1920	Hans, Walter	Maria, Anna
1930	Hans, Walter	Maria, Anna
1940	Hans, Peter	Verena, Maria
1950	Peter, Hans	Maria, Ursula
1960	Daniel, Thomas	Maria, Monika
1970	Daniel, Thomas	Sandra, Maria
1980	Michael, Daniel	Sandra, Nicole
1990	Michael, David	Laura, Sarah
2000	Luca, David	Laura, Lara

Seit einigen Jahren veröffentlichen Statistische Ämter jährlich eine Liste der beliebtesten Vornamen bei Neugeborenen. In der deutschen Schweiz waren dies die Spitzenplätze:[131]

2007	Tim, Noah	Lena, Sara
2008	Tim, Luca	Lara, Lena
2009	Luca, Leon	Lara, Laura
2010	Noah, Luca	Lena, Mia
2011	Leon, Noah	Mia, Emma
2012	Noah, Luca	Mia, Alina

Anders sieht die Namengebung in der Stadt Zürich aus. Hier galten im Jahre 2011 Sophie und Emma als beliebteste Mädchennamen; Luis und David führten die Liste der Knabennamen an. Eine Auswertung der Vornamen aller Einwohnerinnen und Einwohner der Stadt Zürich ergab, dass 4178 Frauen den häufigsten Namen Maria tragen. An zweiter Stelle steht Anna mit 2469 Nennungen. Bei den Männern sind Daniel, Thomas und Peter je rund 3000-mal vertreten.[132] Im Jahre 2012 nehmen in der Stadt Zürich die Vornamen Noah und Anna die Spitzenplätze ein.[133]

Namenstag und Geburtstag

Am See wurde früher nicht der Geburtstag, sondern der Namenstag gefeiert, der seinen Ursprung in den katholischen Heiligenfesten hat. Die Geburtagsfeier setzte sich erst im Verlaufe des 20. Jahrhunderts durch. Für 1969 überliefert Hans Frey für Stäfa, der Brauch, den Namenstag zu feiern, werde als veraltet empfunden und sei im Rückgang.[134]

Um 1609 stellte die Zürcher Obrigkeit besorgt fest, seit etlichen Jahren sei «ein böser Brauch entstanden und gar gemein geworden». Am Namenstag richte man eine Zecherei an, die Würgete genannt werde. «Als gewürgt betrachtete sich in der Tat jener, der die ganze Zeche zu bezahlen hatte.» Denn die Würgeten war mit grossen Kosten verbunden. Deshalb verbot sie der Rat und drohte Zechern und Spendern Bussen an.[135]

Am Namenstag wurde die gefeierte Person beschenkt. Regula von Orelli-Escher (1757–1829) schrieb darüber am 11. September 1786 in ihr Tagebuch: «Ich erhielt von der Schulthess ein herrliches Billett auf

Glückwunschkarte zum Namenstag, um 1900.

einem Teller unter Blumen und einen Eierkranz (Zopfbrot mit Eiern als Dekoration), belegt mit Versen von Lavater, Pfenninger, Tobler und der Bäbe (Anna Barbara Schulthess), die mir einen eingepflanzten Jasmin-Stock beilegte.»[136] Regula von Orelli-Escher gedenkt in ihrem Tagebuch stets des Namenstages ihres Mannes und ihrer Kinder. Auch der Geburtstag wird erwähnt, aber nicht besonders gefeiert.

Am 19. Juli 1877 schrieb der Zürcher Dichter Gottfried Keller in einem Brief an Maria Melos: «Sie müssen nämlich wissen, dass in unserem Hause, wie in den meisten zürcherischen Familien, der Geburtstag nicht gefeiert wird.»[137] Maria Melos jedoch hielt den Geburtstag für wichtiger und empfahl in ihrem Antwortbrief vom 21. September 1877 Folgendes: «Entsagen Sie aber der Unsitte Ihres Landes, den Geburtstag unbemerkt vorübergehen zu lassen. Ich finde das sehr garstig und undankbar für allen Segen, den uns das Leben bringt, wozu ich nicht nur die frohen, sondern auch die trüben Tage rechne. So ein Geburtstag ist für mich gleichsam eine Haltestelle, ein Meilenweiser, an dem man stehenbleibt, den zurückgelegten Weg überschaut und den zurückzulegenden überdenkt.»[138]

In der zweiten Hälfte des 19. Jahrhunderts und noch bis ins 20. Jahrhundert hinein war es Sitte, dass sich in den Dörfern am Zürichsee alle Träger des gleichen Vornamens am Namenstag zu einem gemeinsamen Trunk trafen. Die Einladungen hierzu erfolgten über ein Inserat in der Lokalzeitung, dem «Allgemeinen Anzeiger vom Zürichsee». So hiess es am 4. Januar 1868: «Die Gottfrieden sind freundschaftlich eingeladen, auf heute Abends 6 Uhr zu Gottfried Brändli, z. Höfli.» Und am 11. Juli 1868 war bezüglich des Heiri-Tages zu lesen: «Heiri, säg em Heiri, de Heiri söll em Heiri säge, de Heiri söll am Heiri-Tag in Frohsinn cho.»[139] Am 24. Juli 1869 wurde zum Jakobs-Tag eingeladen: «Alle Jakoben sowie Freunde und Gönner, mögen sie heissen wie sie wollen, sind auf morgen Sonntag, den 25. Juli in die Riedtliau freundlich eingeladen. Es wird Hecht ausgewirtet. Bestens empfiehlt sich Brändli z. Riedtliau, Wädensweil.»[140] 1880 erfolgten in der Zeitung Einladungen zum Hans-Tag, Heiri-Tag, Jakobs-Tag und zum Namenstag der Gottfriede.[141] 1885 feierten in Wädenswil die Rudolfe ihren Namenstag.[142]

Während das Feiern des Namenstages zurückging und dann verschwand, setzte sich die Geburtstagsfeier ab 1900 rasch durch. Die Frau von Bundesrat Walter Hauser aus Wädenswil, Sophie Hauser-Wiedemann (1845–1931), zum Beispiel feierte nicht mehr ihren Namenstag, sondern am 5. Juli 1915 ihren Geburtstag, «das 70. Wiegenfest».[143]

Besondere Bedeutung hat heute der Kindergeburtstag. Er wird häufig mit gleichaltrigen Kindern, die kleine Geschenke mitbringen, als Spiel- oder Bastelnachmittag gefeiert. Zum Zvieri gehört der Geburtstagskuchen mit Kerzen. Diese zeigen das Alter an und sind Symbol für das Leben. Üblich ist es auch, dem Geburtstagskind ein Lied zu singen. Am bekanntesten ist das englische «Happy birthday».

Zur Feier des Geburtstags gehört heute ein mit Kerzen geschmückter Kuchen. Foto von 1996.

Rund um die Taufe

Andenken an die Taufe, 1874.

Vorbild und Bedeutung

Vorbild für die christliche Taufe ist die Taufe Jesu im Jordan durch Johannes den Täufer, wie dies der Evangelist Matthäus beschrieben hat. Und bekannt ist der Taufbefehl Jesu, wie ihn Matthäus 28 überliefert. Die Taufe im Namen des Vaters, des Sohnes und des Heiligen Geistes ist Zeichen der erlösenden Gnade Gottes und sichtbarer Akt der Aufnahme des Täuflings in die christliche Gemeinschaft. Zugleich ist die Taufe das öffentliche Versprechen von Eltern und Paten, das ihnen anvertraute Kind christlich zu erziehen.[1] Für die evangelische und für die römisch-katholische Kirche ist die Taufe ein Sakrament.

Taufformeln

Vor der Reformation wurden die Kinder nach einer lateinischen Formel getauft. Leo Jud, der erste reformierte Pfarrer am St. Peter in Zürich, fand, die Zeremonie sollte für alle verständlich sein. 1523 verfasste er daher die erste Zürcher Taufformel in deutscher Sprache. Erstmals angewendet wurde sie am 10. August 1523 bei der Taufe des Ulrich Äberli von Hirslanden im St. Peter. Leo Juds Taufritus kannte noch das Weihen des Wassers, den Gebrauch des Öls und des Speichels sowie den Exorzismus, die Teufelsaustreibung.[2] Ulrich Zwingli verzichtete 1525 in seiner Schrift «Von der Taufe» auf jegliche Exorzismen in der Taufformel. Fortan taufte man in Zürich die neugeborenen Kinder nur noch mit Wasser. Das Helvetische Bekenntnis von 1566 wertete alle früheren Zeremonien als menschliche Erfindung und schaffte sie ab. Zwinglis Taufformular blieb mit kleinen Änderungen bis 1855 das zürcherische Taufgebet. Dann wurde es teils durch andere Liturgien ersetzt.[3]

Kindertaufe oder Erwachsenentaufe?

Ausgehend von der Täuferbewegung, verwarf der radikale Flügel der Zürcher Reformation die Säuglingstaufe als schriftwidrig. Für die Täufer galt nur die persönlich begehrte Erwachsenentaufe. Zwingli hielt an der Kindertaufe fest. Er wurde in dieser Haltung von der Obrigkeit unterstützt, welche das Täufertum verbot und dessen Anhänger verfolgen liess. Im Januar 1525 mussten Bürgermeister und Räte der Stadt Zürich feststellen, dass verschiedene Eltern ihre Kinder nicht taufen lassen wollten. Durch Mandat ordneten sie deshalb an, dass alle noch ungetauften Kinder in-

Unterwegs zur Taufe in der reformierten Kirche Wädenswil. Foto um 1970.

nert acht Tagen zu taufen seien. Eltern, die sich diesem Befehl widersetzten, sollten ausgewiesen werden.[4] Das Taufen in den Häusern wurde verboten. Die Kinder mussten zum Pfarrer in die Kirche getragen werden. Nur wenn das Kind so schwach war, dass man seinen Tod zu fürchten hatte, waren Haustaufen gestattet. Bevor das daheim getaufte Kind starb, musste es aber noch in die Kirche getragen werden.[5]

Nach der Zürcher Kirchenordnung sind Erwachsenentaufen heute völlig unproblematisch. Sie sind aber selten. Im Jahr 2009 fanden im Kanton Zürich 29 reformierte Erwachsenentaufen statt und 2011 deren dreissig.[6]

Nottaufe

Nach katholischer Lehre wurde ein ungetauft verstorbener Säugling nicht selig. Diese Ansicht lehnten die Reformatoren ab, gestatteten aber vorerst Nottaufen. Angesichts der hohen Säuglingssterblichkeit nahmen im 16. Jahrhundert auch Hebammen Nottaufen vor. 1592 erklärte die Zürcher Kirche solche Hebammentaufen für ungültig. Nur noch die Pfarrer hatten das Recht zu taufen.[7] Die Anordnung liess sich aber nur schwer durchsetzen. Obwohl die Zürcher Kirche die Nottaufe theologisch ablehnte, kam es immer wieder zu Kompromissen. Mit folgenden Beschlüssen suchte man der Nottaufe zu wehren: Ab 1619 durfte nicht mehr zur Nachtzeit getauft werden und seit 1717 im Sommer nicht nach neun Uhr und im Winter nicht nach sieben Uhr.[8] Die Zürcher Prädikantenordnung von 1803 verwarf die Nottaufe, da sie ein Überrest des Aberglaubens sei.[9]

Taufe unehelicher Kinder

1842 beschloss der Stillstand von Männedorf, uneheliche Kinder dürften am Sonntagmorgen wie andere Kinder getauft werden, jedoch erst nach den ehelich geborenen Täuflingen. Wurden nur uneheliche Kinder getauft, änderte der Pfarrer die Liturgie ab.[10]

Anmeldung

Jedes neugeborene Kind musste beim Pfarrer zur Taufe angemeldet werden. Weil er dies unterlassen hatte, wurde Jagli Trinkler in der Weberrüti Richterswil im Jahre 1626 mit drei Pfund gebüsst.[11]

Heute wird die Taufe immer noch beim Pfarrer angemeldet. Dieser lädt zu einem Taufgespräch ein, bei dem er erklärt, was Taufe und Taufversprechen bedeuten. Neben dem Ablauf des Gottesdienstes geht es um Fragen wie: Was verbinden Sie mit der Taufe? Was bedeutet Ihnen die Taufe? Was verbinden Sie mit dem Taufspruch?[12]

Taufakt

Zur Zeit der Reformation, in den frühen 1520er Jahren, lehnte sich der Taufakt noch stark an altchristliche Formen an. Draussen vor der Kirchentüre wurde nach dem Namen des Kindes gefragt und das Glaubensbekenntnis abgelegt. Nach der Absage an den Teufel trug man den Täufling in die Kirche und salbte und segnete ihn. Dann vollzog der Pfarrer im Namen des Vaters, des Sohnes und des Heiligen Geistes durch «Eintunken» ins geweihte Wasser die Taufe. Es folgte das Kreuzzeichen mit dem Salböl Chrisam auf den Scheitel. Zuletzt zog man dem Täufling das weisse Taufkleid an, als Wunsch, dass er einst ebenso rein und unbefleckt wie dieses vor Gott erscheinen könne.[13]

Johann Rudolf Bullinger, Pfarrer in Zollikon, beschreibt 1561, wie die Taufe vollzogen wurde: Wurden am Sonntag Kinder getauft, geschah dies im Beisein der Gemeindeglieder. Der Prediger sprach von der Kanzel das allgemeine Sündenbekenntnis und das Unser Vater. Dann begab er sich zum Taufstein und taufte das Kind. Er nahm den Täufling in den Arm, gab ihn nach der Taufe der Hebamme mit den Worten: «Gott verleih dir Gnade» und hiess darauf die Gemeinde gehen.[14] In der Stadt Zürich hielt die Gotte das Kind über den Taufstein, auf dem Land gemäss Kirchenvisitation von 1670 der Pfarrer, ab 1768 die Patin, heute in der Regel wieder der Pfarrer oder die Pfarrerin.[15]

Ein Kupferstich von David Herrliberger zeigt eine Taufe in der Zürcher Pfarrkirche St. Peter, wie diese ums Jahr 1750 Brauch war. Am Taufstein stehen vor dem Pfarrer die Patin und die Hebamme in der Zürcher Kirchentracht mit spitzer Haube, ferner der Pate im Mantel, mit Halskrause und Degen. Die Hebamme hat den Täufling zur Kirche gebracht. Die Patin hält ihn über den Taufstein, damit der Pfarrer die

Taufe in der Kirche St. Peter in Zürich. Kupferstich von David Herrliberger, 1751. Im Kirchenboden sind noch die Grabplatten sichtbar.

Taufhandlung vollziehen kann. In einer Kirchenbank hat man sich den Vater, Geschwister und Verwandte vorzustellen. Die Mutter liegt daheim im «Kindbett». Denn noch ist es wegen der hohen Säuglingssterblichkeit üblich, ein Kind möglichst an seinem ersten Lebenstag oder so bald als möglich darauf taufen zu lassen.

Obwohl sich diese Sitte in der zweiten Hälfte des 18. Jahrhunderts zu lockern begann, wurden noch 1784 im St. Peter alle Kinder innerhalb der ersten vier Lebenstage getauft. Auch in Oberrieden war 1795 kein Täufling älter als vier Tage. In den nächsten zehn Jahren stieg das Taufalter bis zu einer Woche an. Um 1850 lag es bei durchschnittlich einem Monat, um 1970 zwischen 90 und 100 Tagen.[16]

Schon früh trugen unerwachsene Mädchen die Taufkinder in die Kirche. 1773 beschloss der Wädenswiler Stillstand, dass dies nur erwachsene Personen tun dürften. Genützt hat es nicht viel. So ordnete die Kirchenbehörde 1834 erneut an, «dass in Berücksichtigung der Unschicklichkeit und Gefährlichkeit, Kinder durch minderjährige Mädchen zur Taufe tragen zu lassen, von nun an Mädchen unter 14 Jahren keine Täuflinge mehr in die Kirche tragen dürfen». Dennoch hielt Johann Heinrich Kägi, Verfasser einer Geschichte der Herrschaft und Gemeinde Wädenswil, im Jahre 1867 fest, in Wädenswil sei es üblich, dass unerwachsene Mädchen Taufkinder in die Kirche tragen, und meinte: «Es wäre aber besser, man würde dies einer erwachsenen Person übertragen.»[17]

1876 wurde das staatliche Zivilstandswesen eingeführt. Damit gingen die in der Kirche vorgenommenen Taufen zurück. Dafür nahmen die Haustaufen zu. Dies zunächst bei sozial schlechter gestellten Fa-

Taufe in der Osternacht des Jahres 2000 in der katholische Kirche Wädenswil.

Taufe in der reformierten Kirche Hütten, 2007.

milien, die Kosten für die Ausstattung des Täuflings vermeiden wollten. Vorher hatte man vor allem uneheliche Kinder zu Hause getauft.[18] Heute spielt die Haustaufe praktisch keine Rolle mehr.[19]

Katholische Taufe

Mit der Reformation endet der katholische Gottesdienst im Zürcher Staatsgebiet. Bis 1798 war die katholische Lehre hier untersagt. Erst nach 1848 liessen sich in den zürcherischen Seegemeinden wieder vermehrt Katholiken nieder. Es waren einerseits Frauen aus Süddeutschland, Vorarlberg und Italien, welche in der Textilindustrie oder als Haushalthilfen ihr Auskommen fanden, andererseits Männer aus Oberitalien, die im Baugewerbe ihrem Verdienst nachgingen. Dazu kamen Zuzüger aus katholischen Gebieten der Schweiz. Zu den frühesten katholischen Kirchen in den Seegemeinden zählen jene von Horgen (1872), Männedorf (1892/93), Wädenswil (1897) und Thalwil (1898/99).[20] Hier wurden wieder Messen gefeiert und Sakramente gespendet, so auch die Taufe.

Damit ein Kind katholisch getauft wird, müssen zwei Bedingungen erfüllt sein: Mindestens ein Elternteil muss zustimmen und versprechen, das Kind im katholischen Glauben zu erziehen. Mit der Taufe wird der Täufling in die katholische Kirche aufgenommen, was Voraussetzung ist für den Empfang der anderen Sakramente.

Wichtigster Tauftermin der Katholiken ist die Osternacht, was alter christlicher Tradition entspricht. Ursprünglich wurden die Kinder bei der Taufe untergetaucht. Deshalb hängt das Wort taufen mit tauchen zusammen. Säuglinge werden bisweilen auch heute noch ins Taufbecken eingetaucht. Bei der Taufe macht der Geistliche dem Täufling ein Kreuz auf Stirn und Brust. Dann sprechen die Paten das Glaubensbekenntnis bzw. das Taufversprechen. Hierauf benetzt der Priester den Kopf des Kindes dreimal mit Weihwasser und spricht: «Ich taufe dich im Namen Gottes des Vaters und des Sohnes und des Heiligen Geistes.» Abschliessend salbt der Priester den Täufling mit Chrisamöl, legt ihm die Hand auf den Kopf und segnet ihn.[21]

ABERGLAUBE

Noch im 19. Jahrhundert war man in einzelnen Seegemeinden der Ansicht, wenn ein Kind vor der Taufe viel weine, bewirke der Taufakt, dass der Täufling nachher zufriedener sei. Ebenso glaubte man, die Taufe könne ein krankes Kind heilen.[22]

TAUFKLEID

Dem Zürcher Rat war jeglicher Luxus und Prunk ein Dorn im Auge. Denn die Hoffart konnte die Leute leicht in die Armut treiben. Und dann hatte der Staat für sie zu sorgen. Auch die Taufkleider sollten nicht zu üppig sein. Weil Meister Johann Wild von Richterswil 1662 «ein gahr costlich Thauffhübli synem Kind zu dem heiligen Thauff gebrucht», wurde er vom Wädenswiler Landvogt gebüsst.[23]

Bis um 1800 wurde der Täufling nach alter Sitte «gefäscht», so mit Binden umwickelt, dass er nur den Kopf bewegen konnte. Als Zeichen der Reinheit trug er ein weisses Kleid. Im 19. Jahrhundert kam das Tragkissen in Mode, in dessen Umschlag man das Kind einknöpfte. Im 20. Jahrhundert band man dann das Kind mit zwei Bändern auf das Tragkissen. In Stäfa verwendete man für einen Knaben blaue, für ein Mädchen rosarote Bänder.[24] In den 1940er Jahren lösten Blumen die Bänder ab.[25]

TAUFTAGE

Der Brauch, Kinder während eines Gottesdienstes zu taufen, setzte sich erst gegen Ende des 16. Jahrhunderts durch. Vorher wurde praktisch an jedem Wochentag getauft. Erika Welti hat in ihrer Dissertation die Durchschnittszahlen der Taufen am St. Peter in Zürich für die Jahre 1554, 1564 und 1584 ermittelt und die folgende prozentuale Verteilung auf die Wochentage errechnet: Montag 16,7 %, Dienstag 13,3 %, Mittwoch 14,32 %, Donnerstag 11,9 %, Freitag 12,3 %, Samstag 15,3 %, Sonntag 16,3 %.[26] In Horgen wurden 1557 knapp die Hälfte und 1564 sogar drei Viertel aller Kinder an einem Sonntag zur Taufe getragen.[27]

Zu Beginn des 19. Jahrhunderts wurde in der Stadt Zürich der Samstag als Tauftag immer beliebter. 1844 fanden bereits 82 Prozent aller Taufen an einem Samstag statt. Der Sonntag als Tauftag setzte sich am Anfang des 20. Jahrhunderts allgemein durch.[28] In den 1940er Jahren führten eine Reihe von Kirchgemeinden besondere Taufsonntage ein und vollzogen die Taufe nur noch an bestimmten Sonntagen des Monats. So wird es meist auch heute noch gehandhabt.[29]

TAUFE IM ODER NACH DEM GOTTESDIENST?

In den Gemeinden am Zürichsee wurde im 16. Jahrhundert am Sonntag während des Gottesdienstes getauft. In Zürich war dies offenbar erst seit 1598 so üblich. Dafür gab es im St. Peter jeden Dienstag und Donnerstag während der Morgenpredigt Gelegenheit zum Taufen.[30]

Im 19. Jahrhundert änderte sich die Taufpraxis. 1863 ging Horgen dazu über, nach dem Sonntagsgottesdienst zu taufen. 1865 führten auch Wädenswil und um 1894 Stäfa diese Neuerung ein. Kilchberg dagegen lehnte sie 1887 ab. Um 1900 wurde praktisch in allen Seegemeinden nach dem Gottesdienst getauft. So bestimmte es dann auch die Kirchenordnung von 1905. Anwesend waren in der Regel nur der Pfarrer, der Täufling, die Eltern, die Paten und einige Bekannte.[31] Emil Stauber überliefert, man habe früher zuerst die Knaben und anschliessend die Mädchen getauft. 1922 jedoch achte man auf die Reihenfolge der Anmeldung oder auf das Alter.[32] 1935 schlug der Zürcher Kirchenrat vor, die Taufen wieder im Gottesdienst zu vollziehen. So wird es auch heute gehandhabt.

EINBUND

Die Paten beschenkten den Täufling am Tauftag mit einem Geldstück. Weil dieses in die Windel eingebunden wurde, sprach man vom Einbund. Diese Sitte gab zu Missbräuchen Anlass. Schon das Mandat vom 18. November 1488 erlaubte Gotte und Götti, höchstens einen Betrag von fünf Schilling Zürcher Pfennig zu schenken.[33] 1609 beschränkte die Obrigkeit den Einbund auf eine halbe Krone. Gemäss Mandat von 1628 waren folgende Taufgeschenke verboten: Becher, silberne Löffel, kleine Schalen und Gürtel. Im 20. Jahrhundert schenkte man dem Täufling vor allem Besteck als Anteil an die spätere Aussteuer.[34]

STEIFPFENNIG

Im 17. Jahrhundert kam in Zürich ein neuer Taufbrauch auf: Der Götti überreichte der Gotte an der

Taufe ein Geschenk, den Steifpfennig. 1658 wurde in der Zürcher Synode darüber gesprochen. Man bezeichnete die Sache als unevangelisch, unternahm aber nichts dagegen. So bürgerte sich der Steifpfennig nach und nach im ganzen Zürcher Gebiet ein. In den Gemeinden am rechten Seeufer hatte der Götti die Gotte nur zu beschenken, wenn der Täufling ein Knabe war. Wurde ein Mädchen getauft, beschenkte die Gotte den Götti. Die Zürcher Sittenmandate von 1779 und 1790 verboten diesen Brauch. Schilderungen aus dem 19. Jahrhundert erwähnen den Steifpfennig nicht mehr.[35]

Gotte und Götti

In den Zürcher Quellen des 15. Jahrhunderts werden die Taufpaten «tofgoetty», «gotta», «goetti» oder «gevatter» genannt.[36] Vor der Reformation waren drei Paten üblich. Noch 1560 wehrte sich die Zürcher Synode dagegen, dass man für ein Kind fünf, sechs, ja bis zu sechzehn Paten bemühe.[37] Zusammen mit den Eltern hatten die Paten für eine christliche Erziehung zu sorgen und die Eltern nach einem Todesfall zu vertreten. Bereits 1534 bestimmte ein Mandat, das 1628 und 1636 erneuert wurde, dass nur reformierte Personen, die zum Abendmahl zugelassen waren, als Paten in Frage kamen.

Ein Zürcher Mandat von 1628 hielt fest, die Paten sollten mit dem Täufling nicht blutsverwandt sein. Diese Vorschrift wurde aber nur schlecht eingehalten. So bekamen mindestens 15 Prozent aller Kinder, die 1664 im Zürcher St. Peter getauft wurden, Verwandte als Paten. Um 1704 stieg diese Zahl auf 24 Prozent. Und um 1800 war es gar Ehrensache, die nächsten Verwandten als Gotte und Götti zu wählen.[38] Beim ersten Kind kamen in der Regel «s Vatters Brüeder» und «s Mueters Schwöschter» als Götti und Gotte in Betracht. Erst wenn keine weiteren Verwandten mehr zur Verfügung standen, bat man Freunde und Bekannte, die Patenschaft für weitere Kinder zu übernehmen. Konnte die Gotte an der Taufe nicht anwesend sein, sprang für sie eine Stellvertreterin ein: die sogenannte «Schlottergotte». Oft waren dies sehr junge Frauen mit furchtsamem, zitterndem = schlotterndem Auftreten.[39]

Die Eltern suchten die Paten sorgfältig aus. Sie achteten nicht nur auf eine gute Beziehung zwischen dem Kind und den Taufpaten, sondern stärkten auch bereits bestehende familiäre oder freundschaftliche Verbindungen. Stammten die Paten sogar aus einem höheren sozialen Milieu, führte das auch bei ihnen zu gehobenem Ansehen. Als Paten besonders begehrt waren Pfarrer, Stillständer, Landvögte, Untervögte, Wirte und Müller, die alle zur Oberschicht zählten. Ezechiel Ramp, der von 1552 bis 1565 in Wädenswil als Pfarrer wirkte, war mehreren Kindern Taufpate. Alle seine Göttikinder trugen den Namen Ezechiel.[40]

Gerne nahm man als Paten auch junge Leute, die sich schon kannten. Insgeheim wünschte man sich, dass sie einmal ein Ehepaar werden möchten. Dieser Wunsch erfüllte sich beim Bauern Hans Heinrich Blattmann (1630–1702). Am Ostersonntag 1656 war er in der Kirche Richterswil Götti des Täuflings Hans Jakob Treichler. Als Gotte hatten die Eltern die 21-jäh-

Zürcher Gotte, Anfang 18. Jahrhundert.
Stich von Johann Andreas Pfeffel.

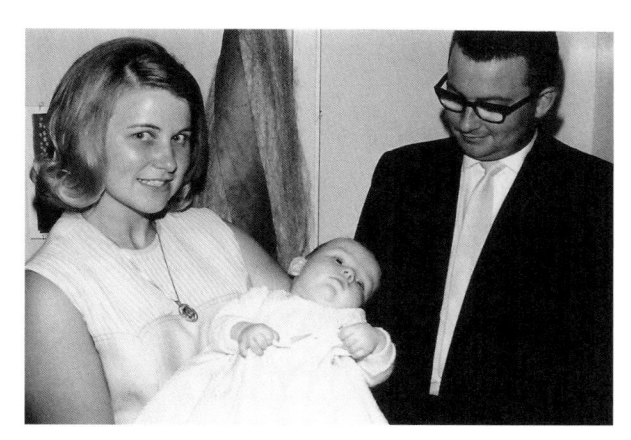

Gotte und Götti, 1967.

rige Regula Treichler gewählt. Knapp anderthalb Jahre später heirateten die beiden.[41]

Mit einer Busse von 30 Pfund strafte der Wädenswiler Landvogt 1661 Hans Eschmann auf Kalchbühl Richterswil, weil dieser eine Patenschaft abgelehnt hatte. Dreimal hatte ihn Urban Bachmann gebeten, für sein zu taufendes Kind Pate zu stehen. Diese Pflicht lehnte Eschmann jedoch mit der falschen Aussage ab, er müsse gleichzeitig ein Kind in der Kirche Hirzel aus der Taufe heben.[42] Wer im 20. Jahrhundert eine Patenschaft ablehnte, tröstete den anfragenden Vater für die Absage mindestens mit der Spende eines Fünf-Franken-Stücks, wie Emil Stauber 1922 festhält.[43]

In jedem Dorf fanden sich angesehene, reiche und beliebte Patinnen und Paten, die immer wieder um Gevatterschaft angegangen wurden. Die reiche Jungfrau Elisabeth Nägeli von Fluntern beispielsweise hatte im 18. Jahrhundert 76 Patenkinder.[44] Der Weinbauer Julius Hauser (1834–1897) in Wädenswil kam als Allerweltsgötti sogar auf 89 Patenkinder. 13 seiner Göttibuben trugen den Vornamen Julius.[45]

Taufmahl

Im Anschluss an die Taufe fand ein Taufmahl statt. Dabei war nach Ansicht der Obrigkeit jeglicher Luxus zu vermeiden. Schon vor der Reformation schritt sie dagegen ein. In einem Mandat von 1422 ordnete sie an, dass nur die Paten und die Verwandten eingeladen werden durften. Den Frauen, die nicht zur Taufgesellschaft gehörten, aber doch zum Gratulieren erschienen, sollte nur ein Begrüssungs- oder ein Abschiedstrunk gegeben werden, sonst nichts. 1609 wurde an der Taufe die Küchleten verboten. Noch 1766 sollten die Eltern gemäss Mandat zum Taufmahl nur die «Gevatteren» und keine anderen Personen einladen.[46] Im Mandat von 1785 verlangte die Zürcher Obrigkeit bei zehn Pfund Busse nur noch, dass die Taufmähler nicht in den Wirtshäusern abgehalten wurden und dass unmittelbar vor- und nachher kein anderes Freudenfest gefeiert, also auf die «Schlirpete» verzichtet werde. Die «Schlirpete» war ein Brauch, der schon 1609, 1650 und 1744 untersagt worden war, sich aber nicht ausrotten liess. Man verstand darunter den gemeinsamen Besuch der Gotte und der Frau des Göttis bei der Kindbetterin. Man überbrachte Mutter und Kind Geschenke und wurde dafür reich bewirtet. Dabei kam es, wie David Herrliberger 1750 festhielt, oft zu Missbräuchen und es fielen meist grosse Unkosten an.[47]

Taufzettel

Als Erinnerung an die Taufe kamen im 18. Jahrhundert handgeschriebene Taufzettel mit Spruch und später mit Bild auf. Hier ein Beispiel von 1775:

«O Gott durch deines Geistes Trieb
Zum usseren Tauff den inneren gib.

Der höchste Gott dir hier zu Theil
Sein Sägen, Gsundheit, Glük und Heil
Und darnach auch die Fälligkeit
Zu loben Gott in Ewigkeit.

Der liebe Gott dir Gnad verliche
Und dich mit Sägen auch beriche
All hier zu leben frömiglich
So wirst auch leben ewigklich.

Dies wünsch ich meiner lieben Tauf-
Gotten Susanna Blattmann, so getauft
den 19. Hornung Anno 1775.

Tauf-Gotten
Anna Blattmann.»[48]

Anfang 19. Jahrhundert kamen gedruckte Taufzettel in Umlauf. Beliebt waren die Blätter aus der Werkstatt des bekannten Kupferstechers Heinrich Brupbacher (1758–1835) in Wädenswil. Hier ein Beleg von 1806:

«Ins Leben rief dich Gott heran
Vermehre der Gerechten Schaar!
Sey Deines Schöpfers eingedenk;
Dein Leben ist ja sein Geschenk!
Er führe Dich ins Gottesreich;
Und mache Dich den Engeln gleich.
Geh zu des Lebens Porte ein:
So wird der Tod Gewinn Dir seyn.
Ward getauft in der Kirche zu Wädenschweil
den 10. Augst 1806.
Diese Erinnerung giebt
seiner lieben Taufgotten Lisabetha Streuli
seine getreue Taufzeugin Elisabetha Heussy,
geborene Streuli.»[49]

Und ein weiteres Beispiel von 1835:

«Wie die junge Ros' entfalte
deines Geistes Blüthe sich,
Und des Himmels Vorsicht walte
segnend, liebend über dich;
Dufte fröhlich wie die Rose,
ihr an Reiz und Anmuth gleich,
In dem häuslich stillen Schoosse,
wird' an Lieb und Tugend reich.
Dornenlos blüht keine Rose,
auf des Lebens Wechselpfad;
Sey zufrieden mit dem Loose,
das dir Gott beschieden hat.
Ward getauft in der Kirche zu Wädenschweil.
Diese Erinnerung gibt seinem lieben Tauf-Kinde
Heinrich Blattmann.
Sonntags, den 10ten May 1835.
Sein getreue Taufzeugin
Lisabetha Suter née Streuli in der Seefahrt.»[50]

Um 1840 schuf auch der Zürcher Maler R. Dikenmann einen Taufzettel. Er war im Empirestil gestaltet, wurde von Hand koloriert und vom Taufzeugen unterschrieben.[51]

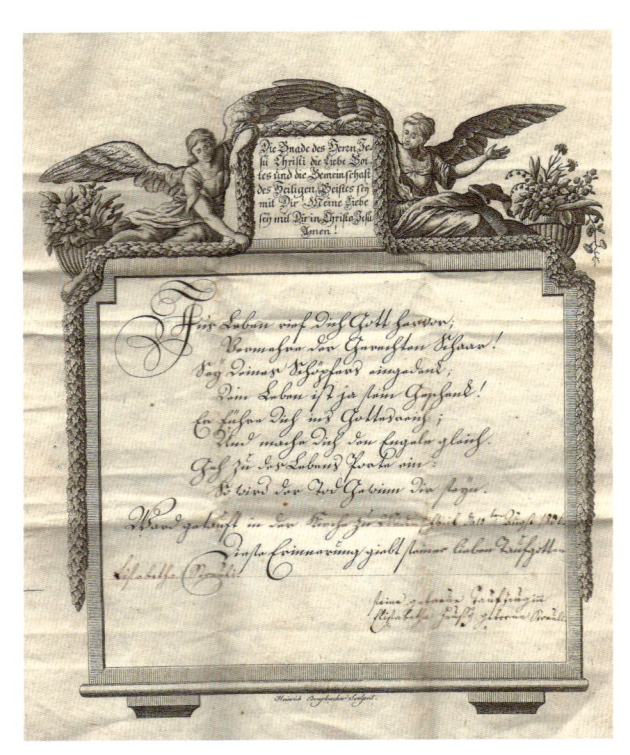

Taufzettel für Lisabetha Streuli in Wädenswil, 1806.

Taufzettel für Heinrich Blattmann in Wädenswil, 1833.

Taufzettel für Henriette Bosshardt in Kilchberg, 1842.

Taufbücher

Am 30. Mai 1526 befahlen «Rät und Burger» der Stadt Zürich den Prädikanten zu Stadt und Land, Taufbücher zu führen.[52] Darin sollten die Namen des Vaters, des Kindes und der Taufzeugen vermerkt werden. Begründet wurde diese Massnahme mit folgenden Argumenten: Etliche Eltern wollen ihre Kinder nicht taufen lassen. Andere sagen, das Kind sei getauft, obwohl dies nicht stimmt. Das Taufbuch aber gibt jederzeit Aufschluss und hilft zudem im Kampf gegen die Täufer. Vater oder Mutter wollen die Kinder bisweilen jünger machen, als sie sind. Mit dem Taufbuch kann man das belegen. Daran ist auch das Ehegericht interessiert.

Im ältesten erhaltenen Taufbuch der Pfarrkirche St. Peter in Zürich sind die Taufen der Jahre 1553 bis 1690 verzeichnet. Die beiden ersten Einträge – von der Hand des neu gewählten Diakons Hans Rudolf Wonlich – datieren von Ende Dezember 1553. In lateinisch überschriebenen Rubriken sind die Namen des Vaters, des Paten und der Patin festgehalten:

1553 December Die	Pater	Infans	Patrinus	Patrina
28.	Hansy Meyer	Regula	Thomas Wezel	Regula Blass
30.	Rudolf Bräm	Elsbeth	Niklaus Köchly	Elsbeth zur Eych

Die Mutter findet sich im petrinischen Taufbuch erst seit 1645 verzeichnet.

Das Taufbuch war zugleich eine Art Kirchenchronik. Mancher Pfarrer notierte darin wichtige Vorkommnisse in seiner Gemeinde: Seuchen, Brände, Naturereignisse, bauliche Veränderungen an der Kirche usw. Auch Statistiken wurden geführt. So steht am Schluss des ersten Taufbuchs von St. Peter, im Zeitraum zwischen dem 28. Dezember 1553 und dem 8. März 1660 seien in dieser Kirche 14 960 Kinder und 5 Erwachsene getauft worden.

Die folgende Zusammenstellung zeigt, in welchem Jahr die im Staatsarchiv des Kantons Zürich aufbewahrten Taufbücher aus den Kirchgemeinden der Bezirke Horgen und Meilen sowie aus der Stadt Zürich einsetzen:

1525 Zürich Grossmünster
1528 Zürich Fraumünster
1545 Horgen
1549 Männedorf
1550 Küsnacht
1552 Meilen
1552 Wädenswil
1553 Kilchberg
1553 Stäfa
1553 Zürich St. Peter
1561 Zollikon
1564 Thalwil
1614 Zürich Predigern (vorher Grossmünster)
1616 Zumikon (vor 1598 Küsnacht bzw. Zollikon)
1617 Hirzel (vorher Horgen)
1629 Herrliberg (vorher Küsnacht)
1650 Erlenbach (vorher Küsnacht)
1650 Richterswil
1682 Uetikon am See (vorher Meilen)
1703 Schönenberg (vorher Wädenswil)
1721 Rüschlikon (vorher Kilchberg)
1752 Hütten (vor 1703 Richterswil, 1703–1752 Schönenberg)
1761 Oberrieden (vorher Horgen)

Türken- und Judentaufen

Zu den besonderen Taufereignissen zählen die Türkentaufen von 1657. Am 21. März 1657 morgens sechs Uhr empfingen im Zürcher Fraumünster drei türkische Personen aus Dalmatien die christliche Taufe: die 19-jährige Julia Kasitsch – fortan Anna Julia –, der 16-jährige Sale Meitsch – nun Jakob – und ein 14-jähriges Mädchen aus Selino, jetzt Emerita. Oberst Johann Rudolf Werdmüller (1614–1677) und sein Hauptmann Hans Ulrich Lochmann (1615–1700) hatten in Dalmatien Solddienst geleistet. Am 13. Februar 1651 kehrten sie nach Zürich zurück. Oberst Werdmüller brachte die Kriegswaisen Julia und Sale mit, Hauptmann Lochmann Emerita. Zur Beschwichtigung der Zürcher Geistlichkeit liessen sie die Fremden christlich unterrichten und knapp sechs Jahre später durch den Diakon Heinrich

Ulrich (1617–1669) taufen. Vorgängig hatten die «Bekehrten» im Pfarrhaus St. Peter vor den Diakonen Heinrich Ulrich vom Fraumünster und Hans Jakob Thomann (1614–1671) vom St. Peter ein Examen abgelegt. Alle drei bewiesen gute Kenntnisse der christlichen Religion und bestanden die Prüfung glänzend. Julia erzählte den französischen Katechismus «ohne einichen Anstoss auswendig» und Sale und Emerita hatten schreiben und lesen gelernt. Zum Taufakt, dem als Zeugen Vertreter der Gnädigen Herren, der Geistlichkeit, aus der Zürcher Oberschicht sowie die Ehepaare Werdmüller und Lochmann als Eltern beiwohnten, erschienen die Töchter in ehrbarer schwarzer, der Knabe in türkischer Kleidung. Obwohl die Taufe – unter Ausschluss der Öffentlichkeit – im Fraumünster stattfand, ist dieses Ereignis nur im Taufbuch von St. Peter verzeichnet. Der Grund liegt darin, dass Werdmüller und Lochmann in der Kirchgemeinde St. Peter wohnten. Anna Julia und Jakob lebten im Seidenhof der Familie von Hans Rudolf und Anna Werdmüller-Reinhard. Von Anna Julia Kasitsch (1638–1683) hat sich ein Porträt erhalten. Sie starb am 27. Mai 1683 und wurde auf dem Friedhof St. Anna begraben. Jakob bereitete Hans Rudolf Werdmüller Verdruss. «Er stahl und ging durch.» Auch Emerita, die Hauptmann Lochmann seinerzeit in Dalmatien als Vierjährige gekauft hatte, kam mit dem Leben in Zürich nicht zurecht. Sie verursachte mit ihren Liebschaften viel Ärgernis und verschwand schliesslich auf Nimmerwiedersehen.[53]

Auch Juden konvertierten in Zürich zum Christentum. 1697 wurde der 38-jährige Jude Abraham Ben-Simon aus Polen auf den Namen Jakob Christoph getauft. 1746 erhielt der Jude Jachiel Hirschlein bei der Taufe im Grossmünster den Namen Christian Gottlieb. 1761 fand im Fraumünster die Taufe des Juden Simon Bar-Joseph statt, der fortan Simon Frommann hiess. 1722 liess sich in Wollishofen der Sohn eines Rabbi von Metz taufen und 1766 wechselten in der gleichen Kirche zwei Juden aus dem Württembergischen die Konfession. 1790 wurde in der Frühpredigt im Grossmünster der jüdische Knabe Anton Jenkel aus der Gegend von Heilbronn auf den Namen Jacob Caspar getauft.[54]

Taufe von Zwillingen in der reformierten Kirche Hütten, 2007. Die Patinnen halten die Taufkerzen.

Neues Brauchtum

Viele Pfarrer gestalten heute die Taufe in Absprache mit den Eltern individuell. So brachte ein Ehepaar in Hütten Taufwasser mit, das aus der eigenen Quelle des Hofes stammte.

Taufkerze

In den 1990er Jahren fand da und dort ein ursprünglich katholischer Brauch Eingang in reformierte Kirchgemeinden: Im Anschluss an die Taufe wird eine Taufkerze überreicht, die am Osterlicht entzündet wurde. Die Kerze ist ein Symbol dafür, dass Jesus Christus das Licht im Leben des Täuflings ist.

Taufnest und Tauf-Erinnerungs-Feier

In der reformierten Kirche Wädenswil stand im Jahre 2011 ein grosses Taufnest. Jede Familie setzte bei der Taufe ihres Kindes einen kleinen, selbst gebastelten Vogel hinein. Dieser machte sichtbar, dass die Kinder mit der Taufe in die Gemeinschaft der Kirchgemeinde und der weltweiten Kirche aufgenommen wurden. Anfang Juli 2012 waren die Familien nochmals in die Kirche eingeladen. Gemeinsam erinnerte man sich an die Taufe im letzten Jahr. Dann flogen die Vögel aus, kehrten in die Familien zurück und machten Platz für die nächste Generation Taufvögel.[55]

Konfirmation

Begriff und Bedeutung

Der Begriff Konfirmation leitet sich ab vom lateinischen Wort confirmatio, was Bestätigung, Befestigung bedeutet. Gemeint sind damit die Bestätigung des Taufversprechens und die Befestigung im Glauben. Früher bedeutete erst die Konfirmation die Zulassung zum Abendmahl. Zugleich war sie Erlaubnis zum Rauchen, zum Tanz und zur Liebschaft, weshalb man auch vom «Tanz- und Schmus-Patent» sprach.[1] Konfirmierte haben das Recht, Pate zu sein.

In der reformierten Zürcher Landeskirche führten und führen noch immer drei Stufen zur Konfirmation: der Schulunterricht, die Kinderlehre, heute Jugendgottesdienst genannt, und der Konfirmandenunterricht. Ab 1523 mussten zwei Kinderpredigten pro Jahr besucht werden. Daraus entstanden die Kinderlehren mit Katechismusunterricht, erstmals genauer umschrieben in der Prädikantenordnung von 1628.[2]

Die Konfirmation bedeutete früher den Zugang zum Abendmahl. Bis ins 19. Jahrhundert hinein benützte man Holzbecher und Holzteller.

Konfirmandenregister

Über den Besuch dieser Unterweisungsstunden hatte der Pfarrer Buch zu führen. So entstanden die ersten Konfirmandenverzeichnisse, die heute im Staatsarchiv Zürich aufbewahrt werden. Die folgende Zusammenstellung zeigt, wie weit sie in den einzelnen Seegemeinden zurückreichen:

1648 Stäfa	1782 Küsnacht
1690 Zollikon	1783 Zumikon
1707 Uetikon am See	1788 Meilen
1722 Thalwil	1799 Schönenberg
1724 Erlenbach	1811 Kilchberg
1736 Rüschlikon	1830 Oberrieden
1745 Männedorf	1843 Herrliberg
1752 Hütten	1862 Wädenswil
1779 Richterswil	

Laut Prädikantenordnung von 1758 sollten Burschen und Töchter in einem Admissionsunterricht auf das Abendmahl vorbereitet werden. Am Schluss des Unterrichts war eine Prüfung abzulegen. Wer nicht lesen konnte, erhielt die Admission nicht. So geschehen 1773 in Küsnacht.[3] Eine Konfirmationsfeier kennt die Zürcher Landeskirche erst seit 1803. Die Liturgie von 1855 prägte deren Gestaltung. Konfirmationsscheine sind seit 1828 erhalten.

Zum Brauchtum der Konfirmation gehörte früher, dass die Töchter der Zürcher Kirchgemeinden Enge, Grossmünster und Fraumünster einen schwarzen Schal trugen.[4] Damit erhielt die Kleidung ein einheitliches Gepräge und es gab keine Modekonkurrenz. Die Burschen erschienen erstmals in langen Hosen.[5] Ausser dem Spruch überreichten die Pfarrer am Zürcher St. Peter den Konfirmanden und Konfirmandinnen ein persönliches Geschenk. Darauf verzichteten sie ab 1911. Fortan bezahlte die Kirchenkasse Buchgeschenke.

Konfirmationsdatum

Seit alters wurden in der Stadt Zürich die Knaben am Sonntag vor Weihnachten und die Töchter am Palmsonntag konfirmiert. Im Februar 1904 bat das Pfarrkapitel des Bezirks Zürich die Kirchenpflegen, zur Frage Stellung zu nehmen, ob die Konfirmation vor Weih-

Austeilung des Abendmahls im Fraumünster in Zürich. Kupferstich von David Herrliberger, 1751.

nachten abgeschafft werden könne. Pfarrer Konrad Furrer bemerkte, dass in der St.-Peter-Gemeinde die Konfirmation seit Menschengedenken zweimal jährlich, nämlich vor Ostern und Weihnachten, stattfinde. Eine Änderung dieser Gewohnheiten sei nicht im Sinne der Kirchgemeinde. 1919 regte die Bezirkskirchenpflege an, die Knaben seien ebenfalls vor Ostern zu konfirmieren. Mit der Begründung, der bisherige Modus sei im Interesse der Gewerbeschule, hielt die Kirchenpflege St. Peter an der bisherigen Regelung fest. 1921 verlegte die Synode den Abschluss des Konfirmandenunterrichts auf die Zeit vor Ostern. Dies brachte Veränderungen. Ab 1924 wurden die Söhne und Töchter gemeinsam am Palmsonntag konfirmiert.

Konfirmandenunterricht in den Jahren 1915/16

In Wädenswil besuchten Burschen und Mädchen bis 1950 den Konfirmandenunterricht geschlechtergetrennt. Während des Konfirmandenjahres erwartete man von den Jugendlichen ein besonders schickliches Benehmen. Selbstverständlich ging man im Konfirmandenalter nicht tanzen und man blieb auch öffentlichen Festen und Lustbarkeiten fern. Waren die Leute nicht sicher, ob jemand schon konfirmiert war, fragten sie: «Bisch scho bhört?» Dieser Ausdruck weist noch in jene Zeit zurück, als mit der Konfirmation eine eigentliche Befragung und Glaubensprüfung verbunden war.[6]

Gemäss Befragungen von Pfarrer Peter Weiss wurden die Konfirmandinnen und Konfirmanden in den Jahren 1915/16 in Wädenswil wie folgt unterrichtet: «Am Anfang jeder Unterrichtsstunde wurden eifrig Lied- und Bibelverse abgefragt. Dann löste Pfarrer Jakob Pfister jeweils die Sackuhr von der Kette, legte sie auf das Pult und begann für den Rest der Stunde hochdeutsch über die zehn Gebote, das Leben Jesu oder den Apostel Paulus zu dozieren, wobei er ständig vorne hin und her und durch die Reihen schritt. Der dargebotene Stoff war lehrhaft, dogmatisch und geschichtlich. Eine Diskussion oder Gesprächsmöglichkeit gab es nicht. Aufmerksam zuhören, stillsitzen und sich ruhig verhalten, das wurde von den Konfirmanden erwartet. Das Verhältnis zwischen Konfirmanden und Pfarrer war gekennzeichnet durch eine grosse und Ehrfurcht gebietende Distanz.»[7]

Konfirmationsfeier im Jahre 1916

Pfarrer Peter Weiss hat auch geschildert, wie in Wädenswil am Palmsonntag 1916 die Konfirmationsfeier gestaltet wurde.[8] Konfirmiert wurden damals in der reformierten Kirche 64 Söhne und 64 Töchter. Hier der ausführliche Bericht: «Am Palmsonntag besammelten sich die Konfirmanden und Konfirmandinnen im alten Eidmattschulhaus. Die Mädchen behandschuht, in langen, schwarzen Röcken, die von einer Schneiderin, welche entweder nach Hause ‹uf d Stör› kam oder zu der man hinging, nach Mass angefertigt wurden. Dazu trugen sie schwarze Strümpfe und schwarze, hohe oder halbhohe Schuhe. Die Burschen wurden erstmals in ihrem Leben in einen schwarzen oder dunklen Anzug gekleidet, bestehend aus langen, engen ‹Röhrlihosen und Tschööpli› und mit weissem Hemd, schwarzer Krawatte, schwarzem Filzhut und schwarzem Stöcklein mit Silbergriff ausstaffiert.

Im Eidmattschulhaus wurden alle der Grösse nach in Zweierkolonne aufgestellt. Angeführt von den beiden grössten Burschen, gefolgt von den Pfarrern und ebenfalls der Grösse nach eingereihten Mädchen, zogen sie durch den seeseitigen Eingang in die übervolle Kirche ein und setzten sich auf die in die Quergänge gestellten Bänke. Auf den Treppenaufgängen zu den Emporen sassen die Konfirmanden des nächsten Jahres, um einen Augenschein dessen zu nehmen, was auf sie zukommen werde.

In der ganzen Kirche herrschte eine ernste und feierliche Stimmung. Die Konfirmanden selbst waren voll innerer Erwartung und Spannung. Nach der Predigt, dem Gebet und dem gemeinsamen Ja, mit dem sich die jungen Christen verpflichteten, den aufgezeigten Weg zu gehen, wurden sie durch Handschlag als erwachsene Glieder in die Gemeinde aufgenommen und dazu ermächtigt, am Abendmahl teilzunehmen.

Nach dem Gottesdienst zogen die Konfirmanden ins Pfarrhaus hinüber, wo ihnen die Gedenkblätter mit dem Spruch ausgehändigt wurden. Danach ging man nach Hause und feierte im Kreise der Familie mit Gotte und Götti in einfachem und bescheidenem Rahmen – es war eben Kriegszeit. Auf einem Tischlein lagen die Kärtchen und Geschenklein von Nachbarn und Bekannten, die – falls sie es nicht ohnehin wussten – die in der Buchhandlung aufliegende Konfirmandenliste durchgesehen und sich die Namen ihnen nahestehender Kinder und Familien gemerkt hatten. Die Wädenswiler Geschäfte priesen in ihren Inseraten eine reiche Auswahl an Konfirmandengeschenken an: Christliche und klassische Vergissmeinnicht, Dresdner Schmucktestamente, Füllfederhalter, Schreibmappen, Petschaften, Damentaschen, Schirme, Tagebücher, Poesiealben, Fotoalben, Glas- und Emailbilder, Wandsprüche, Gravuren usw.

Am Palmsonntagnachmittag folgte meist ein kleiner Spaziergang in die nähere Umgebung. Zur Konfirmation gehörte der gemeinsame erste Gang zum Abendmahl am Karfreitag. An Ostern war es Brauch, dass man mit den Eltern, aber immer noch im dunklen Konfirmandenkleid, zur Kirche ging und dem Abendmahl beiwohnte.» So weit der leicht gekürzte Bericht von Pfarrer Peter Weiss über die Konfirmation in Wädenswil im Jahre 1916.

Konfirmationssprüche

Zur Bestätigung ihrer Konfirmation erhielten die Konfirmierten seit dem frühen 19. Jahrhundert ein vom Pfarrer unterschriebenes Dokument: den Konfirmationsspruch. Anfangs war er grafisch sehr ein-

Konfirmandenklassen der Wädenswiler Pfarrer Walter Angst, Hans Suter und Reinhard Zimmermann im Frühling 1957. Alle Töchter tragen einheitlich dunkle Röcke und Strümpfe.

Konfirmation in der reformierten Kirche Schönenberg, 1995. Die Kleidung ist farbiger geworden.

fach gehalten. Anna Schärer von Wädenswil, getauft am 13. Dezember 1840, erhielt den gedruckten Psalm 145,18, dem Dekan Häfelin handschriftlich beifügte: «confirmiert auf H. Ostern 1857».[9] Bereits weiter entwickelt ist das gedruckte Formular, mit dem Diakon Hermann Fay in Wädenswil die Konfirmation von Heinrich Treichler am 5. April 1868 bescheinigte. Überschrieben ist es mit «Denkspruch für …», enthält den Spruch Jesaia 41,10 und am Schluss folgende Linien zum Ausfüllen:

«Zur Erinnerung an den 5. April 1868, den Tag deiner Confirmation in der Kirche zu Wädenswyl von Herm. Fay, Diacon.»[10]

Nach 1900 werden Konfirmationssprüche häufiger, die meist Christus in grossem Bild zeigen. So auf dem Formular, mit dem Pfarrer A. Schreiber in Wädenswil die am Palmsonntag 1918 vollzogene Konfirmation von Karl Julius Staub bescheinigte. Der Spruch lautete: «Jesus Christus, gestern und heute und derselbe auch in Ewigkeit» (Hebräer 13,8). Der Eintrag am Fuss der Urkunde lautete: «Karl Julius Staub, geboren am 27. November 1902 und getauft am 22. Februar 1903 ist nach empfangener Unterweisung im Worte Gottes heute in der reformierten Kirche zu Wädenswil konfirmiert worden und nunmehr zum heiligen Abendmahl zugelassen.»[11] Eduard Theodor Vogel in Wädenswil, konfirmiert am Palmsonntag 1924, erhielt einen Konfirmationsspruch, der in farbiger Lithografie die Kirche Wädenswil zeigt.[12] Die Kirche als Sujet wurde auch später beibehalten, sei es als Zeichnung des Kunstmalers Ernst Denzler oder als Farbfotografie. Heute sind vielfältige Motive von Konfirmationssprüchen auf dem Markt, aus denen sich die Konfirmanden da und dort das ihnen gefallende auswählen dürfen.

Konfirmation im Wandel

Seit den 1950er Jahren haben Konfirmandenunterricht und Konfirmation einen Wandel durchgemacht. Der Unterricht wird in gemischten Klassen erteilt. Konfirmandenlager und Skiwochenenden – Ersatz für die in den 1950er Jahren abgeschaffte übliche Konfirmandenwanderung – sorgen für intensivere Kontakte.[13] Die Kirchgemeindeversammlung Meilen bewilligte 1970 eine Neugestaltung des Konfirmandenunterrichts im Jahr 1970/71: einen nach Themen gegliederten Unterricht in Kursform und ein einwöchiges Konfirmandenlager in den Sommer- oder Herbstferien.[14]

Die Konfirmandinnen und Konfirmanden gestalten heute die Konfirmationsfeier mit. Auch den Spruch dürfen sie sich meist selber aussuchen. Die Mode am Konfirmationstag ist weniger steif als früher, wo die Töchter schwarze Röcke und bisweilen erstmals Seidenstrümpfe trugen. Heute ist die Bekleidung völlig frei, dafür bunter und bequemer.

Seit 1988 beginnt das neue Unterrichtsjahr an den Zürcher Schulen nach den Sommerferien. Dies bewirkte die Verschiebung des Konfirmationsdatums vom Palmsonntag auf den Sonntag nach Pfingsten.[15] Die Konfirmation ist heute der feierliche Abschluss des kirchlichen Unterrichts. Das Ja der Konfirmanden hat nicht mehr bekenntnishaften Charakter wie früher. In gesellschaftlicher Hinsicht bedeutet die Konfirmation als «rite de passage» weiterhin den Übergang von der Kindheit ins Leben der Erwachsenen.[16]

In den Jahren 2007/08 wurden im Kanton Zürich knapp 600 Konfirmandinnen und Konfirmanden befragt, weshalb sie sich konfirmieren lassen. 41 Prozent nannten die Tradition als wichtigen Grund. 44 Prozent gaben an, es sei ihnen wichtig, den Segen zu empfangen. Knapp die Hälfte der Befragten sagte, dass sie an Gott glauben, 84 Prozent äusserten sich, sie wollten dereinst ihre Kinder taufen lassen.[17]

Erstkommunion und Firmung

Erstkommunion

Die Erstkommunion führt die römisch-katholischen Kinder in die Feier der Eucharistie ein.[1] Dazu vorbereitet werden sie einerseits durch den Religionsunterricht in der 3. Primarklasse, andererseits während ausserschulischen Anlässen der Pfarrei, die sie zusammen mit ihren Eltern besuchen.

Gemäss der Tradition findet die Feier der Erstkommunion seit Mitte des 19. Jahrhunderts am ersten Sonntag nach Ostern statt. Dieser Tag heisst «Weisser Sonntag». Nachdem sie erstmals die Beichte abgelegt haben, empfangen die Kinder zum ersten Mal das Sakrament der Heiligen Kommunion: das Zeichen der Gemeinschaft mit Gott und untereinander. Die Mädchen in ihren weissen Kleidern und meist mit einem Blumenkranz im Haar symbolisieren die «Bräute Christi». Die Knaben, als Bräutigam, tragen einen dunklen Anzug. Da die Kleidung oft wichtiger geworden ist als der Festanlass, treten mancherorts alle Kinder in einheitlicher Albe zur Erstkommunion an.[2] Trotz der weissen Kleidung hat der Name «Weisser Sonntag» nichts damit zu tun, sondern erinnert daran, dass früher die an Ostern Getauften acht Tage später ihr weisses Gewand – Symbol für Reinheit, Vollkommenheit und Unschuld – abgelegt haben.[3]

Erstkommunion in der katholischen Kirche Wädenswil, 1988.

Weisser Sonntag 1908 in Wädenswil. Mädchen in weissen Röcken und mit Kerzen vor dem Schulhaus Eidmatt II.

Weisser Sonntag 1988. Einzug in die katholische Kirche Wädenswil. Alle Kinder tragen Alben.

FIRMUNG

Während sich das Sakrament der Taufe auf die Bibel gründet, basiert das Sakrament der Firmung auf der kirchlichen Tradition.[4] Aus eigenem Wunsch und eigener Entscheidung sagt der junge Mensch Ja zum Glauben an Jesus Christus. Er bestätigt damit die im Säuglingsalter empfangene Taufe und wird in die Gemeinschaft der Pfarrei aufgenommen. Um die Firmung zu erhalten, muss der Firmling römisch-katholisch getauft sein, sich zur Firmung bereit zeigen und die Firmvorbereitung besucht haben. Der in Wädenswil durchgeführte Firmkurs 2010 begann Mitte Januar mit einem Kennenlerntag und der Einschreibung. Es folgten im Februar zwei Themenabende «Gott» und «Jesus» und Gottesdienste am Palmsonntag und in der Osternacht. An einem Firmweekend in Einsiedeln gestalteten die Jugendlichen unter anderem eine Firmkerze, die am 27. Juni im Gottesdienst mit Firmspender Christoph Casetti angezündet wurde. Eine freiwillige Romreise bildete im Herbst den Abschluss.[5]

Während des Firmgottesdienstes legt der Bischof – oder seit dem Zweiten Vatikanischen Konzil auch ein Weihbischof, Generalvikar oder Abt als Stellvertreter – dem Firmling die Hand auf den Kopf und zeichnet mit dem geweihten Chrisamöl – einer Mischung aus Olivenöl und Harz des Balsamstrauches – auf dessen Stirn ein Kreuz. Dazu spricht er die Spendeformel, die Papst Paul VI. 1971 neu eingeführt hat: «Sei besiegelt durch die Gabe Gottes, den Heiligen Geist.»[6] Vorher hiess sie: «Ich besiegle dich mit dem Zeichen des Kreuzes und firme dich mit dem Chrisam des Heiles. Im Namen des Vaters und des Sohnes und des Heiligen Geistes.»[7]

Handauflegen und Salbung bedeuten: «Gott ist mit dir. Du kannst dich auf ihn verlassen. Er segnet dich. Du bist begabt. Gott traut dir etwas Unverwechselbares zu. Du wirst von ihm dafür heute durch das Sakrament der Firmung bestärkt.»

Darauf antwortet die gefirmte Person: «Ich will das glauben. Ich will dieser Zusage glauben und ich stelle mich mit meinen Fähigkeiten in den Dienst der Gemeinschaft von Menschen – auch der Gemeinschaft der Kirche.»[8]

Begleitet wird der Jugendliche vom Firmpaten, die Jugendliche von der Firmpatin. Götti und Gotte müssen römisch-katholisch und mindestens 16 Jahre alt sein. Sie sind Bezugspersonen, die die Gefirmten im Leben begleiten und ihre Fragen an das Leben und den Glauben teilen. Um dies zu bezeugen, stehen sie beim Firmakt direkt hinter oder neben dem zu Firmenden. Der Pate legt dem Firmling während des Firmaktes seine rechte Hand auf die Schulter und begleitet ihn durch die Feier. Pate oder Patin beschenken die gefirmte Person. Früher geschah dies meist mit einer Uhr oder einer Reise.[9]

Bis um 1980 feierte man die Firmung in den meisten Zürcher Pfarreien im Alter von 11 bis 14 Jahren, spätestens in der dritten Oberstufe.[10] Pfarrer Martin Kopp, Jugendseelsorger in Zürich-Albisrieden, hatte dort 1982 als Vikar den Firmkurs zu übernehmen. Dabei kamen er und die Leiter zur Einsicht, man dürfe so nicht mehr weiterfahren. Denn die Schulabgänger hatten andere Sorgen und zeigten sich für die Firmung wenig offen. Man verlegte daher die Firmung auf das 17. Altersjahr. So hielt es Pfarrer Kopp, heute Generalvikar der Innerschweiz, auch, als er 1985 als Seelsorger nach Wädenswil kam. Seither ist die Firmung hier ab 17, später ab 18 Jahren zu einem eigentlichen Grundpfeiler des Wädenswiler Pfarreilebens geworden.[11] Im Jahre 2011 gingen im Kanton Zürich 61 Pfarreien den Firmweg mit 17- oder 18-Jährigen. Nur noch 30 Pfarreien firmten wie früher in der dritten Oberstufe.[12]

Firmung in der katholischen Kirche Wädenswil, 1996.

Firmung in der katholischen Kirche Wädenswil, 1996.

Jungbürgerfeiern

STAATSVERFASSUNG VON 1831

Gemäss Beschluss des Ustertages vom 22. November 1830 erhielt der Kanton Zürich eine neue Verfassung. Bereits Ende März 1831 lag sie vor und am Sonntag, 10. April 1831 hatten sämtliche Bürger des Kantons nach dem Gottesdienst in der Pfarrkirche ihres Wohnortes den folgenden Bürgereid abzulegen:[1]

«Wir Bürger des Cantons Zürich schwören Treue der Schweizerischen Eidgenossenschaft und unserm Canton; wir schwören die Unabhängigkeit, Rechte und Freyheiten unseres theuren Vaterlandes zu schützen und zu schirmen, mit Gut und Blut, wo es die Noth erfordert.

Wir geloben Treue unserer Verfassung, Achtung dem Gesetze, Gehorsam unserer Obrigkeit; bey Ausübung unserer Wahlrechte verheissen wir unsere Stimme den Wägsten und Besten zu geben. Ruhe und Ordnung unter uns aufrecht zu erhalten, drohenden Schaden abzuwenden und die Wohlfahrt Aller nach Kräften zu fördern, das versprechen wir einander vor Gott dem Allwissenden.» Die Schwörformel lautete: «Den mir vorgelesenen Eid gelobe ich wahr und stets zu halten, getreu und ohn' alle Gefahr, so wahr ich bitt, dass mir Gott helfe.»

BÜRGEREID BEI VOLLJÄHRIGKEIT

Die Volljährigkeit wurde damals mit dem angetretenen zwanzigsten Altersjahr erreicht.[2] Fortan hatte jeder männliche Bürger, der dieses Alter erreicht hatte, in der Frühlingsgemeindeversammlung den gleichlautenden Eid abzulegen. Dies bestimmte das «Gesetz betreffend die Beschwörung der Staatsverfassung» vom 29. März 1831 in § 2:[3]

«Den nämlichen Eid haben auch künftig die Bürger des Cantons bey erlangter Stimmfähigkeit, nach ihrer Einschreibung in das Bürgerbuch vor ihrer heimatlichen Gemeinde zu leisten. Diese Beeidigung der zur Stimmfähigkeit gelangten Bürger erfolgt jährlich in der ersten der beyden verfassungsmässigen Gemeindeversammlungen.»

Die Einladung zur Leistung des Bürgereids erfolgte seit den 1850er Jahren für immer mehr Bezirksgemeinden im «Allgemeinen Anzeiger vom Zürichsee». So lud zum Beispiel der Gemeinderat Rüschlikon mit folgender Traktandenliste zur Gemeindeversammlung im Anschluss an den Gottesdienst vom Sonntag, 22. August 1852 ein:[4]

«1. Beeidigung der jungen Bürger.
2. Vorlage eines Rekursschreibens vom Tit. Bezirksrathe und Antrag des Gemeinderathes.»

Der Gemeinderat Wädenswil setzte 1855 die erste Gemeindeversammlung auf Sonntag, den 10. Juni, nachmittags 13 Uhr an. Erstes Geschäft war die «Beeidigung der jungen Bürger». Weiter standen die Wahlen von drei Friedensrichtern sowie von sechs Mitgliedern des Gemeinderates und des Gemeindepräsidenten an.[5]

Später wird in den Einladungen zur Gemeindeversammlung der Jahrgang der zu vereidigenden Bürger genannt. 1857 waren dies in Hütten und Wädenswil die 1837 geborenen Bürger, in Schönenberg «die im Jahr 1838 geborenen Schweizerbürger in hiesiger Gemeinde».[6]

In den Einladungen zur Gemeindeversammlung vom Sonntag, 5. Mai 1861 hiess es, in Rüschlikon würden die jungen Aktivbürger beeidigt. In Hirzel fand die «Beeidigung der bis und mit dem Jahr 1842 geborenen, noch nicht beeidigten jungen Bürger» statt, in Hütten die «Beeidigung der im Jahr 1841 geborenen Kantonsbürger».[7] Die Einwohnergemeinde Richterswil lud ein zur «Beeidigung der jungen Aktivbürger und derjenigen älteren, welche den Bürgereid noch nicht geleistet haben».[8] Wädenswil bot zur Frühlingsgemeindeversammlung jene Aktivbürger zur Vereidigung auf, welche bis Mai 1842 geboren worden waren.[9]

1867 wurde der Bürgereid der Zwanzigjährigen zum letzten Mal verlangt. Mit der Diskussion über die revidierte Zürcher Kantonsverfassung, die 1869 in Kraft trat, fiel diese Bestimmung weg.

Jungbürgerfeiern

In den 1940er Jahren kamen Jungbürgerfeiern auf.[10] Sie waren geprägt von der Kriegszeit und der Besinnung auf die schweizerischen Werte im Sinne der Geistigen Landesverteidigung. Die Gemeinden luden Burschen und Töchter zu einer Feier ein, in deren Mittelpunkt eine staatsbürgerliche Rede stand und die mit einem gemeinsamen Nachtessen ihren Abschluss fand. Bis 1995 wurden Jugendliche mit dem zwanzigsten Altersjahr volljährig. Seit 1. Januar 1996 begründet, gemäss ZGB Artikel 14, das 18. Altersjahr die Volljährigkeit.

Da die Organisation zeitaufwändig und der Besuch rückläufig war, luden viele Gemeinderäte später nur noch alle zwei Jahre zwei Jahrgänge zur Jungbürgerfeier ein. Und sie boten ein immer attraktiveres Programm an. Man traf sich auf einem Zürichseeschiff, stellte den Abend unter ein Motto, organisierte Besichtigungen, Showeinlagen, einen Zauberer, einen DJ, eine rauschende Party ... Die Gemeinde Herrliberg zum Beispiel lud im Jahre 1970 die Jugendlichen des Jahrgangs 1950 zu einer vierstündigen Rundfahrt durch die Gemeinde ein, zur Besichtigung neuster Bauwerke. Von den 41 Eingeladenen erschienen allerdings nur 24.[11]

An jeder Jungbürgerfeier nehmen Behördenvertreter teil. Somit bietet sich den Jungen eine gute Gelegenheit, den Politikerinnen und Politikern Fragen zu stellen und mit ihnen zu diskutieren. Berichterstat-

Stadtpräsident Walter Höhn spricht am 10. Juni 1988 auf der Halbinsel Au zu Wädenswils Jungbürgerinnen und Jungbürgern.

tungen in der Presse geben ein Bild, wie die Jungbürgerfeiern in den Gemeinden am Zürichsee seit dem Jahr 2000 gefeiert wurden:

Der Anlass findet meist am selben Ort statt: Wädenswil begeht ihn im Landgasthof Halbinsel Au, Richterswil auf dem Richterswiler Horn, Horgen im Seehotel Meierhof und im Club 51 im «See la Vie», Oberrieden im Schützenhaus, Thalwil in der Schützenhalle, Uetikon am See im Riedstegsaal, Küsnacht im Hotel Sonne. Thalwil führte die Jungbürgerfeier 2004 an der Chilbi durch. In Oberrieden halfen die Jugendlichen bei der Organisation der Jungbürgerfeier 2008 mit. In Horgen feierten die jungen Erwachsenen im selben Jahr im Anschluss an einen Spaghettiplausch eine rauschende Party bis zwei Uhr morgens.[12]

«Die Jungbürgerfeiern sind out», titelte die «Zürichsee-Zeitung» am 27. Oktober 2012.[13] Sie stützte sich bei dieser Aussage auf eine Umfrage, die zeigte, dass es um die Jungbürgerfeiern im Bezirk Meilen schlecht bestellt war. Obwohl Erlenbach die Feier mit attraktiven Ausflügen, so einem Besuch in der Fernsehsendung «Arena», verband, nahmen nur wenige Jugendliche teil. Daraufhin wurden sie eingeladen, selber Ideen für die Gestaltung einzubringen. Doch der Rücklauf war gleich null. Auch in Meilen fand der Anlass wenig Anklang. 2011 erschienen viele Angemeldete nicht. In Stäfa dagegen wirken die Jugendlichen in einem Organisationskomitee mit. Im Anschluss an den offiziellen Teil organisieren sie eine Party mit DJ. Zumikon verteilte Geschenke an die jungen Bürger, so 2009 ein Badetuch mit aufgesticktem Gemeindewappen.[14] Küsnacht führte im gleichen Jahr an der Jungbürgerfeier einen Wettbewerb mit kniffligen staatskundlichen Fragen durch. Zu gewinnen waren Eintritte in die Kunsteisbahn oder in das Strandbad. Am Schluss der Feier konnten alle ein Geschenk entgegennehmen: je nach Wahl ein Foulard oder eine Krawatte in Küsnachts Farben, das Buch «Schweiz in Sicht» oder einen Einkaufsgutschein im Wert von 40 Franken.[15]

Auch im Bezirk Horgen nehmen immer weniger junge Erwachsene an der Jungbürgerfeier teil. In Thalwil erschienen im Jahre 2012 nur gerade 12 Prozent der eingeladenen Jungbürgerinnen und Jungbürger

Jungbürgerinnen und Jungbürger im Gespräch mit dem Wädenswiler Stadtpräsidenten Walter Höhn, 1988.

zur Feier ihrer Volljährigkeit. Beliebt ist das Fest nach wie vor in den Berggemeinden Hütten, Schönenberg und Hirzel. Hütten und Schönenberg feiern gemeinsam, bei einer Teilnahme um die 70 Prozent der Eingeladenen. In Hirzel stiessen im Jahr 2012 gar 77 Prozent der Jungbürger auf ihre Volljährigkeit an. Einige Gemeinden wollen den Anlass mit einem neuen Konzept retten. Andere denken laut über die Abschaffung nach. Kilchberg verzichtet schon seit 2002 auf die Jungbürgerfeier.[16] Zollikon liess sie 2006 ausfallen, Uetikon am See in den Jahren 2009 und 2010.[17] Der Gemeinderat Herrliberg verzichtete 2013 auf die Durchführung der Jungbürgerfeier, nachdem sich dazu nur noch zwei 18-Jährige angemeldet hatten. Erlenbach, Meilen, Uetikon am See, Zollikon und Zumikon halten einstweilen noch an der Tradition fest, laden aber nur noch alle zwei Jahre zur Feier ein.[18]

Kiltgang, Eheversprechen und Verlobung

Liebespaar. Holzschnitt von Hans Schönsperger, Augsburger Kalender 1490.

Sich kennen lernen

Junge Männer und Frauen haben heute viele Möglichkeiten, sich kennen zu lernen und sich zu verlieben. Gelegenheiten ergeben sich in der Ausbildung und am Arbeitsplatz, im Freundeskreis, in Sport- und anderen Vereinen, in Clubs und Jugendgruppen, in der Disco, an Festen, auf Reisen und im Ferienurlaub. Dazu kommen Kontakte über die neuen Medien: über Facebook, Twitter und Chats im Internet oder über Kontaktinserate in Zeitschriften.

Früher gab es viele dieser Angebote nicht. Das Beziehungsnetz war engmaschiger, beschränkte sich auf dem Land auf das Wohnumfeld, die Nachbarschaft und den dörflichen Lebenskreis. Die folgende Redensart belegt dies noch: «Heirate über den Mist, dann weisst du, wer es ist!» Man traf sich etwa beim sonntäglichen Kirchgang, beim Tanz, an der Chilbi und an Jahrmärkten, in Spinnstubeten an Winterabenden, auf Hochzeiten, an der Fasnacht oder bei der gemeinsamen Feldarbeit. In der städtischen Oberschicht dagegen bahnten oft die Eltern eine spätere Ehe an, bestrebt, dass ihre Kinder standesgemäss heirateten und keine Mesalliance zustande kam.

Auf die Zeit der Brautwerbung folgt die bis ins 19. Jahrhundert als Eheversprechen bezeichnete Verlobung, das gegenseitige Versprechen, sich zu ehelichen. Damit treten die Verlobten in den Brautstand. Dieser endet mit der Hochzeit.[1]

Ein neuer Brauch war auch am Zürichsee in den 1960er Jahren zu beobachten: Zum Zeichen, dass man einen Freund oder eine Freundin hatte, dass man also «vergeben» war, trug man das Zifferblatt der Armbanduhr auf der Innenseite des linken Handgelenks oder, als Steigerungsform, in gleicher Art am rechten Handgelenk.[2]

Reicher Wortschatz

Um Liebesbeziehungen auszudrücken, verfügt die Zürcher Mundart über einen reichen Wortschatz, der heute leider am Verschwinden ist: Verliebt sich der Mann in die Frau, «lieböiglet» er und «scharwänzlet um si ume», denn er will «aabändle» und «karisiere», flirten. Andere meinen: «Dä hat es Gschleik mit dere», ein Verhältnis. Findet die Frau auch Gefallen an ihm, wird sie sein «Gspuusi», seine Liebste oder sein «Schatz». Die beiden sind nun verliebt, was man mit «Süessholz rasple» umschreibt. Geht ein Mann auf Brautschau, geht er «go wiibe». Erfolgreiches Balzen oder «schare» kann bald in längerem Küssen und Knutschen oder «süüde» gipfeln, später auch im Lotterbett – dem von einem Liebespaar benützten weichen Bett – enden.[3]

«Z Liecht gaa», «Fäischterle» und «Gadensteigen»

Ein Brauch auf der Landschaft

Weit verbreitet war einst auch in den Gemeinden am Zürichsee der Kiltgang. Man pflegte den Brauch sowohl gruppenweise als auch einzeln, sobald sich zarte

Der Kiltgang. Aquatinta von Franz Niklaus König, 1814. Ein durch das Fenster gestiegener Kiltgänger hält sich bei der Jungfer in der Kammer auf, ein anderer spricht, vor dem Fenster wartend, mit der zweiten Weibsperson.

Bande anknüpfen liessen. Der nächtliche Annäherungsversuch hiess «z Liecht gaa» oder «fäischterle». Mägde auf Bauernhöfen schliefen meist im Gaden. Erhielten sie dort des Nachts Männerbesuch, sprach man vom «Gadensteigen».

Überall war der Ablauf gleich: Der Bursche klopfte bei seiner Angebeteten ans Fenster und begehrte Einlass. Lag das Schlafzimmer nicht ebenerdig, dienten Scheiterbeigen und Leitern als Hilfsmittel. Doch nicht immer gelang der Kiltgang auf Anhieb und manchmal war er auch von Misserfolg gekrönt.[4]

Das Liebespärchen unterhielt sich zunächst im Gespräch über dieses und jenes am offenen Fenster. Vielleicht reichte das Mädchen dem Bewerber einen Trunk. Und fand sie am Kiltgänger Gefallen, liess sie ihn gar in ihre Kammer steigen. Hatte man nach wiederholten Besuchen nichts Gemeinsames gefunden, endete die Beziehung. Wenn die Eltern ein Verhältnis ihrer Tochter nicht akzeptierten oder die Frau eine Liebesbeziehung beenden wollte, gaben sie dem Liebhaber Hausverbot. Belegbar ist dies für die Stadt Zürich während des ganzen 15. Jahrhunderts.[5]

Mandate und Sanktionen

Die Obrigkeit sah den Kiltgang nicht gerne und versuchte ihn mit verschiedenen Mandaten zu unterbinden, was allerdings nicht gelang. In der «Satzung wider die Hurerey» von 1646 heisst es: «Da das nächtliche Zusammenlaufen, Schleuffen und Steigen der jungen Knaben zu den Töchtern und Mägden in ihre Schlafkammern und Gäden, ja etwa gar zu und in ihre Betten, auf der Landschaft wieder gemein werden will, so warnen wir davor ernstlich.» Mädchen und Töchter, die solches weiterhin geschehen liessen, sollten nicht mehr für ehrliche Töchter gehalten und gestraft werden.[6] Das Sittenmandat von 1649 verbot «Lichtstuben und dergleichen Nachtbulschaften» und das Mandat vom 7. Juli 1658 «das nächtliche Zusammenlaufen, Schlüffen und Stygen der jungen Knaben zu den Töchteren und Mägden in ihre Schlafkammern und Gäden».[7] Trotz obrigkeitlichem Verbot und kirchlichen Ermahnungen hielten die Landbewohner an der alten Form der Eheeinleitung fest. Darum befasste sich auch die Ehegerichtsordnung von 1719 mit dem nächtlichen Gadensteigen. Solch «leichtfertige Bettstubeten» wurden erneut verboten, Fehlbare als «Hurer» bestraft, beim Kiltgang abgegebene Eheversprechen als nichtig erklärt. Der Beischlaf wurde auf die Zeit nach der formrichtig vollzogenen Verlobung eingeschränkt. Kam es vorher zum Geschlechtsverkehr, galt dies als Hurerei und Unzucht und war strafbar. In der Stadt war das Ehegericht strafende Behörde; auf der Landschaft lag die Strafkompetenz bei den Land- und Obervögten.[8] Die Helvetik stellte die voreheliche Sexualität nicht mehr unter Strafe. Das Matrimonialgesetz von 1804 führte die «Bestrafung des frühzeitigen Beischlafs» – womit die Zeugung eines Kindes vor der kirchlichen Eheschliessung gemeint war – wieder ein und übertrug die Ahndung der örtlichen Kirchenbehörde, dem Stillstand. Anlässlich der Revision der Matrimonialgesetze im Jahre 1831 forderte Johann Conrad Nüscheler erneut, dass «diese böse Sitte des zu Lichtgehens und der Lichtstubeten durch Geld und Verhaftungen» wiederum verboten werden solle. Denn folgender Missbrauch sei zur Sitte geworden: Sobald ein Hochzeiter seiner Verlobten ein Ehescheiben und ein Ehepfand gegeben hat, glaubt er, dass diese mit ihm die ehelichen Pflichten erfüllen müsse.[9]

Die Anzeigepflicht für alle nichtehelich schwangeren Frauen wurde mit der Einführung des «Privatrechtlichen Gesetzbuches für den Kanton Zürich» 1854 aufgehoben. Die Bundesverfassung von 1874 garantierte das Recht zur freien Eheschliessung und hob frühere Heiratsbeschränkungen – zum Beispiel für soziale Unterschichten – auf.

Duldung durch die Eltern – Ärgernis für die Pfarrer

Die Eltern der Tochter wussten meist um die nächtlichen Besuche des Liebhabers. Und sie duldeten die sexuellen Kontakte, sofern der Bursche ihnen genehm war und versprach, die Frau zu heiraten, falls sie schon vor der Ehe schwanger wurde. Wurde ein Kind nach der Abgabe des Eheversprechens gezeugt, sprach man von Brautkindern. Sie genossen die gleichen Rechte wie eheliche Kinder.

Nicht immer konnte ein Freier ungestört «fäischterlen». Denn da und dort lauerten die zu Knabenschaften zusammengeschlossenen ledigen Burschen, beobachteten das Pärchen und forderten einen Trunk. Für Meilen ist dies schon aus der Zeit zwischen 1500 und 1510 belegt. Dort beaufsichtigte die Knabenschaft den Kiltgang. Einheimische Jünglinge, die in eine Kammer der Herberge eingedrungen waren, ent-

Liebespaar im Bad. Holzschnitt von Hans Schönsperger, Augsburger Kalender 1490.

deckten einen Tischmacher aus Zug, der bei einer Tochter lag. Diesem machten sie klar, es sei ihr Recht, Wein zu fordern, «wann einer bi einer läge, die nit sin e frow were».[10]

Kam ein Kilter aus dem Nachbardorf zu Besuch und löschte vorbeugend das Licht, musste er auf Rache gefasst sein.[11] Dies erlebte noch im 19. Jahrhundert ein Bursche aus Hirzel, der im Hirsacher Horgen «z Liecht» gegangen war. «Knaben» aus Käpfnach verfolgten ihn und trieben ihn zur Strafe in den Zürichsee.[12]

Vor allem für die Pfarrer bedeutete das «Zu-Licht-Gehen» noch im 19. Jahrhundert ein Ärgernis. In einem Vortrag vor der Zürcher Synode klagte Pfarrer Johannes Schulthess im Jahre 1818: «Der junge Bursche, sobald er konfirmiert ist, als ob es eine Weihe dazu wäre», fängt an, «einem oder mehreren Mädchen nachzuschleichen». Die Töchter aber, «wissend, dass sie unter keinem andern Beding jemals einen Mann bekämen, öffen den Nachtbuben die Kammern und geben sich preis, der gewissen oder ungewissen Hoffnung, im Falle der Schwängerung der Schande nicht überlassen zu werden». Schulthess verweist auf die Visitationsakten der Landpfarrer und zitiert einen Bericht daraus: «Das sogenannte Zu-Licht-Gehen wird als Recht und Freiheit angesehen und für nichts Sündliches gehalten. Hochzeit ist allemal die Folge von Schwängerung.»[13]

1852 sah die «Synode der Zürcherischen Geistlichkeit» darin eine der verderblichsten Volkssitten aus früheren Zeiten. Das Zu-Licht-Gehen – so argumentierte sie – sei so tief eingewurzelt, dass man darin gar nichts Unerlaubtes erblicke. Ja, die Eltern würden ihren Kindern dazu sogar Vorschub leisten, sei es, weil sie einst das Gleiche getrieben hatten, oder weil sie hofften, ihre Töchter auf diesem Wege desto eher an den Mann zu bringen. Und weiter: «Selten wird darum eine Ehe geschlossen, bis es des schwangeren Zustandes der Braut halber dazu hohe Zeit ist. Doch ebenso selten ist es auch, dass eine so geschwängerte Tochter von ihrem Schwängerer im Stiche gelassen wird, während hingegen viele ausser ihrer Heimat als Dienstmägde zum Beispiel sich aufhaltende Töchter als schwanger ohne Bräutigam nach Hause kommen.»[14]

BRAUTWERBUNG

In der Stadt Zürich kam es kaum zum «Fäischterle» und nicht zum «Gadensteigen». Hier trafen sich die Jugendlichen des Nachts in den Gassen,[15] und in den Familien der Oberschicht gab es andere Möglichkeiten der Brautwerbung. Als Beispiel sei der junge Pfarrer Johann Rudolf Schinz angeführt, der sich für Elisabetha Finsler interessierte. Am 6. Mai 1775 berät er sich mit seinen Schwestern über seine Heiratsangelegenheiten. Einige Wochen später arrangiert ein Freund – Unterschreiber Escher – ein Rendez-vous im Gut des Schwert-Wirtes. Am 9. September 1775 treffen sich Elisabetha Finsler und Rudolf Schinz zum ersten Mal zu einem gemeinsamen Spaziergang.[16] Darüber berichtet Schinz: «Sie war sehr schüchtern, bis ich mich mit ihr einige Schritte von Escher und seiner Schwester entfernte und ich ihr allein die Geschichte unserer Unterhandlung, die Ursache dieser Zusammenkunft und die Absichten und Gründe vorsagte, die mich bewegen, sie zur Ehe zu begehren. ... Ich gab ihr bis morgen Bedenkzeit. Da sie aber in allem mit mir einstimmig und sich nach meiner Willkür zu richten versprach, schlossen wir beidseitig unsere Verbindung.» Am 28. November 1775 fand dann die Heirat statt.

Sophie Wiedemann (1845–1931) aus Wädenswil lernte ihren zukünftigen Gatten Walter Hauser (1837–1902), den späteren Bundesrat, auf der Hochzeit ihrer Cousine Selina Hauser mit Alfons Hauser kennen. Später traf sie ihn zufällig vor der Singstunde, hie und da auf dem Heimweg im Dampfboot. Auf einem Ball führte er sie zu Tisch und nach Hause oder er machte mit ihr eine Schlittenpartie. So wurde ihr seine Absicht kund, «bevor die erwartete Correspondenz vice versa geführt wurde». Im Herbst 1864 wurde zur Freude der gegenseitigen Familien Verlobung gefeiert und am 29. Mai 1865 fand die Hochzeit statt.[17]

Auch der Richterswiler Dorfarzt Arnold Blattmann (1861–1947) hat seine Brautwerbung beschrieben: Er verliebte sich über beide Ohren in die Nachbarstochter Hürlimann, wagte aber lange nicht, ihr dies zu offenbaren. Denn der Standesunterschied zwischen den beiden Familien war gross. Als er merkte, dass seine Angebetete ihr Interesse an ihm ein wenig verloren zu haben schien, hielt er die Spannung nicht mehr aus. Im blossen Werktagkleid begab er sich am 16. August 1889 ins Haus «Rosengarten» der Familie Hürlimann, um ihr seinen seelischen Zustand zu beichten. Das Herz wollte ihm zerspringen, als sie ihm sein Jawort gab. Die Verlobungszeit war kurz. Am 15. April 1890 hielt das Paar Hochzeit.[18]

EHEVERSPRECHEN

Jeder Heirat ging ein Eheversprechen voraus, das rechtlich bereits die Ehe begründete. Zwar gehörten Ehesachen bis zur Reformation vor das bischöfliche Gericht in Konstanz. Aber auch der Zürcher Rat erliess schon im 14. Jahrhundert verschiedene Gesetze, die sich mit dem Eheversprechen befassten.[19] Das Gesetz von 1347 schützte mit Busse oder gar Verbannung vor unredlicher Eheansprache. So wurde 1381 Ruedi Moser mit 20 Mark gebüsst, weil er die Buocheneggerin im Zusammenhang mit dem Kauf von Wolle zur Ehe überreden wollte. Seit 1379 hatten all jene Strafe zu gewärtigen, die eine Ehe gegen den Willen der Eltern schlossen.

Auch Hofrechte enthielten Bestimmungen über das Eheversprechen. Gemäss Hofrecht der Johanniterkommende Wädenswil von 1409 wurden alle Personen mit zehn Pfund gebüsst, die sich fälschlich um die Ehe ansprachen. Zudem hatten sie den andern Teil zu entschädigen.[20] Diese Strafe verhängte das Herrschaftsgericht Wädenswil im Jahre 1566 über Jos Stünzi von Horgen, weil er Andli Gerwer von Richterswil zu Unrecht die Ehe versprochen hatte.[21]

Frauen konnten auch zu einem Eheversprechen genötigt werden. So versuchte Rutschmann Gimper in Zürich im Jahre 1454 Adelheid Schmid vor dem Zeugen Gilg Gimper mit roher Gewalt zu einem Eheversprechen zu zwingen. Adelheid wehrte sich gegen die Behauptung, ein solches Versprechen abgegeben zu haben, und erhob Klage vor dem Zürcher Rat. Dieser büsste Gimper und verurteilte ihn zu acht Tagen im Turm. Zur Beurteilung der Frage, ob eine Ehe bestehe, wies der Rat die Parteien jedoch vor das bischöfliche Gericht in Konstanz.[22]

1525 bekämpfte der Zürcher Rat den Missbrauch bei Eheversprechen. Für deren Gültigkeit war fortan das Zeugnis von zwei ehrbaren Männern erforderlich. Das Zusammenleben von Verlobten war gemäss

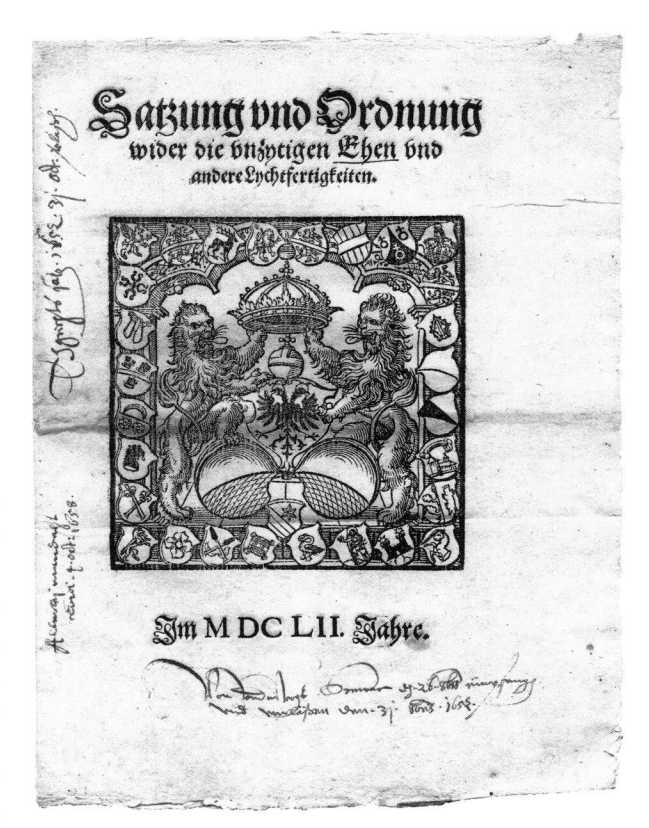

Zürcher Mandat gegen unzeitige Ehen, 1652.

Zwinglis Eheordnung verboten. Erst die Trauung bewirkte die gesetzlich vorgeschriebene Bestätigung des Eheversprechens. Ledige, die zusammenleben wollten, mussten sich innert Monatsfrist trauen lassen oder sich trennen.[23] Die Eheordnung von 1719 bestimmte, Eheversprechen seien nur dann gültig, wenn sie durch Kundschaften, Ehepfänder oder Schriften bescheinigt werden können.

Regula von Orelli-Escher (1757–1829) berichtet in ihren Selbstzeugnissen von unangenehmen Erfahrungen mit der Brautwerbung. 1774 warb der angeblich reiche junge Kaufmann Ludwig Thomann (1752–1799) aus dem Zeltweg in Zürich um sie: «Nun wurde ich beredt, mich mit ihm zu versprechen, was mir aber im Ganzen genommen sehr zuwider war. Aber es musste getan werden und ich versprach mich mit ihm, war 14 Wochen öffentliche Braut mit ihm, ich voll Gram, Scham, Widerwillen, dass er fühlte, wie mir unaussprechliches Leiden war. Endlich, da man dies bemerkte, sollte die Hochzeit beschlossen werden. Da ich aber einsah, wie unglücklich ich von einem Wiedersehen zu dem anderen wurde, entschloss ich mich, dies nicht einzugehen, entdeckte den wahren Zustand meines Herzens meinem alten Oncle, Herrn Landvogt [Heinrich] Lavater [1731–1818], zu dem ich sonst oft hinkam als Freundin seiner beiden Töchter Nanne und Regula und der mich nun von dieser Verbindung befreite, ohne dass es eine gerichtliche Scheidung gab.»[24]

Mit dem Matrimonialgesetz von 1804 verlor das Eheversprechen seine ehebegründende Kraft. Eine Verlobung musste nun nicht mehr vor Gericht aufgelöst, sondern konnte nach privater Absprache beendet werden. Als Beweis für eine rechtsgültige Verlobung diente ein Eheschreiben oder der Eintrag im Kirchenbuch des Ortspfarrers.[25]

EHEPFAND

Vor dem Eheversprechen schenkte der Bräutigam der Braut das Ehepfand. Die Braut übergab ein Gegengeschenk. 1411, 1449 und 1456 war dies in Zürich ein Kranz als eindeutiger Liebesbeweis. Stolz schmückte der Mann damit seinen Hut.[26] Der Zürcher Staat schrieb vor, dass die Verlobten einander bescheiden und ihrem Vermögen gemäss beschenken sollten. Wer gegen diese Bestimmung verstiess, hatte gemäss Mandat von 1785 eine Busse von 30 Pfund zu bezahlen. Als Ehepfänder dienten ab dem 17. Jahrhundert Taschentücher, Halstücher, Gürtel, Messer, Uhren oder Schmuck. Dazu kam später der Verlobungsring. Wohlhabende machten auch sehr wertvolle Geschenke. So Conrad Schmid, der Sohn des Gemeindepräsidenten von Uetikon am See. Bei der Verlobung mit Susanna Barbara von Tobel – der Tochter des Gemeindepräsidenten von Dielsdorf – im Jahre 1810 überreichte er seiner Braut die folgenden Ehepfänder: eine Bibel mit Silber- und Goldbeschlägen, eine doppelte Berner Dublone, einen goldenen Ring und eine Halskette aus vergoldetem Silber.[27]

Das Ehepfand gewährte Sicherheit. Besass die Braut das Pfand, konnte sie mindestens versuchen, auch gegen den Willen ihres Verlobten die Heirat zu erzwingen. Wurde die Ehe nicht gestattet oder aufgelöst, musste das Ehepfand zurückgegeben werden. In Stäfa hatte Heinrich Pfenninger 1793 der bereits einmal geschiedenen Lisabeth Feymann die Ehe versprochen. Dann wurde er reuig und wandte sich an den Stillstand. Die örtliche Kirchenbehörde drohte hierauf der «Feymännin» mit einem Verfahren, falls sie das Pfand nicht freiwillig zurückgeben sollte.[28]

VERLOBUNG

Um ein gültiges Eheversprechen abschliessen zu können, war gesetzlich ein Mindestalter vorgeschrieben. Gemäss Matrimonialgesetzbuch vom 25. Mai 1811 musste der Mann das 18., die Frau das 16. Altersjahr zurückgelegt haben.[29] Das «Privatrechtliche Gesetzbuch für den Kanton Zürich», das der Jurist Johann Caspar Bluntschli 1854 veröffentlichte, regelte das Verlöbnis wie folgt: «§ 59 Das Verlöbnis (Eheversprechen), in welchem ein lediger Mann und eine ledige Frauensperson sich die Ehe versprechen, begründet das Familienverhältnis der Brautleute (Verlobten). § 60 Das Verlöbnis setzt die freie persönliche Zustimmung der Brautleute voraus. Unmündige (d.h. unter 16-Jährige) können kein Verlöbnis eingehen.»

VERLOBUNGSRING

Der Verlobungsring war zunächst ein Geschenk des Bräutigams an die Braut. Diese trug den Ring am «Herzfinger», am Ringfinger der linken Hand. Belegt ist dies zum Beispiel für die Zeit um 1780 in einem Liebesgedicht aus Küsnacht. Dort ist die Rede, dass der Bräutigam seiner Braut einen goldenen Ring schenkt, in dem sein Name eingraviert ist.[30] Die Sitte des Ringtausches zwischen beiden Verlobten wurde erst ab dem 19. Jahrhundert üblich.[31] 1947 hielt der Volkskundler Richard Weiss fest, jetzt sei der Ringwechsel als Verlobungsbrauch in der Schweiz allgemein verbreitet.[32] Der goldene Ring trägt auf der Innenseite den Vornamen der Braut bzw. des Bräutigams und das Datum der Verlobung.

VERLOBUNGSANZEIGE

Mit der Verlobungsanzeige gaben die Brautleute öffentlich ihre Heiratsabsicht bekannt. Erste gedruckte Verlobungskarten an Verwandte und Freunde wurden im Raum Zürich sicher seit den 1860er Jahren verschickt. Hier ein Beispiel von 1869 aus der Stadt Zürich:

«Meine Verlobung mit Fräulein Caroline Kienast dahier beehre ich mich ergebenst anzuzeigen
Zürich, den 20. Juni 1869
Prof. Dr. O. Wyss».[33]

Hier eine weitere Verlobungsanzeige von 1877 aus Männedorf:
«PAUL DIENER
JULIE HUBER
empfehlen sich Ihnen als Verlobte.
MÄNNEDORF & STÄFA
den 18. Januar 1877»[34]

Und noch eine Verlobungsanzeige aus Wädenswil:
«Julius Theiler
Aline Blattmann
Verlobte
Wädensweil, im April 1879»[35]

Vornehmere, traditionsbewusste Familien verwendeten eine geklappte, innen bedruckte Karte. Links gaben die Eltern der Braut und rechts die Eltern des Bräutigams die Verlobung ihrer Kinder bekannt. Das las sich dann auf einer Anzeige von Weihnachten 1897 so:

«Herr und Frau E. Diener-Hottinger beehren sich, Ihnen die Verlobung ihrer Tochter Ida mit Herrn Dr. med. Hans Osk. Wyss anzuzeigen.

Herr und Frau Prof. Dr. O. Wyss beehren sich, Ihnen die Verlobung ihres Sohnes Hans mit Fräulein Ida Diener anzuzeigen.
Zürich-V, Weihnachten 1897.»[36]

Heute gilt eine solche Anzeige auch in konservativen Kreisen als veraltet. Wenn überhaupt, machen die Verlobten die Nachricht von ihrer Verlobung im eigenen Namen öffentlich. Bis in die 1980er Jahre liess man die Verlobungsanzeigen in einer Druckerei herstellen. Heute werden sie am Computer selber verfertigt. Im Internet finden sich dafür reiche Gestaltungsvorschläge.

BRAUTZEIT

Mit der Verlobung begann die Brautzeit. Sie wurde unter anderem benützt, um die Hochzeit und die Familiengründung vorzubereiten. Dies konnte mitunter dauern. Meta Schweizer in Hirzel verlobte sich am 7. Mai 1818 mit dem Arzt Johann Jakob Heusser. Der Vater Diethelm Schweizer-Gessner segnete die beiden mit einem Gebet ein. Dann folgten die üblichen Besuche bei den Verwandten in der Stadt Zürich. Die Brautleute lebten fortan zusammen, zuerst in einer Mietwohnung, dann im Elternhaus der Braut. Mit der Heirat warteten sie zu, bis das eigene Haus nahe der Kirche Hirzel fertig gebaut war. «Aus manchen Gründen wurde die Hochzeit erst um zwei, dann noch um ein Jahr verschoben», schreibt Meta Heusser in ihrer Haus-Chronik. Denn der sparsame Bräutigam wollte den Hausbau nicht sofort beginnen, sondern Holz, Steine und andere Materialien immer erst dann herbeischaffen lassen, wenn er dies mit Arztrechnungen finanzieren konnte. Die Heirat fand darum erst am 9. April 1821 statt.[37]

Die Verlobungszeit dauerte nicht immer so lange. David von Wyss der Jüngere (1763–1839) verlobte sich im April 1785 mit Anna Magdalena Werdmüller (1767–1809), der Tochter eines angesehenen Kaufmanns und Ratsherrn. Die Hochzeit fand im September 1785 statt.[38] Die beiden Söhne des Zürcher Juristen Ludwig Meyer von Knonau verlobten sich beide zu Anfang des Jahres 1837 und verehelichten sich noch im gleichen Sommer.[39]

Glückwunsch zur Verlobung, 1897.

Rund um die Heirat

Leibeigenschaft und Ehegenosssame

Leibeigenschaft

Im Mittelalter waren nicht alle Leute frei. Viele Männer und Frauen waren Leibeigene eines Adeligen oder vor allem eines Klosters. 1287 verkaufte Freiherr Rudolf III. von Wädenswil seine Burg und Herrschaft Wädenswil dem Johanniterorden. Die Verkaufsurkunde bezeichnet hier niedergelassene Leute ausdrücklich als «servi et ancillae», was so viel bedeutet wie «an die Scholle gebundene Eigenleute».[1] Im 14. Jahrhundert lebten in der Herrschaft Wädenswil Eigenleute der Johanniterkommende, der Herren von Hünenberg, der Zürcher Fraumünsterabtei und des Klosters Einsiedeln. In Stäfa, Männedorf, Meilen und Erlenbach besass das Kloster Einsiedeln «Gotteshaus-» oder «Hofleute».

Der Grundherr konnte die auch Hörige genannten Personen wie eine Ware tauschen, verpfänden oder verkaufen. Dazu Belege aus dem Raum Zürichsee: 1332 tauschen Komtur und Konvent der Johanniter zu Wädenswil mit Abt Hiltpold von St. Gallen den Hörigen Niklaus Wolfegger gegen dessen Vater. Äbtissin Fides der Fraumünsterabtei Zürich tritt 1350 die Leibeigene Ita Sur von Käpfnach und deren Kinder dem Johanniterhaus Bubikon ab. Im Tausch erhält sie dafür Elsbeth Zimmermann, die Gattin des Zürcher Bürgers Diethelm Suter.[2] Abt Heinrich von Rheinau gibt 1366 den seinem Kloster gehörenden Eigenmann Cuonrat Hofstetter der Äbtissin Beatrix von Wolhusen von Zürich zuhanden der Fraumünsterabtei und erhält im Tausch Sigi Schmit.[3] Heinrich Bleuler von Zollikon, seine Ehefrau Anna sowie die ehelichen Kinder Heinrich, Johann, Katharina und Ella kaufen sich im Jahre 1414 von der Leibeigenschaft des Johanniterhauses Bubikon los.[4]

Heiratsbeschränkungen

Gotteshausleute – so auch jene des Stifts Einsiedeln und der Johanniterkommende Wädenswil – waren beim Heiraten nicht frei. Das Kloster wollte seinen Bestand an Eigenleuten auf Dauer sichern und trachtete danach, dass auch die Kinder seiner Leute ihm zugehörten. Für den Eigenmann und die Eigenfrau galten daher strenge Heiratsbeschränkungen. Sie waren verpflichtet, sich mit Angehörigen des gleichen Grundherrn zu verbinden. Heirateten sie ausserhalb dieses Kreises, wurden die Kinder aufgeteilt: Ein 1322 verstorbener Eigenmann der Johanniter, Volmar an dem Stad von Richterswil, hinterliess seiner Ehefrau Mechthild Spichwart, einer Hörigen des Benedikti-

Liebespaar mit Falke, Nischenkachel um 1425 bis 1430 aus der Moosburg bei Effretikon. Fragmente der gleichen Ofenkachel wurden bei Ausgrabungen auf der Burgruine Alt-Wädenswil gefunden.

nerklosters Einsiedeln, sechs Kinder. Drei davon kamen an Einsiedeln, drei an das Haus Wädenswil.[5]

Ehegenosssame

Im Spätmittelalter liessen sich solch enge Heiratsvorschriften nur noch schwer durchsetzen. Daher schlossen mehrere Klöster schon 1276 miteinander Genosssameverträge ab. Die Klöster Säckingen und Einsiedeln trafen 1326 eine Vereinbarung betreffend ihre Eigenleute.[6] 1379 ging das Kloster Einsiedeln eine Ehegenosssame ein mit den Klöstern Fraumünster in Zürich, Reichenau, St. Gallen, Pfäfers, Schänis und Säckingen.[7] Deren Eheleute genossen untereinander freies Heiratsrecht. Kinder aus diesen Ehen wurden bezüglich Leibeigenschaft auf die beiden Grundherren aufgeteilt. Heiratete ein Einsiedler Gotteshausmann dennoch eine «Ungenossin», das heisst eine Freie oder eine Leibeigene eines Herrn ohne Genosssamevertrag mit Einsiedeln, musste er des Abtes Huld gewinnen, ihn um Gnade bitten und allenfalls eine Strafe auf sich nehmen.[8]

Gleich hielten es die Komture des Johanniterhauses Wädenswil: Der Metzger Heini Wisling, Bürger von Rapperswil, hatte ohne Einwilligung eine Leibeigene des Johanniterhauses Wädenswil geheiratet. Zur Strafe musste er sich am 28. März 1379 dem Komtur Hartmann II. von Werdenberg-Sargans gegenüber verpflichten, während der Lebenszeit der Frau Adelheid jährlich eine Busse von einem Pfund Pfeffer zu bezahlen.[9] Am 23. April 1379 regelten die Komture der Johanniterhäuser Wädenswil und Bubikon einen Streitpunkt betreffend die Eigenleute der beiden Komtureien wie folgt: Die Eigenleute von Bubikon, die derzeit im Gerichtsgebiet von Wädenswil ansässig sind, sollen fortan mit ihren Nachkommen Eigenleute von Wädenswil sein und umgekehrt.[10]

Loskauf aus der Leibeigenschaft

Am 2. Januar 1404 verkauften Götz von Hünenberg und seine Ehefrau Verena Schwend ihrem Oheim, dem Zürcher Altbürgermeister Heinrich Meiss, für 30 Goldgulden ihre leibeigenen Leute in der Johanniterherrschaft Wädenswil.[11] Im Jahre 1408 bot sich einem grossen Teil der Bewohner die Gelegenheit, sich von der Leibeigenschaft zu befreien. In diesem Jahr nämlich wollte Heinrich Meiss seine 1404 erworbenen Eigenleute im Komtureigebiet mitsamt den ihm im Leiheverhältnis übertragenen Vogteirechten über die Gotteshausleute der Fraumünsterabtei und des Stifts Einsiedeln für 900 Goldgulden den Johannitern veräussern.[12] Da machte der Rat von Zürich von seinem Vorkaufsrecht Gebrauch und zog die Vogtei an sich. Er überliess sie jedoch auf Bitten der Herrschaftsleute um den gleichen Preis dem Johanniterhaus Wädenswil, das damit die Bevölkerung, die vorher unter viererlei verschiedenem Recht gestanden hatte, zu einem rechtlichen Ganzen vereinigen konnte. Da der Komtur Hartmann II. von Werdenberg-Sargans die Kaufsumme von 900 Goldgulden nicht aufbrachte, legten die offensichtlich begüterten hörigen Leute der Herrschaft Wädenswil diesen Betrag zusammen. Damit wurden die rund 350 Männer, Frauen und Kinder aus der Leibeigenschaft entlassen.

Ius primae noctis

Leibeigene Männer und Frauen waren in vielen Bereichen von ihrem Grundherrn abhängig. Dazu zählte auch der Anspruch des Grundherrn, das Ius primae noctis auszuüben:[13] Er durfte mit jeder Braut, die seiner Herrschaft unterstand, die Hochzeitsnacht verbringen. Für den Raum Zürich ist dieses Privileg der ersten Brautnacht in der Offnung der Hausgenossen zu Hirslanden und Stadelhofen von 1538[14] sowie in der Offnung der Gerichtsherrschaft Maur von 1543 umschrieben.[15] Hier heisst es: «Ferner sprechen die Hofleute, wer hier heiratet, der soll den Meier und dessen Frau einladen. Der Meier soll dem Bräutigam einen Hafen leihen, so dass er darin ein Schaf sieden kann. Auch soll der Meier an die Hochzeit ein Fuder Holz mitbringen. Er soll sodann gemeinsam mit seiner Frau einen Viertel eines Schweineschinkens bringen. Und wenn die Hochzeit zu Ende ist, so soll der Bräutigam den Meier in der Hochzeitsnacht bei seiner Frau liegen lassen oder fünf Schilling und vier Pfennige bezahlen.» Dass der Meier als Inhaber der Niederen Gerichtsbarkeit sein Recht auf die erste Brautnacht je ausgeübt hat, ist nicht erwiesen. Vielmehr ist zu vermuten, dass er bei der Eheschliessung unter Leibeigenen den angeführten Geldbetrag bezog. Gemäss einer späteren Mitteilung war das Ius primae noctis in

Maur bereits in der Reformationszeit aufgehoben worden. Später wurde das längst aufgegebene Recht ein literarisches Motiv. Es findet sich zum Beispiel 1778 in der Theaterkomödie «Die Hochzeit des Figaro» und 1804 in Friedrich Schillers «Wilhelm Tell».

EHEGERICHT

Die Reformation in Zürich brachte auch bezüglich der Eheschliessung eine grundlegende Änderung. Bisher lag die Gerichtsbarkeit in Ehesachen beim Bischof von Konstanz. Am 10. Mai 1525 erliessen Bürgermeister und Rat von Zürich die von Ulrich Zwingli verfassten Ehesatzungen.[16] Diese verboten das Zusammenleben von Verlobten und stellten den Beischlaf unter Strafe. Wollten Ledige zusammen sein, mussten sie sich innert Monatsfrist kirchlich trauen lassen oder wieder eigene Wege gehen.

Zwei Leutpriester aus der Stadt und je zwei Mitglieder aus dem Kleinen und aus dem Grossen Rat bildeten ab 1525 das Zürcher Ehegericht. Dieses überwachte die protestantische Sexmoral. 1538 wurde die Zahl der Richter auf acht erhöht. Die Richter versammelten sich zu ihren Sitzungen anfänglich im Chor des Fraumünsters. Man sprach daher auch vom Chorgericht. Später tagte das Gericht im Ehegerichtshaus ob der Metzg.[17]

In den Dörfern auf der Landschaft überprüften Ehegaumer die Einhaltung der Sittenmandate. Übertretungen wurden in erster Instanz von der örtlichen Kirchenbehörde, dem Stillstand, geahndet. Diese verwies schwerere Fälle ans städtische Ehegericht.[18]

Die Helvetik schaffte das Ehegericht und die Stillstandbehörden vorübergehend ab. Im August 1798 ging die Rechtsprechung in Ehesachen an die auf der Landschaft eingesetzten 15 Distriktgerichte über. Die Mediationsakte von 1803 setzte den Stillstand in der alten Form wieder ein. Seit Mai 1803 war auch das Ehegericht wieder tätig. Ihm gehörten jetzt drei Mitglieder und ein Suppleant des Obergerichts sowie

Zürcher Ehegericht. Zeichnung von Heinrich Freudweiler, um 1780.

zwei städtische Pfarrer an.[19] Getagt wurde im ehemaligen Zunfthaus zur Gerwe. Mit der Neuordnung des Zürcher Gerichtswesens im Jahre 1831 wurde das Ehegericht abgeschafft. Seine Funktion ging an die neu geschaffenen Bezirksgerichte über.

Fälle vor Ehegericht

Pfarrer und Stillstand der Kirchgemeinde und in schwereren Fällen das Ehegericht in Zürich hatten sich immer wieder mit falschen Eheversprechen, Vaterschaftsklagen, Hurerei und Ehekonflikten zu befassen.

Schon in den ersten Jahren nach der Reformation ist ein Fall aus Meilen überliefert, der vor das Zürcher Ehegericht kam: Die 24-jährige Anna Burkhart von Horgen diente 1529 in einem Haus in Meilen und ging mit dem 18-jährigen gleichnamigen Sohn des Hausvorstandes Peter Meyer eine Beziehung ein. Bei der Einvernahme gab sie vor, Peter Meyer jun. habe um sie «gebuolett». Sie habe abgelehnt, es sei denn, er nehme sie zur Ehe. Peter habe weder mit Ja noch mit Nein geantwortet, doch seien sie darauf «by einanderen gelegen». Nun erwartete Anna ein Kind und verlangte vom Ehegericht die Durchsetzung des gegebenen Versprechens, dessen sich Peter Meyer entziehen wollte. Da Anna keine Zeugen nennen konnte, blieb Peter ledig. Mit dem Kind «geschech darumb nach lands bruch und recht», entschied das Ehegericht. Dies bedeutete, dass der von der Mutter angegebene Vater teilweise für das Kind aufzukommen hatte.[20]

Am 22. November 1757 verhandelt das Zürcher Ehegericht den Fall von Conrad Steffen aus Wädenswil. An Ostern 1757 hat er sich mit Konsens seiner Eltern mit der ledigen Elisabetha Hauser von Wädenswil in ein eheliches Versprechen eingelassen. Als Ehepfand hat er ihr einen Ring und vier Wochen später ein 4-Dukaten-Stück und an Pfingsten ein Buch mit Beschlägen überreicht. Als Gegenpfand hat er von ihr sechs Taler und ein silbernes Balsambüchslein erhalten. Da die Eltern Hauser die Heirat ablehnen, hat er seine Ehepfande wieder zurückgenommen. Später aber hat er das Eheversprechen mit einem 10-Dukaten-Stück und einem goldenen Halsband zweimal erneuert und sie gebeten, ihn gemäss ihrem ersten Eheversprechen zu ehelichen. Elisabetha Hauser fürchtet jedoch, die Heirat werde unglückliche Folgen nach sich ziehen, da die Eltern nicht einverstanden seien. Sie leiste daher den Eltern den schuldigen Gehorsam und verzichte auf eine Ehe mit ihm. Das Ehegericht hebt das Eheversprechen auf, konfisziert die Ehepfande und verurteilt Elisabetha Hauser zu einer «Ehe-Schimpf-Busse» von 10 Pfund. Zudem muss sie dem abgewiesenen Steffen 2000 Pfund Schadenersatz («Indemnisation») bezahlen.[21]

Vor Ehegericht erscheint am 20. August 1782 Anna Esther Fleckenstein ab dem Kaltenboden in der Pfarrei Schönenberg. Sie ist vor einiger Zeit mit Hans Jakob Stocker von da in unglücklichen Ehestand getreten. Unter den abscheulichsten Beteuerungen hat er ihr nicht nur alle eheliche Liebe und Pflicht schon lange versagt, sondern sich sogar mit Lisabeth Hottinger von Wädenswil flüchtig gemacht, sie also mutwilligerweise verlassen. Die Frau will nicht länger an diesen treulosen Ehemann gebunden sein und sich von ihm scheiden lassen. Das Ehegericht hat keine Bedenken und löst dieses Eheband in Gottes Namen rechtlich wieder auf. Stocker kann erst nach zwei Jahren, Anna Esther Fleckenstein erst nach einem halben Jahr wieder heiraten. Zu keiner Zeit aber darf sich Hans Jakob Stocker mit Lisabeth Hottinger verehelichen.[22]

Im Sommer 1784 entschied das Ehegericht in Zürich, dass Veronika Ochsner aus Wetzwil vor den Stillstand Herrliberg gestellt werde. Dieser sollte ihr die bis an die Geburt verschwiegene «Hurey» und andere Fehler vorhalten. Doch die Zitierte verliess den Stillstand, «ohne ein einziges Wort zu reden und ohne auch nur durch einen Blick Besserung zu versprechen».[23]

Elisabeth Kleiner ab dem Schönenberg hat vor eineinhalb Jahren Ehebruch begangen und sich erfrecht, sich bei Konrad Sauter von Langnau für ledig auszugeben, die Zöpfe hangen zu lassen und sich als bemittelte und redliche Person darzustellen. Dies hat Sauter bewogen, mit ihr ein Eheversprechen einzugehen und mit Pfändern zu bestätigen. Auch hat er sie seit zwölf Wochen mehrmals beschlafen. Das Ehegericht hebt das Eheversprechen am 9. Juni 1796 wegen betrügerischer Handlung auf. Elisabeth Kleiner behauptet, 17 Wochen schwanger zu sein. Sauter will aber den ersten Beischlaf erst vor zwölf Wochen vollzogen haben. Wegen dieses Widerspruchs verschiebt das Gericht die Bestimmung der Paternität bis zur Niederkunft.[24]

Die Näherin Regula Kölla aus Stäfa sagt 1810 vor Ehegericht aus, sie sei 1809 auf ihrem Heimweg von Rapperswil, wo sie für Kundinnen genäht habe, im Holz unweit Feldbach von einem Unbekannten überfallen, zum Beischlaf gezwungen und geschwängert worden. Aus Scham verheimlichte sie die Schwangerschaft lange Zeit; das Kind starb wenige Tage nach der Geburt. Die Eherichter zeigten Milde und bestraften Regula Kölla trotz ihrer späten Anzeige nicht.[25]

EHEREGISTER

Wie langsam es mit der Einführung der durch die Reformation der 1520er Jahre vorgeschriebenen Eheregister in den verschiedenen Kirchgemeinden am Zürichsee voranging, zeigt die folgende Zusammenstellung:[26]

1525 Zürich Grossmünster
1528 Zürich Fraumünster
1536 Kilchberg
1547 Meilen
1549 Männedorf
1550 Küsnacht
1553 Stäfa
1561 Zollikon
1564 Thalwil
1597 Wädenswil
1598 Zumikon
1625 Horgen
1650 Richterswil

Folgende Kirchgemeinden wurden durch Abtrennung von Muttergemeinden neu gegründet und führten sofort auch die vorgeschriebenen Register ein:

1617 Hirzel
1629 Herrliberg
1650 Erlenbach
1682 Uetikon am See
1703 Schönenberg
1721 Rüschlikon
1752 Hütten
1761 Oberrieden

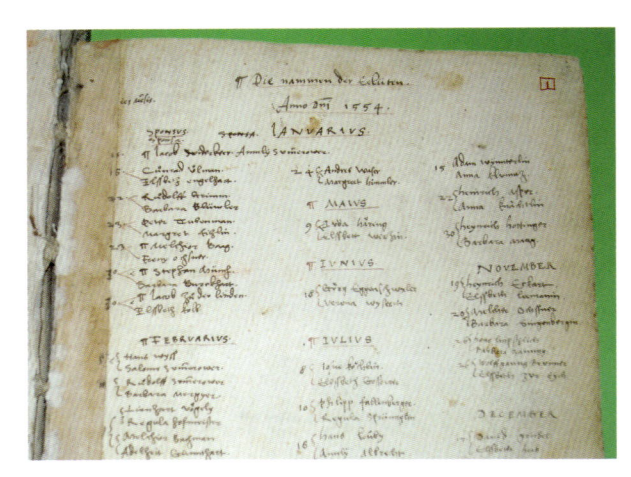

Erste Einträge im Ehebuch der Kirchgemeinde St. Peter in Zürich, beginnend mit Januar 1554.

Die Ehebücher dienten gleichzeitig als Statistik. So heisst es im Ehebuch der Pfarrkirche St. Peter in Zürich, vom 15. Januar 1554 bis 11. Oktober 1691 seien hier 5261 Paare getraut worden. Diese Zahl erhöhte sich bis zum 18. Mai 1756 auf 8189 Ehen und bis zum 20. Dezember 1802 auf 19 667 getraute Paare.[27]

GRÜNDE FÜR DIE EHESCHLIESSUNG

Ursprünglich stand nicht die Liebesehe im Zentrum, sondern die Erhaltung des Familienbesitzes und die Fortdauer der Familie.[28] Pfarrer, Ärzte und Handwerker waren zudem auf die Mitarbeit einer Ehefrau angewiesen. Sie schlossen daher eine Zweckehe. Ihr Heiratskreis war eng ständisch definiert und eingeschränkt auf die kleine Bürgerschaft der Stadt Zürich. Gemäss den Untersuchungen von David Gugerli kamen fast 30 Prozent aller Zürcher Pfarrfrauen aus dem Haus eines hohen Magistraten. Die Zürcher Prädikantenordnung von 1758 schrieb vor, der Pfarrer, sein Eheweib, die Kinder und alle Hausgenossen sollten Vorbild eines züchtigen, ehrbaren und gottseligen Wandels sein. Auch innerhalb der Gemeinde hatte die Pfarrfrau eine wichtige Stellung inne. Darum musste sie auf ihre Kleidung achten, die weder zu städtisch noch zu einfach sein durfte. Im ausgehenden 18. Jahrhundert verheirateten sich die Pfarrer im Alter von rund 31 Jahren. Sie traten zu dieser Zeit ihre erste Pfarrstelle an, verfügten über ein erstes geregeltes Einkommen und konnten nun eine Familie gründen.[29]

Chirurgen nahmen gerne eine Chirurgentochter zur Ehefrau. Esther Bär, die Tochter des Chirurgen Kaspar Bär in Hütten, heiratete 1793 den Arzt Johannes Hürlimann in Richterswil, und die Schwester Regula schloss 1802 die Ehe mit dem Chirurgen Heinrich Staub von Oberrieden. Der Sohn und Berufsnachfolger Kaspar Bär Junior ehelichte 1808 die Chirurgentochter Margaretha Kölla aus Stäfa.[30] Auch Pfarrerstöchter eigneten sich hervorragend für die Aufgabe als Landarztfrauen. Als Kinder eines Stadtbürgers wuchsen sie auf dem Land auf, sie waren tüchtig und gebildet. Durch die Heirat ermöglichten sie manchem Landchirurgen einen sozialen Aufstieg. Häufig heirateten Chirurgen und Ärzte auch eine Frau aus einem anderen Kanton oder sie hatten ihre zukünftige Gattin während des Studiums an einer auswärtigen Universität kennengelernt.[31]

Nach Ansicht verschiedener Historiker wurden Liebesheiraten erst im Verlaufe des 19. Jahrhunderts allgemein üblich. Dies, nachdem die Ideen der Französischen Revolution die Eheschliessung von ökonomischen und traditionellen Zwängen befreit hatten.[32]

Viele Frauen starben früher an der Geburt oder im Kindbett. Damit für die Kinder gesorgt war, verheiratete sich der Witwer sobald als möglich wieder. Weitere Gründe für eine Eheschliessung waren sodann der Wille, einen eigenen Hausstand zu gründen, das Eingehen einer erlaubten Sexualbeziehung. Auch Zuneigung spielte eine Rolle und oft gab eine Schwangerschaft den Anstoss zur Heirat.[33]

Heiratsalter
Ende des 16. Jahrhunderts lag die durchschnittliche Lebenserwartung eines neugeborenen Kindes bei 21,2 Jahren. Im 17. Jahrhundert stieg sie auf 25,7 Jahre an. Im 18. Jahrhundert lag sie bei 33,5 Jahren.[34] Um 1880 hatten Männer bei der Geburt eine Lebenserwartung von 40 Jahren, Frauen von 43,2 Jahren. Angesichts solcher Prognosen wurde die erste Ehe viel früher geschlossen als 2013, wo ein neugeborenes Mädchen im Kanton Zürich derzeit eine Lebenserwartung von 84,7 Jahren hat und ein Knabe mit 80,5 Jahren rechnen kann.[35]

Die Satzung für das Ehegericht von 1525 schrieb vor, für eine Ehe müsse das Mädchen über 14 und der Knabe über 16 Jahre alt sein.[36] Ein Blick in Familienchroniken von Zürcher Geschlechtern belegt das frühe Heiratsalter: Metzger Kaspar Hess (1529–1593) von Zürich heiratete 1555 Anna Burkhart (1536–1568) von Zürich, die 19-jährige Tochter seines Stiefbruders. Metzger Hans Hess (1576–1638) vermählte sich 1604 mit der 19-jährigen Margareta Brunner (1585–1644) von Zürich. Tuchscherer Hans Jakob Hess (1584–1656) ehelichte 1614 die 19-jährige Regula Haller von Zürich. Der Kaufmann Hans Hess (1623–1679) heiratete 1646 die 19-jährige Regula Escher vom Glas (1627–1698). Hans Ulrich Hess (1619–1687) ging 1656 die Ehe ein mit der 19-jährigen Esther Pestalozzi (1637–1708). Metzgermeister Wilhelm Hess (1636–1705) liess sich 1658 mit der 19-jährigen Elisabeth Rahn (1639–1704) trauen. Der Kaufmann Hans Caspar Hess (1633–1717) heiratete 1660 die 18-jährige Anna Grebel (1642–1718), die Tochter des Wädenswiler Landvogts Konrad Grebel (1615–1674). Der Kaufmann Kaspar Hess (1659–1727) vermählte sich 1680 mit der 20-jährigen Judith Locher (1660–1714) von Zürich.[37]

Ähnliche Heiratsalter finden sich bei den Familien Schwarzenbach und Werdmüller sowie bei den Wädenswiler Blattmann. Junghans Schwarzenbach heiratete 1604 die 19-jährige Barbara Trümpler, Rudolf Schwarzenbach (1591–1621) in Rüschlikon die 18 Jahre alte Verena Trümpler. Marx Schwarzenbach (1603–vor 1678) in Horgen verheiratete sich 1630 mit der 17 Jahre alten Anna Baumann (1613–1699) von Horgen. Anna Werdmüller wurde 1660 mit 16 Jahren die Gattin des reichen Andreas Meyer, des späteren Zürcher Bürgermeisters. 1697 wurden in Wädenswil Johannes Escher vom Glas (1663–1746) und Esther Gossweiler (1682–1743) getraut. Die Braut war zum Zeitpunkt der Heirat erst gut 15-jährig, Johannes dagegen bereits bestandener Kapitän-Leutnant in holländischen Diensten.[38] Wilhelm Schwarzenbach (1682–1744) in Ludretikon Thalwil ging 1710 mit der 18-jährigen Elisabeth Syfrig (1692–1760) von Thalwil die Ehe ein. Hans Schwarzenbach (1699–1764) in Horgen verheiratete sich 1721 mit der 20-jährigen Regula Wunderli (1701–1734) von Horgen. Hans Jakob Schwarzenbach (1690–1765) in Horgen heiratete 1722 die 19-jährige Susanna Suter von Hirzel (1703–1781).[39]

Auch Knaben heirateten früh, wie Beispiele aus der Zürcher Familie Werdmüller belegen. Der 18-jährige Hans Heinrich Werdmüller (1630–1678) vermählte sich 1648 mit einer Tochter des Bürgermeisters Heinrich Rahn. Hans Jakob Werdmüller (1633–1665) heiratete mit 18 Jahren eine Enkelin des Bürgermeisters Salomon Hirzel. Hans Conrad Werdmüller (1746–1803) ehelichte mit 20 Jahren die reich begüterte Regula Ott.[40]

Im 17. Jahrhundert stieg das durchschnittliche Alter bei der Erstverheiratung einer Braut auf 26 Jahre an. Urspeter Schelbert hat für die Jahre 1690 bis 1809 das durchschnittliche Heiratsalter in den Pfarreien Freienbach und Wollerau errechnet. Für die Männer ergaben sich folgende Werte:[41]

1690–1709: 28,3 Jahre
1710–1729: 28,2 Jahre
1730–1749: 27,8 Jahre
1750–1769: 28,1 Jahre
1770–1789: 27,9 Jahre
1790–1809: 29,1 Jahre

Etwas tiefer lag das durchschnittliche Heiratsalter bei den Frauen:[42]

1690–1709: 25,8 Jahre
1710–1729: 25,9 Jahre
1730–1749: 25,4 Jahre
1750–1769: 24,9 Jahre
1770–1789: 24,9 Jahre
1790–1809: 25,3 Jahre

Das Bundesgesetz vom 24. Dezember 1874 bestimmte in Artikel 27, um eine Ehe einzugehen, müsse der Bräutigam das 18., die Braut das 16. Altersjahr zurückgelegt haben. Personen, welche das 20. Altersjahr noch nicht vollendet hatten, bedurften zu ihrer Verehelichung die Einwilligung des Inhabers der elterlichen Gewalt (Vater oder Mutter).[43]

1970 lag das durchschnittliche Erstheiratsalter für Frauen bei 25 Jahren, für Männer bei 27 Jahren. Dann heirateten Zürcherinnen und Zürcher immer später. 2011 war der Bräutigam im Schnitt 32-jährig, die Braut 30-jährig.[44]

Johann Rudolf Zeller, Pfarrer in Meilen von 1670 bis 1693, mit Gemahlin.

Heiratsbeschränkungen

Die Ordnung vom 23. April 1530 verbot Knaben, mit folgenden Personen eine Ehe zu schliessen: Mutter, Stiefmutter, Schwester des Vaters oder der Mutter, Sohns Tochter oder Tochters Tochter, Witwe von Vaters Bruder, Sohns Weib, Bruders Weib, Weibs Tochter (Stieftochter) und derselben Kinder Tochter, Weibs Schwester. Mädchen oder Frauen durften mit diesen Personen keine Ehe eingehen: Vater, Stiefvater, Bruder des Vaters oder der Mutter, Sohnes Sohn oder Tochters Sohn, Vaters Bruder, Mutters Bruder, Vaters Schwestermann, Tochtermann, Schwestermann, Mannes Sohn (Stiefsohn) und dessen Kinder Sohn, Manns Bruder.[45]

Das Matrimonial-Gesetzbuch des Kantons Zürich vom 25. Mai 1811 bestimmte in § 3:

«Verboten sind Ehen
a. Verwandter in allen Graden der auf- und absteigenden Linie
b. vollbürtiger Geschwister, die den gleichen Vater und die gleiche Mutter haben und Halbgeschwister, die nur den gleichen Vater oder die gleiche Mutter haben
c. der Stief- oder Schwiegereltern und Grosseltern mit Stief- oder Schwiegerkindern und Enkeln in auf- und absteigenden Graden
d. von Oheim oder Tante mit Neffen und Nichten in allen auf- und absteigenden Graden
f. mit Geschwistern verstorbener oder geschiedener Ehegatten.»[46]

Der Altersunterschied zwischen den Ehepartnern durfte nicht zu gross sein. Dies formulierte das Matrimonial-Gesetzbuch von 1811 in § 13 so: «Ehen zwischen einer Weibsperson über 40 Jahre und einer Mannsperson, die mehr als 15 Jahre jünger ist sowie auch zwischen einer Mannsperson über 60 Jahre und einer Weibsperson, die mehr als die Hälfte jünger ist, können ohne besondere Bewilligung des Ehegerichts nicht geschlossen werden.»

Das Bundesgesetz vom 24. Dezember 1874 hielt in Artikel 28 fest:

«Die Eingehung einer Ehe ist untersagt:
1. Personen, die schon verheiratet sind
2. wegen Verwandtschaft oder Schwägerschaft
   a. zwischen Blutsverwandten in allen Graden der auf- und absteigenden Linie, zwischen vollbürtigen Geschwistern und Halbgeschwistern, zwischen Oheim und Nichte, zwischen Tante und Neffe, beruhe die Verwandtschaft auf ehelicher oder ausserehelicher Zeugung
   b. zwischen Schwiegereltern und Schwiegerkindern, Stiefeltern und Stiefkindern, Adoptiveltern und Adoptivkindern.»[47]

Das Schweizerische Zivilgesetzbuch von 1907, in Kraft seit 1. Januar 1912, bestimmt gemäss Partnerschaftsgesetz vom 18. Juni 2004 im heute gültigen Artikel 95 nur noch, dass die Eheschliessung zwischen Verwandten in gerader Linie sowie zwischen Geschwistern oder Halbgeschwistern, gleichgültig ob sie miteinander durch Abstammung oder durch Adoption verwandt sind, verboten ist.

2013 überprüft der Bundesrat diverse Strafbestimmungen auf ihre Verhältnismässigkeit. Im Zusammenhang mit der Gesetzesrevision will er das Inzestverbot aufheben. Damit soll der einvernehmliche Beischlaf zwischen erwachsenen Verwandten ersten Grades nicht mehr strafbar sein. Begründet wird dies mit der geringen Bedeutung des Verbots: In den letzten zehn Jahren habe es wegen Inzest lediglich zwei bis drei Verurteilungen pro Jahr gegeben.[48]

STANDESGEMÄSSE HEIRATEN

Eine Verordnung des Zürcher Rats hielt schon 1379 fest, dass sich keine Jungfrau gegen den Willen des Vaters oder der Mutter verehelichen dürfe. So konnten Mesalliancen verhindert werden.[49] Vor allem in der Zürcher Oberschicht waren die Eltern darauf bedacht, dass ihre Kinder standesgemäss heirateten. Manche Ehe wurde daher nicht von den Brautleuten, sondern von den Eltern eingeleitet. So auch die Heirat des Hans Caspar Escher (1775–1859) mit Anna von Muralt am 6. April 1806. Vater Escher, Besitzer der Schipf in Herrliberg, notierte dazu in sein Tagebuch, er sei hocherfreut über diese Verbindung. Zu deren Abschluss habe er beigetragen durch «jenen lebhaften Stoss, den ich gab».[50]

Nicht standesgemässe Verbindungen konnten durch die Eltern verzögert, aber nicht immer verhindert werden. Beispiel dafür ist Emil Streuli Junior (1880–1964), Spross der schwerreichen Seidenindustriellenfamilie Streuli-Hüni aus Horgen.[51] 1899 lernte der Millionärssohn die junge, hübsche Bündnerin Susi Meisser (1875–1957) kennen und verliebte sich in sie. Sie stammte aus einfachen Verhältnissen und hatte sich zur Hotelgouvernante emporgearbeitet. Das genügte jedoch nicht, um eine Beziehung mit einem Sohn aus der Oberschicht einzugehen. Sowohl die Eltern Streuli als auch Meisser protestierten gegen die Liebesverbindung. Die Streulis drohten Emil zu enterben, verboten jeden Kontakt und schickten ihn zum Studium ins Ausland. In Paris erkrankte der Sohn. Die Geliebte reiste nach Frankreich und pflegte ihn aufopfernd. Schliesslich willigten die Eltern Streuli doch in die nicht standesgemässe Heirat ein und die junge Frau zog ins Haus der Schwiegereltern in Horgen. Noch jahrelang musste das ungleiche Paar indes gegen die Vorurteile der Eltern ankämpfen.

EHEVERTRÄGE UND HEIRATSKONTRAKTE

Am 29. November 1538 schliessen Thürin Göldin in Rapperswil und Margaretha Mundtprath aus Konstanz einen Ehevertrag: Da ihre Eltern gestorben sind, bringt die Braut das Erbe von 2000 Gulden als Heimsteuer in die Ehe. Der Mann gibt eine Morgengabe von 300 Pfund. Stirbt Margaretha kinderlos vor ihrem Ehemann, soll dieser aus ihrem Gut 2000 Gulden erhalten, ausgerichtet als Leibgeding von 100 Gulden pro Jahr. Morgengabe, Kleider und Schmuck sollen an die nächsten Erben fallen. Stirbt Thüring kinderlos

Ofenkachel mit Allianzwappen Höhn/Hurter aus Wädenswil, 1690.

vor der Ehefrau, erhält die Witwe die Heimsteuer, ererbtes und zugebrachtes Gut und die Morgengabe, zudem ihre Kleider, den Schmuck und die Hälfte der Fahrhabe mit Ausnahme der Zinsbriefe. Der Rest fällt an die andern Erben. Stirbt Margaretha vor Thüring und es sind Kinder da, behält Thüring den Besitz, muss aber für den Unterhalt und die Erziehung der Kinder sorgen.[52]

Am 14. Mai 1566 verheiratete sich Rudolf Gwalter, Pfarrer am St. Peter in Zürich, mit Anna Blarer aus Winterthur, der 34-jährigen gebildeten Tochter des früheren Konstanzer Bürgermeisters Thomas Blarer. Erhalten ist der Ehebrief, den der Ehemann und der Schwiegervater Thomas Blarer am 13. Mai 1566, dem Tag vor der Hochzeit, besiegelten und von sechs Zeugen – darunter Heinrich Bullinger am Grossmünster – bestätigen liessen.[53] Pfarrer Gwalter brachte all sein Hab und Gut in die neue Ehe ein, ungefähr im Wert von 2000 Gulden. Vater Blarer anderseits versprach seiner Tochter eine Mitgift von 400 Gulden an Muttergut sowie ein aufgerüstetes Bett. Rudolf Gwalter wiederum sicherte der Braut eine Morgengabe von 100 Gulden und einen Brautrock mit Kleinodien zu. Sollte der Ehemann vor der Gattin sterben, so wurde im Heiratsbrief weiter vereinbart, würde die Gattin ausser der Morgengabe ein Drittel aller Fahrhabe erhalten, ausgenommen jedoch die Bücher. Pfarrer Rudolf Gwalter starb 1577. Das Todesjahr seiner Gattin Anna ist nicht bekannt.

Noch zu Beginn des 19. Jahrhunderts wurden handschriftliche Ehekontrakte aufgesetzt, so am 1. März 1804 von Gottlob Hotz in Wädenswil einerseits und Jungfer Marianne Hagnauer anderseits.[54] Darin bekunden die beiden Personen, dass sie sich zur heiligen Ehe nach christlicher Weise feierlich einsegnen lassen wollen. Die Eltern der «Jungfer Hochzeiterin» versprechen, ihrer Tochter auf den Tag der Vermählung 1000 Gulden Ehesteuer auszurichten. Anschliessend werden Erbsachen geregelt: Unter anderem heisst es im Ehebrief: Sollte der «Herr Hochzeiter» ohne Leibeserben sterben, soll die Frau ihre Kleider, Zierrate und die Hälfte des gemeinsam erwirtschafteten Gutes erhalten, die andere Hälfte des Besitzes aber seinen Geschwistern zukommen. Sollte die Jungfer vor dem «Herrn Hochzeiter» aus dieser Welt abberufen werden, würden ihre Eltern deren Kleider, die Zierrate und die Hälfte der Ehesteuer erben. Die «Jungfer Hochzeiterin» hat von ihrem Grossvater Doktor Hagnauer ein Legat von 200 Gulden geerbt. Sie behält sich vor, über dieses Kapital zu schalten und zu walten, ohne dass ihr Gatte Gottlob Hotz im Geringsten darüber disponieren kann. Zum Schluss versprechen die künftigen Eheleute, diese Abmachungen «unverbrüchlich» zu halten. Der doppelt ausgefertigte Kontrakt trägt am Schluss die Unterschriften und die Siegel des Vaters Andreas Hagnauer, von Gottlob Hotz und der Marianne Hagnauer.

1819 schrieb Heinrich Schärer in Wädenswil in einem Ehebrief an Jungfrau Anna Hürlimann in Bauma, die er in sein Herz geschlossen hatte, unter anderem das Folgende:[55]

«Euch gelobe ich also vor allem unzertrennbar eheliche Liebe und Treue und gebe Euch zur Beruhigung und Sicherstellung gar wankelmütiger Gesinnungen nicht nur diese Schrift, sondern Hand und Herz, als die freudig und beste Zusicherung, bis wir unser eheliches Gelübde vor dem Altar Gottes öffentlich feierlich bestätigen und bekräftigen lassen können. Zur Urkund dessen habe ich als Eheverlobter diesen Ehebrief als Sicherung unseres künftigen Ehebands eigenhändig unterzeichnet und unter Anwünschung des göttlichen Beistandes und Segens und

Empfehlung in den gnädigen Schutz des allmächtigen Gottes andurch Euch liebe Eheverlobte zugefertigt.

So geschehen in Wädenschweil, den 20. Wintermonat 1819.

Unterzeichnet: Heinrich Schärer»

EHEVERMITTLUNG

Zu Beginn des 20. Jahrhunderts wurde die gewerbsmässige Heiratsvermittlung üblich. Die Verordnung vom 28. Januar 1916 regelte die Vermittlung von Eheschliessungen gegen Entgelt. Sie war nur solchen Personen gestattet, die über eine Bewilligung der kantonalen Polizeidirektion verfügten und eine Kaution von 500 Franken hinterlegt hatten.[56] Die Heiratsvermittler unterstanden der sittenpolizeilichen Kontrolle, hatten Geschäftsbücher zu führen und die genehmigte Tarifordnung einzuhalten.

WEIBERBRIEF

Wenn sich fremde «Weibspersonen» zu Stadt oder Land mit einem Einheimischen verheiraten wollten, hatten sie gemäss Satzung von 1759 einen sogenannten Weiberbrief vorzuweisen. Dieser attestierte eheliche Geburt, ehrlichen Lebenswandel, bezeugte, dass keine Leibeigenschaft bestand und dass die Frau sich zur reformierten Religion bekannte.[57]

Ein solches Dokument stellte zum Beispiel die Berner Gemeinde Diemtigen aus für Elisabeth Klosner, die sich 1780 mit ihrem Verlobten in Stäfa verehelichen wollte. Der Pfarrer bezeugte, der Heirat stehe nichts im Weg. Denn die Frau sei «ehelich erzeugt, in der Evangelisch-reformierten Religion erzogen und noch derselben zugethan; davon hat sie eine schöne Erkanntnuss.» Die Braut habe sich stets eines christlichen, arbeitsamen und ehrlichen Wandels beflissen, attestierte der Pfarrer weiter, und sie verfüge – ohne Fahrhabe und Hausrat – über ein Vermögen von mehr als 1000 Berner Pfund.[58]

LIEBESBRIEFE

Verliebte schickten sich vor der Hochzeit Liebesbriefe. Wenn sie den Text nicht selber schreiben wollten, wandten sie sich an einen Kalligraphen. In jedem Dorf gab es einen oder mehrere Schriftkünstler, die Aufträge für Liebesbriefe entgegennahmen. In Wädenswil zum Beispiel verstand sich der Ofenmaler Jean Reiner (1700–1781) auch auf diese Kunst. Ein schöner Text entstand um 1780 in Küsnacht:[59]

«Schönster Schaz
auch wo du bist Thu
meiner nur gedenken
wann ich bey dir ver-
klaget wird solt
du an Zorn nicht denken.

Wann ich dich seh
Spazieren gehen
thut sich mein Herz
erfreuen, wann ich
schon nicht kan
bey dir stehn
thut doch die Lieb
sich zeigen.

Schön bin ich nicht
und auch nicht reich.
ach Schaz hab kein
bedenken Ehrlich und
fromm ist mein
reichthum mein
Herz will ich dir
Schenken.

Wann alle Herzen wären
wie das Mein
So wurden keine falschen
sein.

So vill Sternen am
Himmel stehn, so vill
Läubli an den bäumen
wachsen so vill Sand-
körnlein an dem Meer.
So vill grässli aus
dem Erdboden Schiessen
und so vill Troufen
in dem Regen fliessen.
So vil Tausend mahl lass
ich dich grüssen.

Die Leuth
sind falsch sie reden
vill das wirst du selbst
wohl wüssen
und wann mein Herz das deine
liebt so thuts die Leüt
verdriessen.

Der Grosse Gott
vom Himmel rab der
alles thut regieren
der Himmel und Erd
erschaffen hatt
wird uns
zusammenführen.

Hier ist ein Ring
Der ist von Gold
darinnen steth mein
Nam, und wanns von
Gott verordnet ist
So kommen wir
Zusamm.

Mein Zeichen
ist die wahre treu
und ein aufrichtig
Herz darbey.»

Liebesbrief aus Küsnacht, um 1780.

Hier der Liebesbrief, den ein Postbeamter aus Zürich im Jahre 1910 an seine Angebetete schrieb:[60]

«Sehr geehrtes Fräulein! Der treue Blick, den ich heute Nachmittag von Ihnen erhalten habe, hat mich sehr gerührt, wie schade, dass Sie schon heimgekehrt sind, hätte gerne einmal einige Worte mit Ihnen gewechselt. Ich habe so oft Gelegenheit Sie zu sehen, aber nie mich mit Ihnen auszusprechen. In dem Falle, dass sich bei Ihnen die gleichen Gefühle bemerkbar machen sollten, wären Sie so freundlich und täten Sie mir berichten, erbitte aber strengste Diskretion, da Ehrensache.»

HEIRATSANFRAGEN

Manche Ehen wurden durch eine schriftliche Anfrage des heiratswilligen Mannes an die Eltern der künftigen Braut eingeleitet. So von Carl Abegg (1836–1912) in Küsnacht, der sich in Emma Arter (1839–1909) verliebt hatte und an deren Vater Salomon Arter im Februar 1859 folgenden Brief schrieb:[61]

«Verehrter Herr Arter
Wenn ich mich heute hinsetze, mich mit Ihnen zu unterhalten, so folge ich der Stimme meines Herzens, welche mich dazu drängt, eine Frage zur Beantwortung zu bringen, die mir schon länger vorschwebt… Ich trete vor Sie, um Ihnen zu erklären, dass die Verbindung mit Ihrer wertgeschätzten Fräulein Tochter der tief gefühlte Wunsch meines Herzens ist. Wollen Sie daher die Güte haben, diesen meinen Entscheid mit Ihrer verehrten Frau Gemahlin in Erwägung zu ziehen und können Sie, wie ich von ganzer Seele hoffe, Ihre elterliche Zustimmung dazu geben, so würde ich Sie bitten, denselben Ihrer Fräulein Tochter ebenfalls vorlegen zu wollen. Ich darf beinahe annehmen, dass Ihnen diese Zeilen nicht ganz unerwartet kommen werden und haben Sie vermutlich Gelegenheit gehabt, diejenigen Informationen zu erhalten, die man in solchem Fall haben muss. Sollten Ihnen indessen weitere Aufschlüsse erwünscht sein, so werden Sie mich zu deren Erteilung bereitfinden. Inzwischen sehe ich Ihrer gütigen Antwort mit Verlangen entgegen… Genehmigen Sie inzwischen die

Versicherung meiner aufrichtigen Wertschätzung und Ergebenheit. Carl Abegg.»

Salomon Arter antwortete am 22. März 1859. Er teilte Carl Abegg die freudige Zustimmung der Eltern wie der Tochter mit und lud ihn am folgenden Sonntag nach dem Gottesdienst zum ersten Brautbesuch ein. Der kurze Brief schloss «mit dem herzlichen Wunsch, dass die Folgen dieses wichtigen Schrittes für beide Teile glücklich und gesegnet seien».[62]

Auch der fromme Weinbauer Julius Hauser (1834–1897) in Wädenswil griff zur Feder und verfasste am 19. Januar 1880 folgenden Werbebrief an seine Base Anna Huber:[63]

«Werteste Jungfrau Base!
Nach reiflicher längerer Überlegung meiner jetzigen Verhältnisse wage mir den wichtigsten Schritt im Leben, Ihnen den wohlzuprüfenden Vorschlag zu machen, ob Sie sich entschliessen könnten, mich in künftigen Lebenstagen in kräftiger Nachhilfe und Beihilfe im Werk des Herrn gemeinsam zu unterstützen.

Dies wird Ihnen ohne Zweifel nur in dem Falle ein liebes Gesuch und angenehm sein können, wenn Sie das Alter, die Ansichten und Gebrechen des Bittstellers übersehen und einzig allein den Wink des Herrn hierin erachten.
Bekenne Ihnen ganz offen, dass von allem Reichtum und Bequemlichkeit Sie keine Notiz nehmen möchten und mir ganz unumwunden und treuherzig meine Frage zu beantworten die Liebe haben dürfen.
Bis dahin kennen Sie meine Tage wohl; wenn es köstlich gewesen ist, so ist's Mühe, Arbeit und Leiden gewesen. Wenn nun zwei sich in diese Arbeit teilten, kann es umso köstlicher werden.»

Die Jungfrau Base war von der Werbung des 46-jährigen Julius Hauser zunächst überrascht. Doch am 30. Januar 1880 gab sie dem Vetter das Jawort. Am 1. Mai 1880 wurde das Paar im Fraumünster in Zürich getraut.

HEIRATSANNONCEN

In den «Donnstags-Nachrichten» vom 23. Oktober 1738, einer in Zürich erscheinenden Zeitung, suchte ein Einsender ein «braves Weib», um mir ihr in den heiligen Stand der Ehe zu treten.[64] Der heiratslustige Mann stammte aus dem Aargau, hatte sich elf Jahre in der Fremde aufgehalten und wollte nach der Rückkehr in die Heimat einen Hausstand gründen. Von seiner Liebsten hatte er eine klare Vorstellung. Er wünschte nämlich, dass sie reich, tugendhaft, verschwiegen, sanftmütig und schön sei. Er sei ein Mensch, so schreibt der Einsender, mit einer Gestalt, die das Frauenzimmer vergnügt. Er sei nicht mehr als 24 Jahre alt und von einer langen, nicht gar mageren Statur. Beruflich habe er Erfolg gehabt. Nach seinen vielen Reisen sei er materiell in der Lage, eine Familie wohl und ehrlich durchzubringen. Er schloss seine Mitteilung mit folgender Bitte: «Sobald sich eine solche von mir zu heyrathen begehrte Person anmelden wird, darvon Nachricht zugeben, damit ich allhier kommen kann und mein Braut abholen.» Ob er sie wohl abholen konnte?

1871 findet sich erstmals auch eine Heiratsannonce im «Allgemeinen Anzeiger vom Zürichsee».[65]

Julius Hauser in Wädenswil. Er war auch Götti von 89 Kindern.

Ab 1877 häuften sich solche Anzeigen. Ein paar Beispiele:

> «Heiraths-Gesuch
> Ein solider junger Mann von angenehmem Aeussern, mit bedeutendem Vermögen, gesicherter Existenz, Protestant, am Zürichsee wohnhaft, sucht auf diesem nicht mehr ungewöhnlichen Wege eine Lebensgefährtin mit festem Charakter im Alter von 19 bis 24 Jahren, die sich in ein Handelsgeschäft eignen würde. Vermögen erwünscht; nicht Hauptbedingung. Dieselbe hätte sich eines ruhigen, leichten Lebens zu erfreuen. Reflektierende Damen, wenn auch aus geachteter guter Bürgerfamilie, wollen ihre gefl. Offerten verschlossen, wenn möglich unter Beischluss der Photographie unter Chiffre G 532 vertrauensvoll zur Weiterbeförderung einsenden an die Annoncen-Expedition von Rudolf Mosse, Zürich.»[66] (21. Juni 1877)

> «Heirathsantrag.
> Ein Wädensweiler Bürger, Witwer von bestandenem Alter, sucht auf diesem Wege eine tüchtige Lebensgefährtin von mittlerem Alter. Wenn neben guten Eigenschaften noch etwas Vermögen da ist, wäre es auch recht. Allfällig Reflektierende wollen ihre Adresse verschlossen unter Chiffre H. H. bei der Expedition dieses Blattes persönlich oder per Post abgeben. Die Sache ist ernstlich gemeint.»[67] (18. September 1883)

> «Ernstgemeinter Heiratsantrag
> Ein alleinstehender, junger und solider Mann, 24 Jahre alt, Besitzer einer grösseren Wirtschaft und Bäckerei in einem schönen Fabrikorte Thurgaus, sucht mit einem ehrbaren und rechtschaffenen Fräulein mit Vermögen in Bekanntschaft zu treten behufs baldiger Verehelichung. Offerten mit Angabe der Verhältnisse und wenn möglich mit Photographie beliebe man unter Chiffre J. H. an die Expedition zur Weiterbeförderung zu senden. Strenge Verschwiegenheit wird zugesichert.»[68] (24. März 1885)

Der Zürcher Soziologe Alexander Salvisberg hat 2002 rund 8000 Heirats- und Bekanntschaftsinserate ausgewertet, die zwischen 1900 und 2000 in der «Neuen Zürcher Zeitung» und im «Tages-Anzeiger» erschienen sind. Hier einige seiner Forschungsergebnisse:[69] Im Jahr 1905 nannten vier von fünf Inserenten ihren Beruf und nur fünf Prozent eine Freizeitaktivität. Erst 1936 erschien das Wort «Freizeit» zum ersten Mal in einer Kontaktanzeige. Das Wort «Hobby» tauchte 1963 erstmals auf. Um 1950 war es gängig, die Finanzen offenzulegen, um den soliden Charakter zu unterstreichen. 1968 nahm die Freizeit in Zürcher Kontaktanzeigen mehr Platz ein als der Beruf. In heutigen Anzeigen – sei es in Zeitungen und Zeitschriften oder im Internet – treten Beruf, Einkommen und Vermögen in den Hintergrund. Der Traumpartner wird immer stärker über die Freizeitaktivitäten und den Lebensstil definiert. Wer jetzt einen Partner sucht, listet eine ganze Reihe sportlicher und kultureller Hobbys auf, wie: liebt Natur, Berge, Meer, Golf, Reisen, gepflegtes Essen, Musik, Theater …

Heimsteuer oder Mitgift

Das Vermögen, das die Frau bei der Verheiratung in die Ehe einbrachte, hiess Heimsteuer oder Mitgift. Es blieb Eigentum der Frau. Wenn es der Ehemann vorübergehend beanspruchte, hatte er es gegenüber der Frau abzusichern. Das tat zum Beispiel Walter Hasenbrügel, Bürger von Zürich. Am 17. Januar 1359 liess er durch Bürgermeister Rudolf Brun, den Rat und die Zunftmeister beurkunden, dass er seiner Frau 20 Pfund Heimsteuer schulde. Als Pfand setzte er das Gut Mühlestatt in der Au zu Höri. Dieses sollte die Frau so lange behalten, bis es mit 20 Pfund ausgelöst würde.[70]

Morgengabe

Nach der Hochzeitsnacht bedachte der Ehemann seine Frau mit einem Geschenk, der Morgengabe. Er setzte ihr einen Geldbetrag aus, der sie finanziell absichern sollte. Wenn der Mann diese Summe vorübergehend wieder beanspruchte, wurde eine Urkunde ausgestellt, welche das Recht der Frau auf die Morgengabe bestätigte.[71]

Ehehindernisse

Die Zürcher Obrigkeit erliess immer wieder Bestimmungen, um Ehen zwischen ökonomisch schlecht gestellten Partnern zu verhindern. So mit Mandaten von 1586 und 1650. Begaben sich solche Leute in den Ehestand, wurden sie in ihrem besten Alter armengenössig und konnten die Kinder nicht mehr unterhalten. Der Abklärung ökonomischer Verhältnisse diente auch die Prüfung für Ehewillige, das Brautexamen, das der Zürcher Rat seit 1587 verlangte. Es diente nicht nur dem Nachweis religiöser Kenntnisse, sondern sollte auch verhindern, dass Arme unbedacht Familien gründeten.[72] Allmählich nahmen die Vorschriften an Schärfe zu. Gemäss Mandat von 1611 hatte sich der Pfarrer anlässlich des Brautexamens zu vergewissern, dass die künftigen Eheleute «genugsam Mittel habend». Mit dem Mandat vom 29. Januar 1668 erliess der Zürcher Rat Sanktionen gegen Frauen, die leichtsinnig schwanger wurden. Ihnen wurde die Ehe nicht gestattet, die Tat aber als Hurerei gestraft.[73] Das Mandat von 1676 schrieb vor, dass Landleute bei ihrer Verehelichung mindestens ein Vermögen von 100 Gulden vorzuweisen hätten. Nicht aus dem Zürcher Gebiet stammende «fremde Frauen» hatten gar ein Vermögen von mindestens 200 Gulden mitzubringen.[74]

Nicht gerne gesehen wurde im reformierten Zürich, wenn Zürcher Bürgerinnen einen Katholiken heirateten. Hans Rudolf Werdmüller (1570–1617) wollte sich mit Barbara Wydenmann (1587–1624), der Tochter eines wohlhabenden Kaufmanns aus Konstanz, verheiraten, die er wohl auf Geschäftsreisen kennengelernt hatte. Der Vater, der keine Katholikin als Schwiegertochter haben wollte, erhob gegen die Heirat Einsprache. Erst als nach dem Tod des Ratsherrn dieses Hindernis weggefallen war, konnte Hans Rudolf 1612 seine Braut ehelichen. Bei den nächsten Verwandten stiess sie jedoch auf Ablehnung und wurde geschnitten.[75]

Verheiratete sich ein reformierter Zürcher Bürger mit einer Katholikin, liess die Obrigkeit gemäss Mandat von 1643 deren Vermögen konfiszieren. Und seit 1755 bedingte eine solche Verheiratung sogar den Ausschluss aus dem Bürgerrecht.[76]

Auch zu nahe Verwandtschaft konnte – mindestens vorübergehend – ein Ehehindernis sein. 1688 vermählte sich der Zürcher Seidenhändler Hans Conrad Pestalozzi (1660–1745) mit Ursula Bodmer (1666–1704), der Tochter des Buchdruckers Johann Jakob Bodmer-Hirzel. Da sie eine Enkelin von Johann Jakob Bodmer-Pestalozzi und darum mit ihrem Mann verwandt war, musste das Paar vor der Hochzeit eine Ehedispens einholen. Diese wurde nach der Bezahlung von 100 Pfund Busse erteilt.[77]

Nur ein Zürcher, der über «Montur und Armatur», also über eine militärische Ausrüstung verfügte, war heiratsberechtigt. Die Prädikantenordnung von 1758 verpflichtete den Pfarrer, vom Verlobten ein Zeugnis zu verlangen, dass er eine gute Kriegsmontur besitze.[78] Fehlte diese, wurde der Abschluss einer Ehe verwehrt. Dies traf unter anderem Johannes Kölla in Stäfa. Ihm verbot 1774 der Stillstand Stäfa «die Copulation mit Verena Haab von Wädenswil so lange, bis er Montur und Armatur zeigen könne».[79]

Auch schlechter Lebenswandel war ein Grund, eine Ehe zu verweigern. Dies erfuhr der vorbestrafte Jakob Oetiker in Stäfa. 1794 wollte er in seiner Heimatgemeinde eine junge Wädenswilerin heiraten. Dagegen wehrte sich der Stillstand von Stäfa. Er sei ein schlechter Mensch, begründete die Kirchenbehörde ihren Entscheid, und gestattete die Ehe nicht, obwohl die Wädenswilerin nach wie vor zu ihrem Verlobten stand.[80]

1810 liess Anna Barbara von Ruff aus Erlenbach eine Beziehung platzen. Obwohl sie schwanger war und ein Eheschreiben vorweisen konnte, weigerte sie sich, den Färbergesellen Johannes Treichler zu heiraten. In der Zwischenzeit hatte sie nämlich von der beklemmenden ökonomischen Lage ihres Bräutigams und seiner Eltern erfahren.[81]

Im Dezember 1825 liess das Ehegericht Zürich eine Mahnschrift drucken und an alle Pfarrer zu Stadt und Land verteilen. Diese sollten die Töchter in den Landgemeinden anlässlich der Konfirmation vor leichtsinniger Verbindung mit landesfremden Gesellen oder Katholiken aus anderen Kantonen warnen. Denn die Töchter würden unglücklich, stand geschrieben. Wenn sie keine Bewilligung zur Kopulation erhielten, müssten sie für im Leichtsinn gezeugte Kinder selbst aufkommen. In Leimbach wurde dieser Erlass 1826 auch an der Gemeindeversammlung verlesen und den Eltern zudem am Schulexamen bekannt gemacht.[82]

Wollte ein Einheimischer eine Ausländerin heiraten, musste dies der Gemeinderat bewilligen. Dies war 1830 in Richterswil der Fall. Hans Heinrich Hauser war mit der Deutschen Anna Christina Hofelich verlobt. Beide arbeiteten in der alten Kanzlei Wädenswil und wollten nun heiraten. Darum suchte Hauser am 15. Februar 1830 beim Gemeinderat Richterswil um die Ehebewilligung nach. Dieser jedoch suspendierte das Gesuch «zu reiferem Bedenken für die Verlobten». Denn er war der Meinung, der gewagte Schritt könnte «Folgen unausbleiblicher Verarmung» haben. Eine Mehrheit des Gemeinderates trat dann aber am 17. März 1830 doch für die Bewilligung ein.[83]

Die revidierte Bundesverfassung von 1874 setzte den teils drastischen Eheeinschränkungen ein Ende, indem sie das individuelle Recht zur freien Eheschliessung in der ganzen Schweiz gewährte.

SCHAPPEL ODER STROHKRANZ

Durch die Kopfbedeckung liessen sich unehrbare Frauen von ehrbaren unterscheiden. In Zürich verordnete der Rat schon 1319, dass Dirnen ein «rotes keppeli» tragen mussten. Je nachdem, ob die Frau ledig oder verheiratet war, wählte sie einen anderen Kopfputz. Mädchen trugen frei herabfallende Haare und das Schappel oder Schäppeli. Die verheiratete Frau bedeckte ihr Haar mit einer Haube, die zugleich die eheliche Abhängigkeit symbolisierte.[84] Die Redensart «unter die Haube kommen» für das Heiraten hat sich bis in neuste Zeit erhalten.

Als Zeichen der Jungfräulichkeit trug die Braut am Hochzeitstag eine weisse Schürze und den Brautkranz, das Schäppeli. War die Braut dagegen nicht mehr keusch, war ihr das Schäppeli verwehrt. Sie musste zum Zeichen ihrer befleckten Ehre einen Spottkranz aus Stroh tragen. Wählte sie dennoch ein Brautkränzchen, sollte sie so viele Todsünden begehen, als das Kränzchen Blumen enthielt.[85]

Heinrich Frymann und Regula Hottinger hatten sich 1682 in Küsnacht des frühzeitigen Beischlafs schuldig gemacht und wurden daher vor den Obervogt zitiert. Weil dann Regula ohne Schappel zur Kirche ging und so zu ihrem Fehler stand, kam sie mit einer milderen Strafe davon.[86]

HOCHZEITSMODE

Der Brautschleier wird bereits in den Zürcher Stadtbüchern von 1336 erwähnt. Er war einst Sinnbild für die Jungfräulichkeit der Braut. Bis um 1900 trug ihn die Braut kurz, verbunden mit einem Myrtenkranz, und nicht wie später als lange Schleppe. Dazu wählte sie – wie Fotografien zeigen – noch zu Beginn der 1920er Jahre ein schwarzes Seidenkleid, das auch nach der Hochzeit als Festgewand getragen werden konnte.[87]

Das weisse Brautkleid – Zeichen der Reinheit und Vollkommenheit – wurde von der jungen Monarchin Viktoria von England eingeführt. Bei ihrer Hochzeit 1840 trug sie ein weisses Kleid und erregte damit einen Skandal. Die Gesellschaft empfand es damals als unangebracht, in Weiss zu heiraten. Die Kleider mussten schwarz und hochgeschlossen sein.[88]

In der Schweiz kam das weisse Brautkleid in den 1920er Jahren allgemein in Mode. Dazu wurde der Brautschleier üblich – zuerst bei reicheren Brautpaaren, dann allgemein.[89]

Zur Trauung trug der Bräutigam noch bis ins 20. Jahrhundert hinein den langschossigen schwarzen Kirchenfrack und als Kopfbedeckung einen Zylinder.

Wie die Mode allgemein, folgte auch die Brautmode immer wieder neusten Trends. Luftig und jugendlich war sie im Jahr 1979. Gemäss der Geschäftsführerin von Pronuptia in Zürich herrschte der romantische Stil vor mit weiten, runden Jupes und sehr voluminösen, drei bis vier Meter langen Schleiern. Gefragt waren englische Spitzen und Kleidung ganz in Weiss. Farbtöne wie Ciel und Rosé waren passé. Es wurden lange Kleider getragen. Für Bräute standen nur wenige mittellange Kleider zur Verfügung.[90]

Und das galt im Frühling 2013: Das klassische Brautkleid war in A-Linie geschnitten, seitlich gerafft, schulterfrei und in Weiss. Zudem stellte sich die Frage, wie sexy ein Brautkleid sein darf. Dies die Empfehlung an die Braut: «Wenn Sie sich in einer katholischen Kirche trauen lassen möchten, sollten Sie es vermeiden, zu viel Haut zu zeigen. Bei einer standesamtlichen oder zeremoniellen Trauung mit einem freien Theologen kann auch problemlos ein legeres Kleid und bei einer Hochzeit am Strand ein sommerliches Kleid gewählt werden, das Haut zeigt.»[91] Der Hochzeitsanzug des Bräutigams musste 2013 auf

Wädenswiler Brautpaar um 1900. Die Braut trägt ein schwarzes Brautkleid mit grossem Schleier. Links die Brauteltern, rechts die Eltern des Bräutigams und der Bräutigam.

Hochzeitgesellschaft auf der Terrasse des Hotels Engel in Wädenswil in den 1920er Jahren. Die Braut trägt ein weisses Kleid mit Schleier.

Als Brautmode 2014 empfiehlt die Kollektion «Harmony by Chez Janine» in Bubikon sowohl schulterfreie, bodenlange als auch kurze Hochzeitskleider.

jeden Fall auf die Farbe des Brautkleides abgestimmt sein. Der modische Anzug galt als die weniger offizielle, jedoch deutlich modischere Alternative zum Cut oder Smoking. Empfohlen wurden Anzüge in Uni oder Streifenoptik in dezenten Farben. Dazu sollte ein passendes Hemd in Weiss oder Cremefarbe getragen werden. Weste, Schleife oder Krawatte konnten den Hochzeitsanzug festlicher machen. Für noblere Hochzeiten eignete sich immer noch der traditionelle Cut. Zum Tagesfrack trug der Bräutigam eine grau gestreifte Hose, eine silbergraue Weste und ein weisses Hemd mit silbergrauer Krawatte. Dazu kamen als absolutes Muss schwarze Lackschuhe.[92]

Im Sommer 2013 wurde festgehalten, für Brautkleider würden die Farben Creme und Elfenbein bevorzugt. Von Weiss kam man weg mit der Begründung, nur Südamerikanerinnen könnten Schneeweiss tragen. Am häufigsten wurden elfenbeinfarbige Brautkleider verkauft. Denn diese Farbe wirkt wärmer als Weiss.[93]

Hochzeitsanzeigen

Johannes Diezinger-Sulzberger in Wädenswil lud am 10. Oktober 1854 Verwandte und Bekannte handschriftlich zur Hochzeitsfeier seines Sohnes ein:[94]

«Die Hochzeits Feier meines
Sohnes Huldreich mit Fräulein
Wilhelmine Harmsen
findet am 24. October statt; ich lade
Sie freundschaftlich ein, derselben
beiwohnen zu wollen.
J. Diezinger-Sulzberger
Wädensweil, den 10. Oct. 1854»

Eheverkündigung

Auf den 1. Januar 1788 änderte das Verfahren betreffend Eheverkündigung. Fortan musste zu Stadt und Land jede Ehe sowohl in der Pfarrkirche des Bräutigams als auch in jener der Braut verkündet werden. Und in der Stadt Zürich wurden die Eheverkündigungen neuerdings in allen vier Pfarrkirchen von der Kanzel verlesen.[95]

Vier Hochzeitsschilderungen
Hochzeit in Wädenswil 1556

Am 2. August 1556 verheiratete sich Junker Jakob von Cham, der älteste Sohn des ersten Wädenswiler Landvogtes Bernhard von Cham, mit Verena Wirz, der Tochter des Untervogts und späteren Einsiedler Ammanns Jakob Wirz zu Erlenbach.[96] Die beiden Väter, die reichsten Zürcher ihrer Zeit, sorgten für ein glänzendes, vier Tage dauerndes Hochzeitsfest auf dem neuen Landvogteischloss Wädenswil. Zu Hunderten kamen geladene und ungeladene Gäste nach Wädenswil, um dem seltenen Ereignis beizuwohnen. Mit dem Besuch der Predigt von Pfarrer Ezechiel Ramp in der Kirche Wädenswil nahm der Anlass seinen Anfang. Das Gedränge war gross. Der Aarauer Spielmann Heini Wirri, der als Augenzeuge teilnahm und später ein über 350 Zeilen langes Lobgedicht verfasste, hielt fest:[97]

«Da mocht ich nitt in kilchen kummen.
Dann da war gar ein grosse summen
Von man desglichen ouch von wyben
Der halb theil musst da ussen blyben.»

Nach der Predigt zog das Brautpaar, von viel Volk umringt, zum neuen Landvogteischloss hinauf, in dessen geräumigem Hof zwei prächtige Zelte aufgeschlagen worden waren. Hier wurde nun vier Tage lang gefestet und gezecht. An 130 Tischen zu je zehn Gedecken liess der Landvogt nebst den zum Feste geladenen Gästen bewirten:

«Des gmeinen volks ein grosse schar
By tusent personen ich mein,
Huoren und buoben gross und klein,
Spillüth, bettler und anders gsind
Wie si hatt zemen gweyt der wind.»

Und was für leckere Speisen fuhren auf:

«Da war der aller beste wyn
Der in dem gantz land mög sin;
Da schenkt man in on alles truren
Dem adel, dessglichen auch den puren...
Es sy an brot, fleisch und win,
Ist als da bim suffen gsin.»

Tanz folgte auf Tanz; ein Preisschiessen um eine Ehrengabe von fünf Goldkronen wurde ausgerufen und Possenreisser und Spielleute sorgten für Unterhaltung. Plötzlich dröhnten vom See her dumpfe Schüsse. 22 bekränzte Schiffe schwenkten dem Ufer zu, deren Mannschaft mit Spiessen und Gewehren bewaffnet war und schoss, «das die muren stoben». Mit kriegerischem Gepränge kamen an die tausend Mann angefahren, um das junge Paar zu beglückwünschen: aus der Stadt Zürich, aus Hirslanden, Riesbach, Ober- und Unterstrass und aus den Seegemeinden Zollikon, Küsnacht, Erlenbach, Meilen, Uetikon, Rapperswil, Thalwil und Kilchberg.

Bis zum Mittwochnachmittag blieb die fröhliche Hochzeitsgesellschaft in bester Stimmung beisammen. Dann wurden Narren und Spielleute reich beschenkt entlassen und die Gäste zerstreuten sich allmählich in alle Himmelsrichtungen.

Das üppige Fest bot dem neu nach Wädenswil gewählten Landvogt Bernhard von Cham die willkommene Gelegenheit, das Landvolk durch Spenden, Essen und Trinken für sich zu gewinnen und in den Ruf eines wohlgesinnten und freigebigen Herrn zu gelangen.

Hochzeit in Zürich 1643

Der Jurist Elias Brackenhoffer (1618–1682) aus Strassburg beobachtete 1643 als Zuschauer einen Hochzeitszug in Zürichs Strassen und berichtete darüber in seinen «Voyages en Suisse 1643 et 1646»:[98]

«Der Bräutigam und die Braut versammeln sich, jeder in seinem Haus, mit ihrer Gesellschaft. Dann begibt sich der Bräutigam mit den Seinen zum Wohnhaus der Braut, von wo der Festzug zur Kirche aufbricht. An der Spitze gehen die

Ehrenjünglinge und -jungfrauen, dann der Bräutigam, der einen Kranz auf seiner Mütze trägt, begleitet von dem Mann, der den höchsten Rang innehat unter der Hochzeitsgesellschaft. Darauf folgen, je zwei und zwei zusammen, die übrigen Männer. Nach ihnen kommen die jungen Mädchen, geschmückt mit kleinen, bestickten Bändern und die am höchsten Gestellten gehen gleichfalls zuhinterst. Am Schluss geht die Braut und hinter ihr die verheirateten Frauen.»

Hochzeit in Zürich 1736

Der anonyme Verfasser der «Voyage historique et politique de Suisse, d'Italie et d'Allemagne» erzählt in seinem Reisebericht, der 1736 in Frankfurt gedruckt wurde, wie er bei einem seiner Zürcher Besuche von einem Bekannten aus einer der ersten Familien zu dessen Hochzeit eingeladen wurde.[99] Diese sollte in zwei Tagen stattfinden, und zwar mit einer «aimable personne», ebenfalls aus einer der ersten Familien der Stadt. Kaum war der Franzose in sein Gasthaus zurückgekehrt, kam der «Hochzeitbitter» und lud ihn in aller Form zum Fest ein. Dabei wurden ihm, wie es Sitte war, ein sehr schönes Taschentuch aus Musselin und ein Filigransträusschen überreicht, was der Autor eine Geste «fort galante» fand.

Von den Festivitäten, die drei Tage dauerten, beschreibt der französische Gast nur den ersten Tag: das Festessen mit Tanz, das um die Mittagszeit begann und irgendwann in der Nacht endete. Zwischen den einzelnen Gängen des Hochzeitsessens wurden Pausen eingeschaltet, damit die Gäste tanzen und sich Appetit für den nächsten Gang holen konnten.

Ausser dem «Bhaltis» schildert der Autor eine weitere typisch zürcherische Sitte – die sogenannten Ürten: Wer zur Hochzeit nicht eingeladen war, schickte seinen Freunden und Verwandten scherzhafte Geschenke, meist begleitet von einem witzigen Vers. Die Verse wurden laut vorgelesen, die Geschenke ausgepackt, und nun galt es den Absender zu erraten. Die Päcklein wurden in der Runde von Hand zu Hand bis zum Adressaten gereicht. Sie enthielten gewöhnlich irgendein Geschenk: Silberwaren, Schmuckstücke, Uhren oder dergleichen. Oft wusste die beschenkte Person nicht, von wem es geschickt wurde. Zum Ernst gesellte sich der Scherz: So wurden etwa eine Wiege, Kindergeräte oder eine Breischüssel überreicht. «Ich erinnere mich unter anderem an eines dieser Geschenke in einer ziemlich grossen Schachtel, das aus einem Hemd, Manschetten und einer Krawatte bestand, alles aus Emballagestoff verfertigt», schreibt der Franzose. Und weiter: «Diese Geschenke, die man gegenseitig begutachtet, dienen dazu, einige Zeit zu vertreiben.» Anschliessend begab man sich wieder zum Tanz bis weit in die Nacht hinein.

Der aufmerksame und sachkundige Beobachter orientiert auch über die Tänze, die an dieser Hochzeit getanzt wurden: «Man tanzte an diesem Ball alle Arten von französischen Tänzen sowie englische und deutsche Kontertänze. Diese letzteren sind, gut getanzt, sehr anmutig, zumal wenn die Dame sie gut zu tanzen weiss und auf den Takt hört. Der Herr lässt sie dann Figuren ausführen, die ausserordentlich scheinen, obgleich es nichts Leichteres gibt. In dieser Art sah ich hier etliche Damen tanzen.»

Hochzeit in Horgen Anfang des 19. Jahrhunderts

Johann Jakob Hüni beschrieb 1847 in den «Blättern von Horgen» Hochzeitssitten in seinem Dorf:[100]

«Nach der Morgensuppe im Hause des Hochzeiters ging man meistens zu Fuss, das Brautpaar voran, zur Kirche. Hatten die Brautleute das bedeutungsvolle Ja gesprochen, so krachten draussen die Böllerschüsse, die von den Freunden des Bräutigams abgefeuert wurden. Nach der Trauung zog die Hochzeitsgesellschaft wieder zu Fuss, unter Anführung von Spielleuten, durch das Dorf. Vor dem Haus der Braut wurde den beiden Neuvermählten ein gemeinsamer Trunk gereicht. Wenn man nach dem Mittagessen nicht eine Ausfahrt mit Kutschen unternahm, so stattete die ganze Hochzeitsgesellschaft den Nachbarn Besuche ab, wo man mit Brot, Kuchen, Hüppen und Wein bewirtet wurde und sich bei Gesang und Tanz vergnügte. Im Hause des Hochzeiters fand das Fest seinen Abschluss. Die Kinder der Hochzeitsgäste brachten die Ürten (Hochzeitsgeschenke) und wurden dafür mit Süssigkeiten belohnt.»

KIRCHLICHE TRAUUNG
BRAUTJUNGFER UND BRAUTFÜHRER

Die Brautjungfer, das Gespiel geheissen, und der Brautführer betreuten das Brautpaar während des ganzen Hochzeitstages. Auf dem Gang zur Kirche verteilte die Brautführerin Blumensträusschen, meist Rosen oder Vergissmeinnicht. In der Kirche setzten sich Bräutigam und Brautführer in die vorderste Bank des «Männergefletzes»; Braut und Gespiel nahmen in der vordersten Frauenbank Platz.

PREDIGT UND ZEREMONIE

Die Trauung ist eine kirchliche Handlung. Sie begründet keine Ehe, sondern hat einen anderen Sinn: «Wer zur kirchlichen Trauung kommt, kommt, um seine Ehe zu bestätigen, um zu danken, zu geloben und zu bitten.»[101] Leo Jud, Pfarrer am St. Peter in Zürich, schrieb 1523 eine einfache Trauformel. Die Trauung begann mit der Bekanntgabe des Eheversprechens der beiden Brautleute. Dann wurde die Gemeinde angefragt, ob irgendwelche Ehehindernisse bekannt seien. Auf das Verlesen von Matthäus 19 folgte das Versprechen der Eheleute, ihre Ehe christlich zu führen. Das Ehegebet schloss den Trauakt ab. Seit 1525 musste jede Ehe öffentlich in der Kirche bestätigt werden, damit sie rechtlich gültig war. Der Pfarrer durfte ein Ehepaar seit 1530 erst trauen, nachdem die Ehe an einem Sonntag und in einer Wochenpredigt von der Kanzel verkündet worden war. Was in den Landkirchen sofort Brauch war, stiess in der Stadt auf Hindernisse und setzte sich erst ab 1612 durch.[102]

Der Pfarrer hielt vom Taufstein aus die Traupredigt. Dabei redete er die Brautleute ursprünglich mit «Du» an. Dies erregte Widerwillen, weshalb der Zürcher Rat 1639 einschreiten musste. Er beschloss, dass

Trauung. Kupferstich von David Herrliberger, 1751.

Kirchliche Trauung, 2001.

Ziviltrauung, 2004.

Verlobte, die sich dem «Du» nicht unterwerfen wollten, ungetraut weggeschickt werden sollten. Und dies blieb so bis 1768.[103] War die Hochzeitspredigt beendet, schritt der Bräutigam zur Bank der Braut und führte sie Arm in Arm zum Taufstein. Stehend hörte das Brautpaar die Hochzeitsliturgie an. Dann folgten die Ja-Worte, der Ringwechsel und Küsse.[104]

ZIVILTRAUUNG

Bis über die Mitte des 19. Jahrhunderts hinaus war die kirchliche Trauung die einzige staatlich anerkannte Form der Eheschliessung. Dann gab das Obergericht des Kantons Zürich am 25. Mai 1861 die Verordnung heraus, dass sich Ehepaare nach Zusage des Bezirksgerichts und vorschriftsgemässer Verkündigung legitim auch bürgerlich trauen lassen können.[105] Die neue Kantonsverfassung von 1869 anerkannte in Artikel 15 beide Formen der Eheschliessung: «Die Ehe erhält staatliche Gültigkeit sowohl wenn sie nach bürgerlicher, als wenn sie nach kirchlicher Form abgeschlossen wird.» Eine wichtige Änderung brachte das Bundesgesetz vom 24. Dezember 1874. Es erklärte die Ziviltrauung allein als gesetzlich. Es blieb aber jedermann unbenommen, sich auch noch kirchlich trauen zu lassen.

Am 1. Januar 1876 ging das Zivilstandswesen im Kanton Zürich von den Pfarrämtern an die politischen Gemeinden über. Neu wirkte hier ein vom Gemeinderat gewählter Zivilstandsbeamter.

BELIEBTE HOCHZEITSTAGE

Brautpaare von der Landschaft liessen ihre Ehe gerne in der Stadt Zürich einsegnen. Dies zunächst nur im Grossmünster und seit 1763 auch im St. Peter im Anschluss an einen Gottesdienst. 1787 wurden im St. Peter 406 Ehen geschlossen, worunter nur zwanzig Paare aus dieser Kirchgemeinde stammten.[106]

Bis 1619 durfte in der Stadt Zürich auch an Sonntagen geheiratet werden. Dann verlegte der Rat die Trauungen auf einen Werktag.[107] Bevorzugte Termine waren die Frühpredigten am Dienstag und am Donnerstag. Da man am Sonntag keine Vorbereitungen treffen konnte, eignete sich der Montag nicht als Hochzeitstag. Mittwoch und Freitag galten als Unglückstage. In den Pfarreien Freienbach und Wollerau wurden im 18. und 19. Jahrhundert mehr als ein Drittel aller Hochzeiten zwischen dem Dreikönigstag (6. Januar) und dem Aschermittwoch geschlossen. Eine weitere Ballung gab es kurz vor der Adventszeit. Jede sechste Hochzeit fiel in den November. Weniger beliebt waren die mit bäuerlichen Arbeiten ausgelasteten Sommermonate Juni, Juli und August. Erst zwischen 1750 und 1850 entschieden sich Brautleute etwas häufiger auch für die Monate April und Mai.[108]

Im 20. Jahrhundert setzte sich auch der Samstag als Hochzeitstag durch. Gemäss Aussagen alter Horgner von 1952 heirateten dann aber vor allem «Fabrikler», die sich unter der Woche nicht freimachen konnten.[109]

In neuster Zeit sind Hochzeiten an einem Schnapszahldatum sehr beliebt. Gross war daher der Andrang in den Zivilstandsämtern am 1.1.2001, 2.2.2002, 3.3.2003, 4.4.2004, 5.5.2005, 6.6.2006, 7.7.2007, 8.8.2008, 9.9.2009, 10.10.2010, am 11.11.2011 und am 12.12.2012. In Zürich zum Beispiel wurden am 12.12.12 von 8 bis 17 Uhr 32 Paare getraut.[110] Die nächste Schnapszahl für Heiratswillige gibt es übrigens erst wieder im nächsten Jahrhundert: am 01.01.2101.

Auswärtige Trauungen

Hans Georg Werdmüller verliebte sich in Anna Werdmüller, seine Cousine dritten Grades. Die Heirat zwischen Verwandten dieses Grades war nach Zürcher Gesetzgebung nicht erlaubt. Mit Wissen der Brauteltern liessen sich die jungen Eheleute 1635 heimlich in Gebenstorf im Aargau trauen. Wohl oder übel musste der Zürcher Rat die bereits vollzogene Ehe anerkennen. Zu seiner Rechtfertigung wies er darauf hin, eine Ehe unter Verwandten dieses Grades sei «im göttlichen Gesetz eigentlich nit verboten». Er verhängte jedoch eine Busse von 4000 Pfund und liess das Brautpaar und die Brauteltern vor dem Ehegericht abkanzeln.[111]

Magdalena Pestalozzi (1627–1655) heiratete 1659 ebenfalls einen entfernten Verwandten, den Seidenfabrikanten Hans Georg Orell (1623–1706). Das Paar liess sich auch in Gebenstorf trauen. Denn die Zürcher reformierte Eheordnung verbot die Heirat im dritten Verwandtschaftsgrad. Die Eheleute hatten hierauf eine Busse von 600 Pfund zu bezahlen; ihre Ehe aber war damit in Zürich anerkannt.[112]

Brautfuder

1922 hielt der Historiker Emil Stauber fest, wenige Tage vor der Hochzeit werde das Brautfuder – die Aussteuer – in die neue Wohnung gebracht. Der Kasten sei jeweils voll leinenem Stoff und auch das Spinnrad fehle nicht. Das Brautfuder dürfe aber weder an einem Mittwoch noch an einem Samstag überführt werden. Dies bringe sonst Unglück. Noch immer werde das Brautfuder unterwegs angehalten, um Gaben zu betteln.[113] Stauber beschreibt hier einen Hochzeitsbrauch, der sich bis ins 17. Jahrhundert zurückverfolgen lässt. Die Mitgift der Braut wurde auf einem hübsch aufgerüsteten Wagen aus dem elterlichen Haus ins neue Heim der Eheleute geführt. Die Mitgift – die Aussteuer – bestand in der Regel aus einem zweischläfigen Bett, einer Kinderwiege, einem Tisch, zwei Stühlen, einem Schemel, einem mit Leintüchern, Bettanzügen, Hemden, Hand- und Nastüchern sowie Schuhen gefüllten Kasten und einem Spinnrad mit aufgesetzter Kunkel. Oft ging die Schwester des Bräutigams oder der Braut mit einem Korb voller Lebensmittel oder Geschirr hinter dem Wagen her.[114]

Kasten mit Aussteuer im Museum der Familie Bühler in Feldbach.

HOCHZEITSSCHIESSEN

Die Zürcher Mandate vom 16. November 1727, 7. November 1739 und vom 12. Mai 1766 verboten das Hochzeitsschiessen erneut.[115] Genützt hat dies allerdings wenig. Am 16. Dezember 1831 berichtete die «Zürcher Freitagszeitung» über einen Unfall in Stäfa:

> «Bei einem Hochzeitsanlass trafen einige junge Leute zusammen, um die Hochzeit mit Schiessen zu verherrlichen. Unter diesen befand sich ein schöner, robuster junger Mann von ungefähr 28 Jahren, verheiratet und Vater zweier Kinder. Wegen Überladens oder schlechter Construktur seines Gewehrs zersprang dasselbe und zerschmetterte ihm die linke Hand dermassen, dass man sie ihm sogleich abnehmen musste.»[116]

In der Folge verbot der Gemeinderat den altehrwürdigen Brauch und drohte Schiessenden und Hochzeitern mit Bussen. 1844 und 1850 rief die Behörde das Verbot erneut in Erinnerung mit der Begründung, beim nächtlichen Hochzeitsschiessen sei es wiederholt zu schweren Unfällen gekommen. 1850 schaltete sich auch das Statthalteramt Meilen ein und erklärte, man werde nicht nur Fehlbare, sondern auch säumige Behörden büssen.[117] Ein gleicher Erlass des Statthalteramtes Horgen zwang auch den Gemeinderat Wädenswil zum Handeln. Am 2. Juni 1850 rief er in der Zeitung in Erinnerung, dass das nächtliche Schiessen bei Hochzeiten untersagt sei.[118]

1867 beklagte auch Johann Heinrich Kägi in seiner «Geschichte der Herrschaft und Gemeinde Wädenswil» über die leidige Gewohnheit des Hochzeitsschiessens. 1866 büsste hier ein Jüngling sein Leben ein, weil er von den Stücken eines zerspringenden Mörsers getroffen worden war. Gewisse Leute – so Kägi – wollen aber nicht von dieser Unsitte ablassen. Wie es scheint, haben die Polizeibehörden nicht genügend Vollmacht oder Energie, dem Skandal schnell und gründlich abzuhelfen.[119]

1922 stellte der Historiker Emil Stauber fest, am Zürichsee sei das Hochzeitsschiessen ein verschollener Brauch. An seine Stelle sei das Ehrengabenschiessen der Gemeindeschützengesellschaften getreten, das jeweils im Herbst abgehalten werde. In Hirzel liess man 1922 die Mörser nur noch dann knallen, wenn sich gute Freunde oder Respektspersonen verheirateten. Denn «die wissen, was sie nachher zu tun haben!»[120] Aber noch zu Beginn der 1970er Jahre wurden die Bewohner im Hirzel am frühen Morgen durch krachende Böllerschüsse aus dem Schlaf gerissen, wenn an diesem Tag in der Gemeinde eine Hochzeit gefeiert wurde.[121]

HOCHZEITSKUTSCHEN UND «SPANNEN»

Im April 1850 kam es in Wädenswil wegen des «Spannens» zu einem Unfall. Der «Allgemeine Anzeiger vom Zürichsee» berichtete darüber:[122]

> «Gestern Montag ereignete sich bei Anlass einer Hochzeit wieder einmal ein Unglück. Der Kutscher, welcher das Hochzeitspaar führte, bat die aus einem Amboss Schiessenden, mit Schiessen innezuhalten, während er mit seinen Pferden gegenwärtig sei. Beim Wegfahren krachten aber die Schüsse, so dass die Pferde kaum in Ordnung zu halten waren. Unglücklicherweise wurde der Kutsche weiterhin eine Stange vorgehalten – ein altes Unwesen, um dem Hochzeitspaar Geld abzupressen. Der Kutscher ruft vergeblich, man solle die Stange entfernen. Die noch nicht besänftigten Pferde werden vollends erhitzt und setzen teils über dieselbe weg, teils schleudern sie sie auf die Seite. Eine arme Frau, welche nicht

1844 beschaffte die Gemeinde Wädenswil zwei kleine Kanonen zur Alarmierung der Feuerwehr und stellte die Geschütze auch für Feste zur Verfügung.

mehr ausweichen kann, wird von der Stange getroffen, welche ihr ein Bein so schrecklich entzwei schlägt, dass es kaum mehr zu erhalten sein wird.»

Eine weitere Stellungnahme gegen das Betteln an Hochzeiten findet sich im «Wochenblatt» vom 19. Mai 1855.[123] In dieser in Stäfa herausgegebenen Zeitung rügte ein Leser, dass Buben einen stattlichen Hochzeitszug mit Stangen und Ruten im Fahren aufgehalten hatten, um dem Bräutigam Geld abzutrotzen. «Schämen musste sich daher jeder anwesende, Anstand liebende Bürger dieser Gemeinde vor den dagewesenen auswärtigen Hochzeitsgästen! Ein solcher Unfug steht unserer Zeit nicht mehr an und sollte polizeilich untersagt und die Darwiderhandelnden bestraft werden.»

Heute sind Hochzeitskutschen seltener geworden. Autokolonnen haben sie zum Teil abgelöst. Die Kühlerhauben der herausgeputzten Wagen sind mit Blumen geschmückt und an den Antennen oder Seitenspiegeln flattern weisse Bänder. Während der Fahrt wird kräftig gehupt, damit jedermann sieht, dass hier geheiratet wird. Mitunter hängen Freunde und Bekannte dem Auto des Brautpaars Blechbüchsen oder andere lärmende Gegenstände an und auf der Heckscheibe steht bisweilen zu lesen «Just married!».

Füürstäi

In früheren Jahrhunderten wünschte man dem Hochzeitspaar vor allem reichen Kindersegen. Daraus entstand der Brauch, die Eheleute mit Getreidekörnern, einem Zeichen der Fruchtbarkeit, zu bewerfen. Um

Ausfahrt des Brautpaars in der Hochzeitskutsche, 1969.

1900 wurden die Getreidekörner durch Feuersteine ersetzt: durch quadratische Zeltli mit scharfen Bruchkanten ähnlich einem Feuerstein, in buntes Papier eingewickelt, auf dessen Innenseite ein Spruch aufgedruckt ist. Das Brautpaar wurde nun mit solchen Feuersteinen beworfen. Dann verstand man den Sinn des Brauches nicht mehr und die Kinder wurden die Beschenkten. Sobald das Brautpaar die Kirche verliess, riefen die Kinder «Füürstai, Füürstai» und wurden gewöhnlich in reichem Mass beschenkt.[124] Und fuhren die Hochzeitskutschen weg, regnete es nochmals die so begehrten Zeltli.

Heute ist man sich der ursprünglichen Bedeutung wieder bewusst. So wurden der Wädenswiler Stadtpräsident Philipp Kutter und seine Frau Anja an ihrer Hochzeit im Jahre 2012 von den anwesenden Gästen wieder mit Feuersteinen beworfen.

Hochzeitsfest und Hochzeitsmahl

Das Mandat vom 18. November 1488 bestimmte, dass Hochzeiten in der Stadt Zürich nur einen Tag dauern sollten. Als Hochzeitsgäste durften lediglich nahe Angehörige und Mitglieder der Zunft, welcher der Bräutigam angehörte, eingeladen werden.[125]

Seit der Reformation waren dem Zürcher Rat üppige Mahlzeiten zuwider. Darum sollte das Hochzeitsmahl im Haus des Bräutigams stattfinden. Nur Gesellschafter und Zünfter durften auf der Gesellschaftsstube und im Zunfthaus feiern. Gemäss Mandat vom 6. Januar 1529 sollten die Brautleute höchstens 24 Personen zu ihrem Fest einladen und nicht mehr als drei gekochte Gerichte auftischen.[126]

Kampf gegen den Aufwand

Gemäss Mandat vom 24. November 1594 musste das Hochzeitsmahl spätestens um zehn Uhr nachts beendet sein. Denn die Obrigkeit wollte dem «unzitigen ässen und lanngwärenden sitzen an hochzyten» beikommen. Die Spielleute durften auch tagsüber nicht mehr zur Unterhaltung aufspielen. Verstösse wurden mit zwei Tagen Gefängnis sowie einer Busse von einer Mark Silber geahndet.[127] 1598 schränkte man die Hochzeitsfeste wegen der Teuerung ein. 1601 hiess es, dass man sich jedes Überflusses enthalten solle, um unnötige Kosten zu vermeiden. Im Sittenmandat von 1609 schrieb die Obrigkeit vor, welche Verwandten eingeladen werden durften, wer das Essen zu bezahlen hatte, wo man die Hochzeit feiern sollte und wie lange das Fest dauern konnte. Ab 1611 hatte eine Hochzeit nicht länger als drei Tage zu währen. 1616 wurde erneut verlangt, dass die Hochzeitstafel um 22 Uhr aufgehoben werde. Ausführliche Bestimmungen enthält das Grosse Mandat von 1636: Zu einer Hochzeit in der Stadt sollten höchstens 60 Personen geladen werden, an Jungvolk nicht mehr als zehn Knaben und zehn Töchter.

Speisenfolge

Um 1640 schrieb der Kleine Rat sogar die zugelassenen Speisen für das Hochzeitsessen bis in alle Einzelheiten vor. Zur Eröffnung gab es eine Pastete, zwei Schüsseln warme und zwei Schüsseln kalte Suppe, ein gesottenes Huhn, eine geräucherte Wurst, ein Stück geräuchertes Fleisch, ein Stück Rindfleisch, zwei Schüsseln Reis, zwei Schüsseln Krautrüben, einen halben Kalbskopf und Krös. Es folgte das Gebratene: zwei Braten, ein Paar Hähnchen, ein Paar Tauben, ein Paar Bratwürste oder Spiessli, ein halber Schlauchbraten oder ein halber Hase, zwei Schüsseln Randen oder Birnen, zwei Schüsseln Pflaumen. Zum Abendtrunk gehörten Wein und Waffeln. Natürlich assen die Gäste diese Speisenfolge nicht von A bis Z durch. Ähnlich wie heute bei einem schwedischen Buffet las man die Speisen nach Belieben aus. Blieb am Ende der Mahlzeit etwas übrig, verteilte man den Rest als «B'haltis» unter die Gäste.[128]

Jugendlichen war 1650 erlaubt, bis gegen Abend im Wirtshaus beim Brautpaar zu sitzen und es dann zum Nachtessen bis zum Haus des Hochzeiters zu begleiten. Dann aber sollten sie weder im Wirtshaus noch im Haus des Bräutigams weiterfeiern, sondern «strack heimb» gehen.[129]

Bauernhochzeiten

An Bauernhochzeiten trafen sich im 16. Jahrhundert oft zweihundert und mehr Leute. Noch 1636 musste durch den Zürcher Rat ausdrücklich verboten werden, ganze Gemeinden einzuladen. Laut Synodalakten von 1584 und 1595 blieb man oft einige Wochen lang beisammen. Bald stellten sich auch fremde Krämer und Dirnen ein, was die Obrigkeit besonders ungern sah. In Akten aus der ersten Hälfte des 17. Jahrhunderts heisst es, man beginne das Fest bereits am Sonntag vor der Hochzeit mit einer Vorhochzeit im Wirtshaus und lasse dazu Musikanten kommen. Auch beim Abholen der Braut würden überflüssige Morgensuppen eingenommen. Dabei werde so unmässig getrunken, dass man zu spät oder überhaupt nicht mehr zum Gottesdienst komme. Stattdessen treibe man grossen Unfug mit Schiessen, man wechsle öfter die Kleider und zeige sich auf Spaziergängen.[130]

Ausweichen auf die Landschaft

Um die Verbote zu umgehen, liessen sich viele Brautleute aus der Stadt in einer Zürcher Landkirche trauen. Daher verfügte der Rat am 28. November 1650 durch Mandat, dass fortan jeder in seiner Heimatgemeinde Hochzeit halten müsse.[131] Genützt hat die Vorschrift wenig. Weiterhin begaben sich Brautpaare mit grossem Gefolge zur Trauung aufs Land, obwohl der Kleine Rat 1662 neuerdings verboten hatte, «auf der Landschaft Hochzeit zu machen». Um auswärtige Hochzeiten zu erschweren, ordnete die Obrigkeit um die gleiche Zeit an, dass sich bei solchen Anlässen niemand der Pferde bediene. Erlaubt war einzig eine Reise zu Fuss oder auf dem Wasser. 1663 räumte der Rat dann ein, dass mindestens Braut, Bräutigam und Brautführer reiten durften. Ab 1680 sollte auch ein Diener mitreiten können, seit 1703 hatten acht Personen das Recht, ein Pferd zu benützen. Auch hier musste also die Regierung ihre Gesetzgebung laufend den Gewohnheiten der Zeit anpassen.

Im Verlaufe des 18. Jahrhunderts lockerte die Zürcher Obrigkeit die Hochzeitsvorschriften. In den 1730er und 1740er Jahren wandte sie sich mit Schwergewicht nur noch gegen das Überhäufen der Schüsseln, gegen fremdes und einheimisches Geflügel sowie gegen kandierte und verzuckerte Speisen.

Noch das Landmandat von 1785 versuchte den schon früher angeprangerten Missbräuchen zu wehren. Es bestimmte unter anderem: Die Hochzeiten sollen nur noch einen Tag dauern. Auf dem Weg zur Kirche darf der Hochzeitszug nicht von Spielleuten begleitet werden. Auch das Schiessen ist untersagt. Zum Fest dürfen nur Eltern, Geschwister, Braut- und Bräutigamführer, Schwäger und Schwägerinnen eingeladen werden. Die Gesellschaft soll an fünf bis höchstens acht Tischen Platz finden. Die Gäste haben sich würdig zu verhalten und es ist ihnen untersagt, spöttische und ärgerliche Sachen in die Ürte zu bringen.[132]

Hochzeiten im 19. Jahrhundert

Huldreich Diezinger und Wilhelmine Harmsen wählten für ihr Hochzeitsmahl vom 24. Oktober 1854 das Hotel Baur in Zürich. Das Menü liess das Hochzeitspaar auf Seide drucken:

«Menu du diner de noce de
Monsr. Huldch Diezinger
Et de
Madlle Wilh. Harmsen

Potage
à la purée de retailles

Poisson
Saumon en sauce au beurre d'écrevisse
Pommes de terre tournées à la hollandaise

Relevés
Petits pâtés à la Monglas
Filet de bœuf aux atelets
Choux aux Bruxelles

Entrées
Poulet à la chevalière en bordure de nouille
Bécasses au piramide à la purée de truffes
Artichots

Rotis
Dinde farcis au cresson
Faisan en plumage
Galantine d'oie

Entremets
Pouding aux oranges
Charlotte russe au riz
Compôte melée au Sultan
Pièce montée au croquant

Tarte au ponche
Meringues

Dessert – Fruit»

Am 8. Mai 1884 feierten Albert Bühler und Bertha Reichling im Gasthof Engel in Wädenswil ihre Hochzeit. Und dies war das üppige Mittagessen:[133]

«Geflügelsuppe
Rheinsalm mit holländischer Sauce und Kartoffeln
Gespicktes Rindsfilet mit Gemüse garniert
Gefüllte Tauben
Spargeln mit Buttersauce
Rehbraten
Salat mit Ei
Himbeer- & Vanilleglacé
Haselnusstorte
Dessert. Früchte
Café complet»

Als Tischwein wurde Trülliker und Meiler ausgeschenkt, als Dessertwein Beaujolais und Tokayer 1865 sowie Champagner.

Die Hochzeitsgesellschaft blieb auch zum Nachtessen, an dem gemäss Menükarte gebackener Hecht mit Mayonnaisesauce, Wienerschnitzel mit Erbsen sowie Schokoladenpudding aufgetischt wurden.

Und dies war das Menü, das am 11. Juni 1895 im Hotel Engel in Wädenswil an der Hochzeitsfeier von Carl Blattmann und Anna Lüthi aufgetischt wurde:[134]

«Dîner
Consommé Royal.
Truites du Lac, sauce hollandaise
Pommes de terre nouvelles.
Filet de Bœuf aux Primeurs
Ris de veau glacés aux Champignons.
Asperges à la Polonaise.
Poulets rôtis.
Salade aux Œufs.
Glaces panachées.
Tourtes aux Noisettes.

Dessert.
Café noir

Souper
Brochets frits, sauce tartare.
Fricandeau à la Napolitaine.
Pommes de terre Duchesse.
Salade mêlée.
Gateaux de fraises

Vin de Table:
Osterfinger Meiler

Vin du Dessert:
Affenthaler Yvorne»

Menükarte für die Hochzeitsfeier Rebsamen/Schmid in Richterswil, 1902.

Auch heute noch werden Hochzeitsfeiern meist in Gaststätten abgehalten. Beliebte Ziele in der Region Zürichsee sind Rapperswil, die Halbinsel Au, die Zürcher Zunfthäuser und bekannte Gastronomiebetriebe in den einzelnen Dörfern. Für diese sind die Feiern eine willkommene Einnahme. Im Hotel Belvoir in Rüschlikon zum Beispiel fand in den Monaten April bis September 2012 praktisch an jedem Wochenende eine Hochzeitsfeier statt.[135]

Morgensuppe

Am Hochzeitstag begab sich der Bräutigam ins Haus der Braut. Dort wurde vor der Trauung die Morgensuppe serviert. Die Pfarrer sahen dies allerdings nicht gerne und klagten, die Morgensuppe sei oft üppig und daure so lange, dass die Brautleute zu spät in die Kirche kämen.[136] Die Morgensuppe hatte auch in den Zürichseegemeinden Tradition. So ist aus Wädenswil überliefert, dass an der Hochzeit des späteren Bundesrates Walter Hauser mit Sophie Wiedemann am 29. Mai 1865 im Freihof, der Wohnung der Braut, vorgängig der Trauung durch Dekan Häfelin, eine Morgensuppe aufgetischt wurde.[137]

Das verheiratete Paar schneidet die Hochzeitstorte an. Foto 1969.

Hochzeitstorte mit Brautpaar als Bekrönung. Confiseur Bachmann AG, Luzern.

Hochzeitstorte

Gemäss Aussage einer Konditorin, die Hochzeitstorten herstellt, wurden im Jahre 2012 vorzugsweise weisse, beige und pastellfarbene Torten bestellt. Für die Dekoration waren Blumen, insbesondere Rosen oder Orchideen, gefragt. Lange Zeit richtete man hierzulande die Torten auf versetzten Ständern an. Nun werden sie nach englischer Variante vermehrt auch aufeinander geschichtet. Als traditionell gelten Biskuittorten mit Buttercremefüllung. Beliebt sind auch Füllungen mit Schokolade, Früchten oder Beeren. Nicht mehr so gefragt sind zurzeit Brautpärchen aus Marzipan oder Zuckerguss als Tortenbekrönung.[138]

Braut- und Hochzeitstanz

Markant hoben sich Hochzeiten vom Alltag ab. Wie Essen und Trinken gehörte nach Ansicht der Brautleute auch der Tanz zu einer Hochzeit. Dies sah die Obrigkeit anders. Da sie beim Tanz «grosses Unmass» festgestellt hatte, verbot sie 1529 den öffentlichen Tanz. Erlaubt war das Tanzen an Hochzeiten nur in den Privathäusern, und dies höchstens bis sieben Uhr abends.[139] Gemäss Mandat vom 13. August 1531 war das Tanzen nur bis zur Betzeit gestattet.[140] Und 1550 verfügte die Obrigkeit, es solle nicht mit «blossem lyb» getanzt werden. Untersagt war auch das gegenseitige Umwerfen.[141]

Das Landmandat von 1601 verbot die Hochzeitstänze ganz. 1680 wurde das Tanzverbot erneuert: Ein tanzender Hochzeiter hatte mit 25 Pfund Busse zu rechnen, jede weitere tanzende Person mit zwei Pfund. Nicht alle hielten sich indes an das Verbot. Darum mussten am 20. September 1685 einige Küsnachter zur Strafe vor den beiden Obervögten erscheinen.[142] Erst 1764 wurde das Tanzen an Hochzeiten wieder erlaubt.

Traditionell ist der Brauttanz, mit dem das Hochzeitspaar die Tanzgelegenheit eröffnet. Früher wurde meist ein Walzer getanzt. Heute sind auch andere Tänze, wie Discofox oder Salsa, üblich. Wollen Braut und Bräutigam vor ihrem Fest üben, bieten verschiedene Tanzschulen Kurse und Beratungen an. Mit dem neuen Ruhetags- und Ladenöffnungsgesetz wurde im Jahre 2000 das Verbot von Tanzveranstaltungen an hohen Feiertagen für Anlässe in geschlossenen Räumen aufgehoben.[143]

WUNSCHLISTEN UND HOCHZEITSGESCHENKE

Schon das Mandat vom 18. November 1488 enthielt Vorschriften betreffend die Hochzeitsgeschenke. Um Luxus zu verhindern, durften die nächsten Freunde nur Geschenke bis zum Wert eines Guldens überreichen, die übrigen Hochzeitsgäste Gaben bis zu fünf Schilling. Ausgenommen von dieser Regelung waren Vater und Mutter, die nach eigenem Gutdünken schenken konnten.[144]

Die Gäste bringen ans Hochzeitsfest Geschenke mit. Diese sind für das Brautpaar Andenken an ihre Hochzeit und für die Schenkenden Entschädigung für die Hochzeitsauslagen des Brautpaars. Früher waren Wunschzettel mit Bildern aus Warenhauskatalogen im Umlauf, auf den angekreuzt werden konnte, welche Gegenstände die Eheleute sich wünschten. Heute sind solche Wunschlisten seltener geworden. Denn viele Brautpaare haben bereits vor der Hochzeit zusammengelebt und verfügen schon über die nötige Haushaltseinrichtung. Darum wird jetzt häufig Geld gesammelt, sei es für einen guten Zweck oder als Zustupf an die Hochzeitsreise.[145]

2012 wurde mit einer Umfrage ermittelt, wie viel Geld Schweizerinnen und Schweizer für ein Hochzeitsgeschenk ausgeben. 13 Prozent machten Geschenke im Wert von bis zu 99 Franken, ein Viertel bis 149 Franken, 10 Prozent bis 199 Franken, ein Fünftel bis 249 Franken und 18 Prozent über 249 Franken.[146]

HOCHZEITSWÜNSCHE

Vor allem im 18. und 19. Jahrhundert war es Sitte, dem Brautpaar mit einem reich verzierten Brief zu gratulieren. Wollte man das Glückwunschschreiben nicht sel-

Titelblatt eines Ehrengedichts zur Heirat von Johann Heinrich Lochmann und Küngolt Hirzel in Uetikon, 1666.

ber aufsetzen, standen kalligrafische Blätter zur Verfügung, die es nur noch auszufüllen galt. Als Beispiel hierfür sei der Hochzeitswunsch angeführt, den die Gotte Barbara Haab-Blattmann dem Brautpaar Heinrich Blattmann in der Eichmühle und Jungfrau Barbara Streuli an der Seefahrt in Wädenswil zur Hochzeit am 1. Heumonat 1829 widmete:

«Einer der wichtigsten Schritte, welche der Mensch in der stufenweisen Fortschreitung seines Daseins jemals tun kann, ist wohl der Eintritt in den Wirkungskreis ehelicher Verbindung: Dieweil in denselben das künftige Wohl unsrer hohen Bestimmung gegründet werden kann und soll. Ich mache es mir daher zur Pflicht, teil zu nehmen an diesem für Euch so wichtigen Tage und Euch dessen zu erinnern, was zu Eurem zeitlichen und ewigen Heile nützlich und dienlich sein kann.
So liebt einander herzlich beide. Teilet Arbeit, Ruh und Freude, treu seid mit vereinten Kräften in den täglichen Geschäften. Betet oft mit einem Herzen, leichtert Lasten, lindert Schmerzen. Morgen sei das Auge heiter, abends fragt Euch sind wir weiter? Lernet mässig froh geniessen, Liebstes Euch geduldig missen, in gesunden und in kranken Tagen lernt ihm alles danken. Hütet Euch an jedem Orte, nur vor dem ersten bittern Worte. Gott geklagt, der Welt verborgen, bleiben Euers Herzens Sorgen. Gott geklagt, der wird es lenken, er ist Vater, lassts Euch denken. Und er lässt sich in Gefahren im Gedräng als den erfahren, lässt in keiner Not Euch grauen. Gebt und sammelt mit Vertrauen, sammelt bis zum Lebensziele Euch der guten Taten viele. Lieb und Tugend mache so Eurer Wallfahrt Tage froh.
Dies Wenige hat zum Andenken wahrer Liebe Euch Glück wünschend beitragen wollen Eure liebe Taufgotten Anna Barbara Haab, geborene Blattmann.»[147]

Wer nicht selber zur Feder greifen wollte, konnte seit dem frühen 19. Jahrhundert auch eine Lithografie erwerben, wie sie beispielsweise J. Brupbacher in Wädenswil zum Kauf anbot.[148] Dem mit Füllhorn und Blumenkranz umrandeten Spruch hatte man dann nur noch ein paar Wörter beizufügen:

«Gewidmet auf den 17. Heumonat 1823 als dem Tag der öffentlichen Vermählung der ehrenden Personen
Hans Jacob Rebmann am Rotweg
Regula Hauser auf Herrlisberg»

Und am Schluss:
«Dieses wünscht Euch Euere liebende Freundin Anna Hauser, Feld»

ERINNERUNGEN AN DIE HOCHZEIT

Zur Erinnerung an die Hochzeit liess sich das Brautpaar seit den 1860er Jahren von einem Fotografen im Hochzeitskleid ablichten. Viele solcher Aufnahmen entstanden im Atelier, oft vor einer Leinwand, die als Hintergrund zum Beispiel Wädenswil mit dem

Hochzeitspaar mit Brautführerin und Brautführer vor der reformierten Kirche Meilen, 1969.

Zürichsee, einen Löwen oder gar die Pyramiden zeigte. In der ersten Hälfte des 20. Jahrhunderts kamen Aussenaufnahmen hinzu, Bilder, welche das Hochzeitspaar beim Verlassen der Kirche oder in der Hochzeitskutsche zeigen.

Beliebt wurden ab den 1950er Jahren eigentliche Hochzeitsreportagen. Ein Berufsfotograf hielt die Trauung, den Ringwechsel und den Kuss im Bilde fest, fotografierte das Brautpaar im Elternhaus, nach dem kirchlichen Trauakt, beim Hochzeitsmahl und dem Brauttanz und er bannte die frohe Gästeschar auf seinen Film. So entstand dann das begehrte Hochzeitsalbum mit Bildern, die manchmal länger hielten als die Ehe.

Modern waren in den 1940er und 1950er Jahren Filmaufnahmen mit der Super-8-Kamera, über die ein Hochzeitsgast verfügte. Dann besassen immer mehr Leute eine eigene Foto- oder Videokamera, was das Geschäft der Fotografen beeinträchtigte. Heute finden sich in jeder Hochzeitsgesellschaft Männer oder Frauen, welche das Ereignis fotografieren oder filmen und das Brautpaar später mit einem Fotobuch oder einer Bilder-CD beschenken. Gross ist nach wie vor auch das Angebot professioneller Hochzeitsfotografinnen und -fotografen.

Hochzeitsreise

Im 19. Jahrhundert war die Hochzeitsreise aus Kostengründen der Oberschicht vorbehalten. Meist verschwand das Brautpaar vom Fest und trat die Hochzeitsreise an. Begehrte Reiseziele waren das Tessin, Italien und Tirol. Die Mittel- und Unterschicht hatte sich mit einem Ausflug in die nähere Umgebung zu begnügen.

Der Gerber Arnold Pünter (1832–1922) in Ürikon-Stäfa hat Erinnerungen an seine Hochzeitsreise vom 27. September bis 7. Oktober 1859 festgehalten.[149] Diese führte im Postwagen durch den Kanton Uri und über den Gotthardpass und das Tessin nach Magadino. Mit dem Dampfboot ging es über den Lago Maggiore nach Arona und von dort mit der Eisenbahn nach Genua. Nach der Besichtigung des Hafens und einem Stadtrundgang waren Turin und Mailand die nächsten Ziele. Dann traten die Eheleute die Heimreise an und gelangten via Como, Chiavenna, den Splügenpass und Chur nach Rapperswil, wo sie der Vater erwartete.

Das Brautpaar Walter und Sophie Hauser-Wiedemann begab sich 1865 auf der Hochzeitsreise über Genf nach Paris. Anschliessend besuchte es Verwandte in Le Havre und reiste dann zurück nach Wädenswil.[150]

Julius Hauser und Anna Huber in Wädenswil hielten am 1. Mai 1880 Hochzeit und traten noch am gleichen Tag die Hochzeitsreise an. Diese führte auf die Rigi, über den Brünig nach Bern, Freiburg, Genf und Solothurn.[151]

Am 15. April 1890 verheiratete sich der Arzt Arnold Blattmann in Richterswil mit der Nachbarstochter Hürlimann. Die Hochzeitsreise führte das Ehepaar nach Paris, wo es auf Wunsch des Brautvaters als hohe Herrschaften im Grand Hotel abstieg. Der Schwiegervater Blattmann stiftete das Reisegeld. Nach zehn Tagen ging die Reise von Paris über Brüssel nach Holland.[152]

Da junge Leute heute viel reisen, hat die Hochzeitsreise ihre frühere Exklusivität eingebüsst. Die Reise wird heute nicht immer im Anschluss an die Hochzeit angetreten. Man nimmt Rücksicht auf Beruf, Kinder oder Schwangerschaft und wählt das Reiseziel je nach Jahreszeit aus. 1992 führten Hochzeitsreisen vor allem in die Karibik oder an den Pazifik.[153] In den Jahren 2003 und 2004 hat Urs Keller untersucht, wie die Brautpaare in der Schweiz ihre Flitterwochen planen und gestalten.[154] Viele Paare entschliessen sich auch in der heutigen Zeit, nach ihrem Hochzeitsfest auf Reisen zu gehen. Als wichtigste Motive werden angeführt: der Wunsch, sich vom Hochzeitsstress zu erholen, das Einhalten einer Tradition, das Reisen als Hobby und als Anlass für Ferien. Als beliebte Reiseziele wurden genannt: das Tirol, Sardinien, Mallorca, Kreta, Nordamerika, Australien, Südostasien, Südafrika, Malediven, Mauritius und Seychellen. Die einen Paare reisen individuell, andere bevorzugen Pauschalreisen. 70 Prozent der befragten Paare wählten als Unterkunft ein Hotel. Als Faktoren, welche die Hochzeitsreise einschränken, nennt der Autor das zur Verfügung stehende Geld- und Zeitbudget und ob die Braut zum Zeitpunkt der Flitterwochen ein Kind erwartet.

Braut- und Bechergeld

Töchter, die in eine fremde Gemeinde einheirateten, hatten das Braut- und Bechergeld zu entrichten. Mit einem Geldbetrag anstelle der früher üblichen Becherspende kauften sie sich in die Gemeinde ein und erhielten damit das Recht auf Unterstützung zugestanden. Da das Armen- und Fürsorgewesen eine Aufgabe der Kirchgemeinde war, flossen die Gelder ins Kirchen- oder Armengut. Seit 1755 betrug die Einkaufsgebühr für alle Zürcherinnen einheitlich fünf Gulden. Auswärtige hatten in der Regel das Doppelte zu bezahlen.[155] 1798, während der Helvetik, wurde dieses Einzugsrecht als verfassungswidrig aufgehoben, zu Beginn der Restauration 1804 aber wieder eingeführt. Für Schweizer Bürgerinnen betrug die Abgabe nun 40 Franken, für Landesfremde 80 Franken. Das Bürgerrechtsgesetz von 1833 schaffte den Vermögensausweis für kantonsfremde Bräute ab. Bei einer Heirat von einer zürcherischen Gemeinde in eine andere war nur noch eine Abgabe von acht Franken zu leisten.[156] In Horgen floss dieser Betrag 1833 ins Kirchengut. Die 40 Franken, die eine Schweizer Bürgerin zu zahlen hatte, wurden aufgeteilt. 30 Franken wurden dem Schulgut überwiesen und 10 Franken dem Armengut.[157]

Seit 1839 waren Schweizer Bürgerinnen und Kantonsbürgerinnen gleichgestellt und entrichteten nur noch acht Franken. Mit der Revision der Bundesverfassung von 1874 wurde das Braut- und Bechergeld als unzulässig abgeschafft. Dadurch verlor die Kirche eine Einnahmequelle. Ersatz brachten die seit 1870 erhobenen Kirchensteuern.[158]

Braut- oder Letzikrone

Töchter oder Witwen, die sich in einer andern Gemeinde verheiraten und niederlassen wollten, hatten der ursprünglichen Wohngemeinde eine Wegzugsgebühr zu entrichten, die sogenannte Brautkrone oder Letzikrone. Horgen und Hirzel forderten diese Auskaufstaxe spätestens seit 1660/1670 ein. Sie betrug damals 3 Pfund 4 Schilling.[159] Laut Kronenbrief von 1710 bezifferte sich die Summe des Auskaufs auf 1 Gulden 24 Schilling. Dieser Betrag, bis Anfang des 19. Jahrhunderts mehrmals erhöht, floss ins Kirchen- und Armengut. Auch Hans Konrad Blattmann (1731–1761) auf der Zehntentrotte Wädenswil zahlte 1756 «Krafft der Satzung» für seine aus Horgen stammende Frau Elisabetha Hüni (1738–1813), die die Wädenswiler als «frömde weibsperson» klassifizierten, die Brautkrone. Erst 1806 schaffte man diese Gebühr ab.[160]

Eheideale

Der ideale Ehemann

Der Mann war der Haushaltungsvorstand gegenüber der Ehefrau, den Kindern und dem Gesinde, den Lehrlingen und Gesellen. Er besass das Weisungs- und Züchtigungsrecht gegenüber den Angehörigen des Haushalts, das er allerdings nicht mit übermässiger Gewalt ausüben durfte. Er hatte die Familie zu schützen und deren wirtschaftliches Überleben zu sichern. Als männliche Ideale galten schon im 15. Jahrhundert Wehrhaftigkeit, Standhaftigkeit, Stärke und Aktivität.[161]

Das Matrimonial-Gesetzbuch vom 25. Mai 1811 definierte die Stellung des Ehemannes in § 54 so: «Der Mann ist das Haupt seiner Familie. Er soll ihr Pfleger, Besorger, Beschützer, Vater und Vorbild sein. Er soll die Person, die Ehre, das Vermögen seiner Gattin in und ausser Gericht schützen und verteidigen und für den Unterhalt und das Fortkommen der ganzen Haushaltung sorgen.»[162]

Gemäss dem Privatrechtlichen Gesetzbuch für den Kanton Zürich von 1854 verfügte der Hausvater über das Erwerbseinkommen von Frau und Kindern.

Die Familie – Eheideal des Bürgertums des 19. Jahrhunderts. Aufnahme von 1907.

Dies galt zum Beispiel für den Lohn von Näherinnen, Hebammen, Heimarbeiterinnen oder Fabrikarbeiterinnen. Ausgenommen war lediglich der Gewinn der Hausfrau.[163]

DIE IDEALE EHEFRAU

Sibylle Malamud hat für die Zeit zwischen 1400 und 1500 die Stellung der Frauen in der Stadt Zürich untersucht. Als Quelle dienten ihr die Protokolle des Ratsgerichts.[164] Gemäss ihren Forschungen war die ideale Frau keusch, ihr Auftreten in der Öffentlichkeit schlicht und bescheiden, zurückhaltend und scheu. Vor den Männern zog sie sich zurück. Barmherzige Tätigkeit und ständiges Arbeiten hielten sie von dummen Gedanken ab. Gegenüber dem Mann war sie unterwürfig. Verschwiegenheit, Bescheidenheit, Fleiss, Gehorsam, Frömmigkeit, Schamhaftigkeit und Keuschheit waren die meistgenannten Tugenden der Zürcher Frauen des 15. Jahrhunderts. Es gab aber auch negative Züge: Frauen waren unwissend, unterlegen, hilflos, schutzbedürftig und galten auch als verführend, lüstern und lasterhaft.[165]

Zum Führen des Haushaltes und dem alljährlichen Gebären eines Kindes kam im 18. Jahrhundert eine neue Aufgabe für die Frau: die Erziehung der Kinder. Beispielhaft hat dies Heinrich Pestalozzi in den 1780er Jahren in seinem Roman «Lienhard und Gertrud» beschrieben.

Die Rolle als «Hausfrau und Mutter» wurde den Frauen erst durch die bürgerliche Gesellschaft des 19. und 20. Jahrhunderts zugedacht. Das Matrimonial-Gesetzbuch vom 25. Mai 1811 umschrieb Stellung und Aufgabe der Frau in § 55 mit folgenden Worten: «Der Frau, welche durch ihre Verehelichung den Namen des Mannes annimmt und in seinen Stand tritt, liegt ob, demselben mit unverbrüchlicher Treue und Liebe zugetan zu sein, mit demselben das Beste des Hauswesens zu beraten und dazu mit ihrem Vermögen ebenfalls beizutragen, des Mannes Achtung und Liebe durch Arbeitsamkeit, Sparsamkeit, Ordnung, häusliche Sitten zu erhalten und seine Zufriedenheit und Ruhe bei seinen Geschäften durch Sorgfalt und Gefälligkeit zu befördern. Sie soll ohne Bewilligung des Mannes kein besonderes Gewerbe betreiben.»[166]

CHARAKTERISIERUNG VON MÄNNERN UND FRAUEN IM ZÜRICHDEUTSCHEN

Das Zürichdeutsche kannte vielfältige Ausdrücke, um den Charakter und das Erscheinungsbild von Männern und Frauen zu benennen. Viele Ausdrücke sind aber heute verschwunden. Hier eine Auswahl anhand des «Zürichdeutschen Wörterbuchs».[167]

Für Männer:
Chnaab = Bursche; Paschaa = verwöhnter Mann, der sich von Frauen bedienen lässt; Pfluderi = unordentliche Person; Prelaaggi = Maulheld, Angeber; Rappespalter = Geizhals; Salbaaderi = alberner Schwätzer; Sapperlott = Tausendsassa; Schiisser = ängstlicher Mensch, Feigling; Schlaafchappe = träger Mensch; Schlaumeier = Schlaukopf; Schlawiner = Spitzbube; Schliicher = Heuchler; Schlirp = energieloser Mensch; armer Schlucker = bedauernswerter Mensch; Schlufi = Spitzbube; Schlunggi = Nichtsnutz; Schmierfink = Schmierer; Schnuri = Schwätzer; Schwafli = Schwätzer; Sibesiech = gefitzter Kerl; Sidian = wilder Kerl; Sirach = tobender, fluchender Mensch; Stieregrind = sture Person; Stolzgüggel = Hochmütiger; Stüürchel = aufgeschossener, magerer Mensch; Strolch = Halunke; Strieli = Vagabund; Striizi = Taugenichts; Strolch = Halunke; Stroomer = Vagabund; Surimutz = mürrischer Kerl; Sürmel = ungezogener Kerl; Täiggaff = Dummkopf; Tschalpi = Töpel; Tunnerskärli = gerissener Kerl; Uflaat = ungehobelter Mensch; Wundernaas = Neugieriger; Zabli = nervöser Mensch.

Ebenso zahlreich sind die Ausdrücke, die im Zürichdeutschen den Charakter und das Erscheinungsbild von Frauen umschreiben:

Hafe = blasses, schlecht aussehendes Mädchen; Haagge = lange, hagere Frau; Haaramsle = alte, ungekämmte Frau; Jumpfer = unverheiratete Frau; Pfludere = unordentliche Frau; Plaudertäsche = Schwätzerin; Puureföifi = Mädchen vom Land; Puuretotsch = Bauernmädchen; Rääff = zänkische, kratzbürstige Frau; es Raaschi = liederliche Frau; Rätschbäsi = Schwätzerin; Riibiise = zänkische Frau; Riescheri = liederliche, sich herumtreibende Frau; Runggungele = dicke, nachlässige Frau; alti Schachtle = alte Frau; Schäle = schwatzhafte Frau; Schättere = hässliche

Frau; Scheese = dumme Frau; Schiissgreet = Angsthase; Schlampe = unordentliche Frau; Schmuttere = dicke Frau; Schnädergäx = Schwätzerin; Schnale = Hure; Schnöriwiib = Klatschbase; Schwätzeri = Verleumderin; Strèèze = schwatzhafte Frau; fuuli Trucke = faule Frau; Tschättere = herausgeputzte ältere Frau; Tuech = leichtsinnige Frau; Tüpfi = eingebildete weibliche Person; Wundergriite = schönes Mädchen; Zwätschg = dumme Frau.

TÖCHTERINSTITUTE

Fabrikanten, Gewerbetreibende und einflussreiche Landwirte liessen ihren Töchtern besonders seit der zweiten Hälfte des 19. Jahrhunderts eine Bildung zukommen, die über die Volksschule hinausging.[168] Sie schickten sie zur Weiterbildung in eine andere Familie oder in ein Töchterinstitut im Welschland, später in Frankreich, England oder Italien. Dort begegneten sie Töchtern aus anderen Regionen; dort lernten sie Französisch, Englisch, Italienisch, erlernten das Kochen, das Führen eines Haushalts und die Hausarbeiten.[169]

1852 warb die Erzieherin P. Rahn-Harris in Zürich im «Allgemeinen Anzeiger vom Zürichsee» für ihre «Praktische Erziehungsanstalt für Mädchen». Sie versprach, die ihr anvertrauten jungen Töchter in allen christlichen Tugenden zu erziehen, sie in allen weiblichen Arbeiten zu unterrichten und sie zur geschickten Leitung eines Hauswesens anzuleiten.[170]

Einen Aufenthalt im Welschland empfahl 1862 Madame Guillod-Vespi in Cortaillod: Es könnten noch einige Töchter in ihr Pensionat bei Neuenburg eintreten, um die französische Sprache zu erlernen.[171] 1869 machten die Damen Elles-Dubois bekannt, mit Ostern oder Mai könnten noch zwei Mädchen von 12 bis 15 Jahren in ihr Pensionat in Vivis eintreten. Dort würden diese in Französisch, Geografie, Geschichte und Rechnen unterrichtet und lernten nebst der Bildung auch Anstand und häuslichen Sinn.[172]

Doch mussten die Töchter nicht immer ins Welschland reisen, um Französisch zu lernen. Madame und Monsieur Dussaud-Revaclier aus Genf eröffneten nämlich 1869 in Stäfa eine französische

Evangelisches Töchterinstitut Horgen, 1907.

Schule für junge Mädchen, die entweder die Sekundarschule absolviert oder eine Pension besucht hatten und das Gelernte auffrischen möchten.[173]

Zum jährlichen Pensionspreis von 500 Franken erteilte Madame Gautier 1870 in ihrem Töchterinstitut in Tramelan gründlichen Unterricht in der französischen Sprache und in weiblichen Handarbeiten.[174] 1880 inserierte auch Fräulein Wahlen in Payerne für ihre Töchterpension. Nebst gründlichem Unterricht in modernen Sprachen und weiblichen Arbeiten bot sie zudem Musikunterricht an.[175] J. Guinchard unterrichtete 1890 in seinem Mädchenpensionat im neuenburgischen St. Aubin Französisch, Englisch und Musik und legte besonderen Wert auf ein gemütliches Familienleben.[176]

Seit den 1880er Jahren gab es für Dienstboten und Haushalthilfen vermehrt Möglichkeiten, bei einer Privatfamilie im Welschland in Dienst zu treten. Solche Volontariate wurden vor allem aus bäuerlichen Kreisen für einen Milieuwechsel in die französische Schweiz genutzt. Besonders begehrt waren Haushalte mit Kleinkindern.[177]

Verschiedene Organisationen erleichterten und unterstützten das Welschlandjahr: der Verein Freundinnen junger Mädchen (gegründet 1886), der Schweizerische Landesverband des Internationalen Katholischen Mädchenschutzvereins (1896), die Landeskirchliche Stellenvermittlung (1898), die Schweizerische Gemeinnützige Gesellschaft (1903) oder der Landeskirchliche Fürsorgedienst (1934).[178]

Eine Umfrage im Jahre 1987 zeigte, dass vor allem Mädchen mit folgenden Berufswünschen ein Welschlandjahr absolvierten: kaufmännische Angestellte, Büroangestellte, Verkäuferinnen, traditionelle Frauenberufe. 90 Prozent der befragten Deutschschweizerinnen gaben an, bezüglich Selbständigkeit und Reiferwerden profitiert zu haben. Nicht verschwiegen wurden indessen auch negative Strömungen: problematischer Familienanschluss, Ausbeutung, Verunsicherung, Grenzen psychischer und physischer Belastbarkeit.[179]

FAMILIENFORMEN

Im Spätmittelalter kannte man vier Formen von Familien. Die Haushaltfamilie vereinigte alle im gleichen Haushalt lebenden Personen, inklusive Mägde, Knechte und Gesellen. Als Kernfamilie bezeichnete man die im gleichen Haushalt lebende Gemeinschaft von Eltern und Kindern. Blutverwandtschaft bestimmte die Abstammungsfamilie. Anheirat und Schwägerschaft formten die Verwandtschaftsfamilie.[180]

PATCHWORKFAMILIE

Im Jahre 1990 prägte Margaret Miniker, die einen amerikanischen Beratungsführer zu übersetzen hatte, den Begriff Patchworkfamilie. Damit benannte sie eine Familienform, bei der ein oder beide Partner Kinder aus früheren Beziehungen in die neue Ehe mitbringen. Bisweilen kommen noch eigene Kinder dazu oder «Wochenendkinder», die im Alltag bei der Ex-Partnerin oder dem Ex-Partner leben. Die Definition Patchworkfamilie ersetzt den früheren Begriff Stieffamilie, ist aber inhaltlich umfassender. Stieffamilien gab es schon früher. Denn da viele Frauen im Wochenbett starben, verheirateten sich die Männer schon bald wieder zum zweiten oder gar dritten Mal. War früher der Tod der Frau der Grund, beruhen heutige zusammengewürfelte Zweitfamilien häufig auf vorangegangenen Ehescheidungen.[181]

REGENBOGENFAMILIE

Als Regenbogenfamilie wird eine Familie bezeichnet, in der zwei gleichgeschlechtliche Partner als männliche oder weibliche Elternteile mit Kindern zusammenleben. Dies ist sowohl als eingetragene Partnerschaft oder in formloser Verbindung möglich. Nach anderer Definition versteht man unter Regenbogenfamilien Familien, in denen mindestens ein Elternteil lesbisch, schwul, bisexuell oder transgender ist. Die Kinder können aus früheren heterosexuellen Beziehungen stammen, in homosexuelle Beziehungen hineingeboren oder als Pflegekinder aufgenommen worden sein. Nicht die biologische Verwandtschaft wird der Definition einer Regenbogenfamilie zu Grunde gelegt, sondern die soziale Bindung und die Bereitschaft, Verantwortung zu übernehmen.[182] Durch die Eidgenössische Volksabstimmung vom 5. Juni 2005 ist die eingetragene Partnerschaft mit 1 559 848 Ja gegen 1 127 520 Nein rechtlich verankert worden. Das

Bundesgesetz über die eingetragene Partnerschaft gleichgeschlechtlicher Paare trat am 1. Januar 2007 in Kraft. Ende 2012 entschied das Schweizer Parlament, dass gleichgeschlechtliche Paare die Kinder ihrer Partner, nicht aber fremde Kinder, adoptieren dürfen.[183]

FAMILIENNAMEN

Auf 1. Januar 1988 wurde der Doppelname eingeführt.[184] Fortan konnte die Frau dem Namen des Mannes ihren Ledignamen voranstellen. Nur wenige Bräute machten jedoch von dieser Möglichkeit Gebrauch. Gesamtschweizerisch stellten im Jahr 2011 nur 8350 Frauen ihren Namen jenem des Ehemannes voran. In 29 264 Fällen nahm die Frau den Nachnamen des Ehemanns an und lediglich 2244 Frauen führten nach der Heirat ausschliesslich ihren eigenen Namen.[185]

Auf 1. Januar 2013 trat ein neues Namensrecht in Kraft, das Mann und Frau rechtlich gleichstellt. Verheiratete Frauen können wieder zu ihrem Ledignamen zurückkehren. Jeder Ehepartner behält bei der Heirat seinen Namen sowie sein Kantons- und Gemeindebürgerrecht. Beide Eheleute können bei der Verheiratung ihren Ledignamen behalten oder auf dem Zivilstandsamt erklären, dass sie entweder den Ledignamen des Mannes oder jenen der Frau als gemeinsamen Familiennamen tragen wollen. Es ist weiterhin möglich, einen gemeinsamen Familiennamen zu wählen. Allianznamen mit Bindestrich sind weiterhin gestattet. Während bestehende Doppelnamen ohne Bindestrich – wie Meier Müller – weitergeführt werden können, sind neue Doppelnamen seit 1. Januar 2013 nicht mehr zulässig. Wenn die Eltern miteinander verheiratet sind und verschiedene Namen tragen, so erhält das Kind jenen Ledignamen, den die Eltern bei der Eheschliessung zum Namen ihrer gemeinsamen Kinder bestimmt haben. Innerhalb eines Jahres seit der Geburt des ersten Kindes können die Eltern gemeinsam verlangen, dass das Kind den Ledignamen des andern Elternteils erhält.[186]

Hier ein Grundbeispiel des neuen Namensrechts: Herr Albrecht, Bürger von Basel, und Frau Zumstein, Bürgerin von Zürich, heiraten und haben folgende Möglichkeiten für die Namensgebung:[187]

Name			**Kantons- und Gemeindebürgerrecht**		
Mann	Frau	Kinder	Mann	Frau	Kinder
Albrecht	Zumstein	Albrecht oder Zumstein Gemäss Entscheid der Brautleute	Basel	Zürich	Basel oder Zürich Je nach Namen
Albrecht	Albrecht	Albrecht	Basel	Zürich	Basel
Zumstein	Zumstein	Zumstein	Basel	Zürich	Zürich

FRÄULEIN

Unverheiratete Frauen – ob 17-jährig oder 80-jährig – wurden traditionell als «Fräulein» bezeichnet. Studentische und feministische Kreise empfanden dies in den 1970er Jahren diskriminierend. 1979 liess die «Organisation für die Sache der Frau» (Ofra) in Zürich Kleber verteilen mit der Aufschrift «Das Fräulein ist tot. Es lebe die Frau.» Während sich in der Sprache die weibliche Form durchzusetzen begann und man beispielsweise von Schülerinnen und Schülern sprach, hielt sich das «Fräulein» länger. Vor allem den Frauen, die im Service arbeiteten, wurde gerufen: «Fräulein, bitte zahlen.» Erst 1996 gab die Bundeskanzlei einen Leitfaden zur sprachlichen Gleichbehandlung heraus.

Das «Telefonfräulein» – unentbehrlich in der von Hand bedienten Telefonzentrale der Post Wädenswil. Aufnahme von 1936.

Darin heisst es, dass «Fräulein» nicht mehr benutzt wird, weder in der Anrede noch beim Telefonieren – ausser, es werde von einer Frau ausdrücklich gewünscht.[188]

KONKUBINAT

Als Konkubinat galt eine familienähnliche Lebensgemeinschaft zweier Personen, die nicht miteinander verheiratet waren. Die Bezeichnung geht auf das lateinische «concubitus» zurück, was «Beischlaf» bedeutet. Man sprach auch von einer «wilden Ehe». Diese Form des Zusammenlebens wurde oft gewählt, um nicht den starren Regeln der auf Dauer angelegten Ehe zu unterstehen und frei zu sein. Zudem bietet dies steuerliche Vorteile, da beide Partner – im Gegensatz zum Ehepaar – getrennt besteuert werden.

In der spätmittelalterlichen Stadt Zürich hatten Konkubinatsbeziehungen keine rechtlichen Konsequenzen. Gemäss Verordnung von 1415 strafte der Rat Konkubinatspaare nur dann, wenn jemand vorher den Partner verlassen, also Ehebruch begangen hatte.[189] Lebten die Konkubinatspaare unauffällig, drückten die Nachbarn in der Regel beide Augen zu. Nicht akzeptiert wurden Frauen, die häufig ihren Partner wechselten oder sich prostituierten.[190]

Bis 1972 durften Paare ohne Trauschein nicht zusammenleben. Denn im Kanton Zürich galt ein Konkubinatsverbot, das folgenden Wortlaut hatte: «Das Konkubinat ist untersagt. Die Gemeinderäte haben von Konkubinats-Verhältnissen dem Statthalteramt Kenntnis zu geben. Dieses erlässt die erforderlichen Verfügungen zur Aufhebung des Verhältnisses unter Androhung strafrechtlicher Verfolgung wegen Ungehorsams.»[191]

PARTNERSCHAFT STATT EHE

Unter dem Begriff Partnerschaft versteht man seit den 1970er Jahren eine gleichzeitig sexuelle und soziale Gemeinschaft zweier Menschen. Die Partner sind nicht verheiratet. Ihr Zusammenleben wurde früher als Konkubinat oder «wilde Ehe» bezeichnet. Heute spricht man von Partner und Partnerin, bisweilen von Lebensabschnittspartner und Lebensabschnittspartnerin. Die gleich- oder gemischtgeschlechtlichen Paare können im gleichen Haushalt oder in einer Fernbeziehung leben. Viele Partner wählen diese Form auf Zeit und heiraten dann, wenn sich Nachwuchs ankündigt.[192]

EHESCHEIDUNG

Wollte sich ein Ehepaar im spätmittelalterlichen Zürich trennen, versuchten viele Bekannte zwischen den Partnern Frieden zu stiften. Denn wenn Eheleute zerstritten waren, löste dies in der Nachbarschaft Mitleid aus. So lud 1464 der Metzgermeister Hans Riem drei Männer und das zerrüttete Ehepaar Traeyer zu einem Essen in sein Haus ein. Er erzielte eine gütliche Vereinbarung, die mit einem Glas Wein bekräftigt wurde.[193] Ehestreitigkeiten kamen daher nur selten vor das Zürcher Ratsgericht. Eine Scheidung konnte vor der Reformation nur durch das geistliche Gericht in Konstanz ausgesprochen werden und war kaum zu erreichen. Die Obrigkeit ordnete deshalb um 1500 in solchen Fällen eine räumliche und wirtschaftliche Trennung der Ehepartner an. Für gemeinsame Kinder hatte der Ehemann zu sorgen.[194] 1519 bewilligte der Rat zwei Ehegatten auf ihr Begehren hin die Scheidung. Der Frau wurde ihr Besitztum zugesprochen und die Sorge für die Kinder dem Manne überbunden.[195]

Ehepaare, die sich im 17. und 18. Jahrhundert trennen wollten, wurden in erster Instanz vor den Stillstand, die vom Ortspfarrer präsidierte lokale Kirchen- und Sittenbehörde, zitiert. In der Funktion des Friedensrichters versuchte der Stillstand zwischen den streitenden Eheleuten zu vermitteln, indem er diese mit Ernst zu einem christlichen und friedlichen Betragen ermahnte. 1794 stand Rudolf Ryffel vor dem Stillstand in Stäfa. Im Bemühen, seine Ehe zu retten, auferlegte ihm die Behörde eine achttägige Bedenkfrist, während der sich seine Frau in einer abgesonderten Haushaltung aufhalten sollte.[196] Nützten die Schlichtungsbemühungen nichts, wurde die Angelegenheit dem Zürcher Ehegericht überwiesen. Dieses bemühte sich im 17. Jahrhundert, eine Ehe nicht ohne weiteres zu scheiden. Vielmehr versuchten die Eherichter, die Ehe zu retten, indem sie ermahnten, Probezeiten verordneten und vorübergehende Trennungen anordneten.[197]

Zwischen 1967 und 1983 dauerte eine Ehe in der Schweiz im Durchschnitt elf Jahre.[198] 1970 wurden in der Schweiz 13 Prozent aller Ehen geschieden, im Jahre 2009 bereits 47 Prozent. Im Jahre 2010 wurden im Kanton Zürich 55,3 Prozent der Ehen geschieden. 2011 sank die Scheidungsziffer auf 42,1 Prozent.[199]

Früher nahm der Pfarrer den Eheleuten nach der Predigt das Versprechen ab, beisammen zu bleiben, «bis dass der Tod euch scheidet». Die vielen Ehescheidungen zwangen dann in neuster Zeit dazu, das Ehegelübe den veränderten Gegebenheiten anzupassen. Gewünscht wird nun immer öfter das Zusammensein «bis euer gemeinsamer Lebensweg endet».

Geschiedene können sich zivilrechtlich wieder verheiraten. Auch Trauungen in der reformierten Kirche sind möglich. Dagegen schliesst die katholische Kirche die Wiederverheirateten von den Sakramenten aus. Ein Hirtenbrief des Churer Bischofs Vitus Huonder vom März 2012 mit der Aufforderung, die Priester sollten Wiederverheirateten die Sakramente verweigern, löste in der Presse heftige Reaktionen aus. Viele Seelsorgerinnen und Seelsorger weigerten sich indessen, den Hirtenbrief in ihren Kirchen zu verlesen. Sie stellten sich gegen das ausgrenzende Vorhaben ihres Bischofs. Sie rückten Barmherzigkeit, Verzeihung und Versöhnung in den Vordergrund und wurden dafür von vielen Geschiedenen gelobt.[200] Auch katholische Pfarrer äusserten sich. So Josip Knežević von der Pfarrei Rüschlikon: «Ich werde mir nicht anmassen, jemandem vor dem Glück zu stehen, der seine Liebe gefunden hat», äusserte er sich. Laut Umfrage der «Zürichsee-Zeitung» wird in den katholischen Kirchgemeinden Thalwil, Oberrieden, Rüschlikon, Hirzel-Schönenberg-Hütten trotz des Hirtenbriefs jedermann eingeladen, die Kommunion zu empfangen. Denn die Ehe ist heute anspruchsvoller geworden und dauert länger als früher. Scheidungen sind darum oft unumgänglich. «Eine zweite Ehe aber wird meist nicht leichtfertig eingegangen und es ist ein Akt der Barmherzigkeit, diese zu gewähren.» Dies die Haltung von Markus Arnold aus Oberrieden, Studienleiter des Religionspädagogischen Instituts in Luzern.[201]

Scheidungsgottesdienste

Ein neues Phänomen in der reformierten Kirche sind Scheidungsgottesdienste. Im Scheidungsgottesdienst geben sich die Partner die Eheringe zurück, danken einander für die gemeinsame Zeit, vergeben einander und bitten für ihre Zukunft als Geschiedene um den Segen Gottes. «Das verändert oft die Gefühle der Scheidenden, aus Wut und Depression werden Hoffnung und Selbstannahme.» Dies sagt der Küsnachter Pfarrer und Zürcher Kirchenrat Andrea Marco Bianca, der schon mehrere Scheidungsgottesdienste durchgeführt hat.[202] Er begründet dies so: «Die Kirche begleitet Paare bei der Hochzeit. Umso mehr sollte sie doch bei Tiefzeit, in der Krise, Trennung und Scheidung für sie da sein. Es kann für ein Paar sehr hilfreich sein, neben dem rechtlich-finanziellen Scheidungsakt im Gericht ein emotional-spirituelles Scheidungsritual in der Kirche durchzuführen.» Allerdings – so Pfarrer Bianca – sind Scheidungsgottesdienste noch selten. Denn nicht immer sind zwei Partner gleichzeitig zu einem solchen Ritual bereit.

Moderne Bräuche
Polterabend

Der Abend vor der Hochzeit wird da und dort als Polterabend gefeiert. 1913 war dieser Brauch in der Schweiz allerdings noch nicht bekannt, wurde aber allmählich aus Deutschland übernommen.[203] Ursprünglich versammelte sich das Brautpaar dazu im Elternhaus der Braut, zusammen mit der ganzen Verwandtschaft. Als Höhepunkt der Festlichkeiten wurde

Geschirr zerschlagen. Das Brautpaar hatte anschliessend die Scherben gemeinsam aufzuwischen. Das Geklirr sollte die bösen Geister vertreiben, das gemeinsame Tun beim Reinigen Glück bringen.

Aus den einst familiären Polterabenden entwickelten sich im 20. Jahrhundert zunächst Männerpolterabende, die der Vater des Bräutigams zu bezahlen hatte. Gefeiert wurde nun im Restaurant. Letztmals unverheiratet, konnte man mit den Kumpanen nochmals richtig auf dem Putz hauen.

Neuerdings trifft sich am Vorabend der Hochzeit auch die Braut mit ihren Freundinnen zu einer «Hen Night», der «Hühnernacht». Die NZZ am Sonntag berichtete im Sommer 2012 über zwei solche Polterabende:[204] Die Braut Susanna feiert im mexikanischen Restaurant Casa Loca in Kilchberg. Dorthin wird sie von ihren Freundinnen verschleppt. Dort wird gegessen, getrunken, getanzt und gesungen. Zum Programm gehört auch der Auftritt eines Strippers, der sich vor Susannas Gesicht den Tanga vom Leib reisst. «Entsetzt hält die Braut sich die Hände vor die Augen. Die Menge kreischt, applaudiert, pfeift. Der Stripper bedeckt sich aber schnell wieder und klopft Susanna beruhigend auf die Schulter.»

Der Bräutigam Sven feiert gleichzeitig mit zehn Freunden im Restaurant Turm in der Zürcher Altstadt. Zum Essen gibt es Salat, Grillgemüsecrème mit Basilikumkrokant und Beef Entrecote. Musik gibt es keine, auch keine Stripperinnen. Aber nach dem Essen besuchen sie ein Rotlichtlokal in der Nähe der Langstrasse.

Immer mehr Polterabende von Männern und Frauen werden vor allem an Wochenenden lauthals im Zürcher Niederdorf gefeiert: Da zieht eine Gruppe junger Frauen in weissen Hauben und schwarzen Servierschürzen mit einem Einkaufswagen durch die engen Gassen. Angeheitert quatschen sie junge Männer an: «Kaufen Sie ein Tombola-Los? Wir sammeln

Vor ihrer Hochzeit feiert die Braut mit ihren Freundinnen die Hen Night, den Polterabend der Frauen.

für die Hochzeit.» Die meisten machen einen Fünfliber locker, verzichten auf das Los und stärken sich mit einem Gläschen Hochprozentigem. Die künftige Braut in weissem Schleier hat verschiedene Mutproben zu bestehen. So soll sie einem ihr unbekannten Mann ein Haarstück abschneiden! [205] Eine andere Braut fordert Männer auf, ein Herz aus ihrem mit Herzen geschmückten T-Shirt zu schneiden und dafür je nach Platzierung mehr oder weniger an ihre Hochzeit zu bezahlen.

Auch Männergruppen sind am Polterabend im Niederdorf unterwegs. Der Bräutigam, als Bär verkleidet, wird von seinen Kumpanen begleitet. Diese tragen ein schwarzes T-Shirt mit der weissen Aufschrift «Er heiratet». Zu beobachten sind Umzugsgruppen in Bärchen- oder Hasenkostümen. Oder in Nachthemden, bewaffnet mit Nachttöpfen und Klobürsten.[206]

Für die Anwohner im Niederdorf sind die lärmigen Polterabende zur Plage geworden. Immer wieder muss darum die Polizei gerufen werden. Da die Stimmung stets ausgelassen ist und viel Alkohol fliesst, empfiehlt eine Hochzeitsplanerin ihren Kunden, den Polterabend immer ein paar Wochen vor der Hochzeit durchzuführen.

Something old ...

Für die Braut bedeutet die Hochzeit den Abschied von der Jugend und von der Gruppe der Ledigen. Sie trennt sich zudem von ihrer Familie und zieht in die Familie des Bräutigams oder später mit ihrem Ehemann in eine eigene Wohnung.

Aus dem Viktorianischen Zeitalter in England stammt die Empfehlung, dass die Braut am Hochzeitstag vier Dinge tragen soll:[207]

Etwas Altes – zum Beispiel ein Schmuckstück der Grossmutter –, um die Tradition der Familie zu bewahren und um zu betonen, dass der Lebensabschnitt als ledige Frau vorbei ist.

Etwas Neues – zum Beispiel das Brautkleid – als Sinnbild für die Zukunft in der Ehe.

Etwas Geliehenes von einer glücklichen Person, zum Beispiel den Armreif einer Freundin, damit sich das Glück auf die Braut überträgt.

Etwas Blaues – meist ein Strumpfband – als Symbol für die Treue und die Reinheit der Jungfrau.

Freunde stehen 2012 für das soeben getraute Hochzeitspaar Spalier.

Spalier stehen

In den 1980er Jahren setzte sich auch am Zürichsee der Brauch allgemein durch, das Brautpaar nach der Trauung beim Verlassen der Kirche mit Spalierstehen zu empfangen. Es sind vor allem die Mitglieder der Vereine, in denen sich Bräutigam und Braut engagiert haben, welche aufmarschieren und eine Art Tunnel bilden. Den Ideen sind kaum Grenzen gesetzt: Die Turner erscheinen mit einem Barren, an dem der Bräutigam seine Kunst beweisen muss; die Feuerwehr sperrt den Weg mit Schläuchen; die Skifahrer stehen mit ihren Brettern, die Tennisspieler mit ihrem Rakett Spalier. Und das ist die Bedeutung des Brauchs: Das frisch verheiratete Paar soll in seinem neuen gemeinsamen Leben die ersten Hindernisse und Stolpersteine überwinden müssen. Auf diesem Weg stehen ihm die Leute, die Spalier stehen, zur Seite und erweisen ihm die Ehre.

Brautstrauss-Werfen

Als alter Hochzeitsbrauch gilt das Brautstrauss-Werfen. Die Braut dreht ihren Gästen den Rücken zu und wirft den Brautstrauss über eine ihrer Schultern nach hinten in die Menge. Dort stehen die unverheirateten weiblichen Gäste. Die Glückliche, die den Strauss fängt, soll gemäss Legende als nächste heiraten.

Entführen der Braut

Bisweilen wird die Braut, von der Hochzeitsgesellschaft unbemerkt, von Freunden des Paares entführt. Die

Entführer trinken dann irgendwo auf Kosten des Bräutigams. Dieser muss, von Freunden begleitet, die Braut suchen und sie auslösen, indem er die Zeche bezahlt. Dann kehrt man gemeinsam zur Hochzeitsgesellschaft zurück. Nicht immer kommt dieser Spass gut an. Im Vorfeld sollte daher geklärt werden, wie sich die Brautleute zu einem solchen Spiel einstellen.[208]

Reis werfen

Verlässt das Brautpaar nach der zivilen Trauung das Standesamt, wird es von den wartenden Gästen häufig mit Reiskörnern beworfen. Dies ist zum Beispiel immer wieder zu beobachten vor dem Stadthaus Wädenswil. Der Brauch stammt ursprünglich aus Asien und ist nun auch am Zürichsee heimisch geworden. Die Reiskörner sind Symbol für das neu beginnende Leben und die Fruchtbarkeit.

Hochzeitstauben

Beliebt ist heute der Brauch, nach der Ziviltrauung oder der kirchlichen Heirat weisse Hochzeitstauben fliegen zu lassen. Diese symbolisieren Liebe, Frieden, Harmonie und Treue. Im Christentum hatten die weissen Tauben, Symbol des Heiligen Geistes, stets grosse Bedeutung. Bei Hochzeiten beliebt waren sie im Zeitalter des Barocks. Und wieder entdeckt und bekannt wurden die Hochzeitstauben durch die von 1992 bis 2000 gezeigte deutsche Fernsehshow «Traumhochzeit». Dort liess man in der Kirche weisse Tauben auffliegen, was in zürcherischen Kirchen allerdings nicht gestattet ist. Hochzeitstauben können gemietet werden, in der Region Zürichsee bei Franz Gassmann in Horgenberg, der 25 weisse Tauben besitzt, oder bei Urs Burlet in Oetwil am See, Halter von 20 Tauben. Die Hochzeitstauben sind ein dankbares Fotosujet und nach dem Freilassen bietet sich dem Brautpaar und den Hochzeitsgästen ein beeindruckendes Spektakel am Himmel.

Hochzeitsmessen

Brautpaare, die sich auf ihre Hochzeit vorbereiten wollen, finden neuerdings viele Anregungen an einer Hochzeitsmesse. Eine solche wurde im Januar 2013 zum 6. Mal in drei Hallen der Messe Zürich durchgeführt. Und das war das breite Angebot: Brautmode, Fotografie, Bankettlokale, Partyservice, Schmuck, Blumen, Fahrzeuge, Hochzeitstorten, Wedding-Planer, Angebote für organisierte Flitterwochen. An einem gemeinsamen Stand wiesen die reformierte und die katholische Kirche des Kantons Zürich auf die Vorzüge des kirchlichen Heiratens hin.[209]

Hochzeitsplanerin

Will ein Brautpaar seine Hochzeit nicht selber planen oder hat dafür keine Zeit, kann es heute die Dienste einer Hochzeitsplanerin in Anspruch nehmen. Diese übernimmt dann die volle Verantwortung für das Fest, damit das Brautpaar den Tag stressfrei geniessen kann. Die Planerin organisiert alles, vom Brautstrauss über die Musik bis zum Fotografen, und zwar genau so, wie das Paar es sich wünscht. «Dafür braucht es Einfühlungsvermögen, Erfahrung und Zeit, um die Wünsche der Kunden kennenzulernen», äussert sich eine Hochzeitsplanerin. Und weiter: «Läuft am Hochzeitstag dennoch etwas schief, versetze ich mich in die Brautleute, reagiere innert Sekunden und disponiere um. Für die kleineren Zwischenfälle habe ich zudem einen Notfallkoffer dabei mit Taschentüchern, Sicherheitsnadeln, Pflaster – und mit Kopfwehtabletten, damit kein Brummschädel den Freudentag verdirbt.»[210]

Hochzeitsscherze

Es hat sich da und dort eingebürgert, dass Freunde dem Hochzeitspaar einen Streich spielen. Kommt es vom Hochzeitsmahl nach Hause, findet es zum Beispiel den Weg verbarrikadiert oder die Haustüre mit einer Scheiterbeige versperrt. Im Hausinnern ist der Boden mit Wassergläsern oder Teelichtern verstellt oder die Betten sind demontiert. Andernorts wurde die Dusche bepflanzt, das Schlafzimmer mit Luftballonen verziert oder es wurden in der Wohnung auf verschiedene Zeiten gestellte Wecker versteckt. Ein frisch getrautes Ehepaar aus dem Bauernstand im Wädenswiler Berg fand 1991 bei der Heimkehr die weiss getünchte Stallwand mit «Viel Glück» besprayt und alle Kühe trugen rote Herzen. Da Hochzeitsscherze auch überborden und zu Ärger oder gar Schäden führen können, gilt: «Was du nicht willst, dass man dir tu, das füg auch keinem andern zu!»

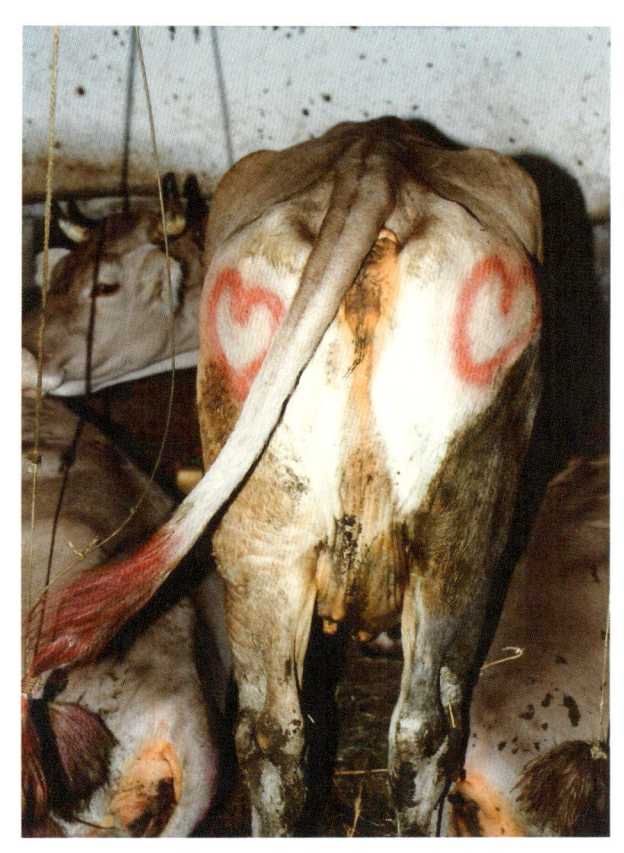

Auch die Kühe freuen sich über die Hochzeit der Bauersleute. Foto von 1991.

Videoübertragung der Hochzeit
Damit Bekannte und Angehörige von Hochzeitspaaren im Ausland künftig ohne Anreise an einer Trauungszeremonie in Zürich teilhaben können, bietet das Zivilstandsamt der Stadt kostenlos die Möglichkeit einer Live-Übertragung in alle Welt an. Erstmals angewendet wurde die neue Bildübertragung mittels Videotelefonie am 10. Mai 2012, damit in Vietnam Angehörige und Freunde der Braut die Trauung miterleben konnten.[211]

Silberne, goldene und andere Hochzeiten
Als weltliche Gedenktage wurden ursprünglich nach 25 Jahren die Silberne Hochzeit und nach 50 Jahren die Goldene Hochzeit gefeiert. Heute unterscheidet man noch ein viel feineres Raster, wie diese Zusammenstellung aus dem Internet belegt:[212]

1 Jahr	Baumwollene Hochzeit
3 Jahre	Lederne Hochzeit
5 Jahre	Hölzerne Hochzeit
6 ½ Jahre	Zinnerne Hochzeit
7 Jahre	Kupferne Hochzeit
8 Jahre	Blecherne Hochzeit
10 Jahre	Rosenhochzeit
12 ½ Jahre	Nickel- oder Petersilienhochzeit
15 Jahre	Kristallene Hochzeit
20 Jahre	Porzellanhochzeit
25 Jahre	Silberne Hochzeit
30 Jahre	Perlenhochzeit
37 ½ Jahre	Aluminiumhochzeit
40 Jahre	Rubinhochzeit
50 Jahre	Goldene Hochzeit
60 Jahre	Diamantene Hochzeit
65 Jahre	Eiserne Hochzeit
67 ½ Jahre	Steinerne Hochzeit
70 Jahre	Gnadenhochzeit
75 Jahre	Kronjuwelenhochzeit
80 Jahre	Eichenhochzeit

Ehe-Jubilaren-Gottesdienst
2001 kam Rolf Kühni als reformierter Pfarrer nach Stäfa. Mit seinem Amtsantritt führte er dort einen neuen Brauch ein.[213] Einmal im Jahr veranstaltet er einen Gottesdienst, um Ehejubilare zu würdigen. Alle Ehepaare, die einen «runden» Hochzeitstag feiern, sind dazu eingeladen. Zur Zeremonie gehört ein Lichtritual, bei dem jedes Ehepaar im Chor eine Doppelkerze anzündet: Symbol der langjährigen Verbundenheit. Zur Feier im Jahre 2012 waren 70 Paare mit runden Hochzeitstagen aus Stäfa geladen. 23 Paare erschienen zum Gottesdienst, der unter dem Motto stand: «Das Bild, das sich Eheleute voneinander machen.» Nach dem Gottesdienst waren alle zum Suppenessen eingeladen. Dabei plauderten viele Paare über ihr Erfolgsrezept für eine lange Ehe. Dies einige Meinungen: «Den andern akzeptieren, so, wie er ist. Meine Schwester mahnte mich vor meiner Hochzeit, der Bund fürs Leben gelte dann, bis der Tod uns scheide. Man muss einander vergeben können. Leben und leben lassen und niemals den Respekt vor dem andern verlieren.»

Ratgeber für den Braut- und Ehestand

Bereits im 19. Jahrhundert erschienen gedruckte Eheratgeber. So findet sich 1850 im «Allgemeinen Anzeiger vom Zürichsee» ein Werbeinserat der Buchdruckerei E. Kiesling im Niederdorf Zürich für das neu erschienene Buch «Liebe und Ehe. Enthüllte Geheimnisse für Mann und Frau.» Ausgeliefert wurde es in einem versiegelten Umschlag.[214] Ebenfalls im Jahre 1850 empfahl Rüegg zum Florhof in Wädenswil den soeben in zweiter Auflage herausgegebenen «Führer an den Hochzeits-Altar» zum Kauf. Er sei ein «erfahrener Wegweiser für beide Geschlechter vor und nach der Verheirathung», hiess es im Zeitungsinserat.[215] Ebenfalls in zweiter Auflage erschien 1863 das Buch «Das fleissige Hausmütterchen», laut Anzeige eine «Mitgabe in das praktische Leben für erwachsene Töchter».[216]

Als schönes Weihnachtsgeschenk für Frauen und Töchter pries der «Allgemeine Anzeiger vom Zürichsee» 1866 die «einzige Schweizerische Frauenzeitung» an: «Das fleissige Hausmütterchen.» Die jährlich 12 Nummern kosteten total 5 Franken und orientierten über weibliche Arbeiten, Hauswirtschaft und Unterhaltung. Sie enthielten ferner Modeblätter, Schnittmusterbogen und Kunstbeilagen.[217]

Verbreitet war einst auch in den Seegemeinden das Buch «Die vollkommene Ehe» des niederländischen Arztes und Gynäkologen Theodoor Hendrik van de Velde (1873–1937). Es erschien 1926 in Deutschland und erreichte 1932 die 42. Auflage. Und dies, obwohl die römisch-katholische Kirche das Werk auf den «Index librorum prohibitorum», die Liste der verbotenen Bücher, gesetzt hatte. Der «Galilei des Ehebettes», wie der Autor genannt wurde, brach das Tabu körperlicher Beziehungen, beschrieb Sexualpraktiken und Methoden der Empfängnisverhütung und erregte damit Aufsehen, Ablehnung bis Zustimmung. Seinem bahnbrechenden Erstling liess van de Velde weitere Ehebücher folgen: 1928 «Die Abneigung in der Ehe», 1928 «Die Erotik in der Ehe» und 1929 «Die Fruchtbarkeit in der Ehe und ihre wunschgemässe Beeinflussung».[218]

1934 erschien in Luzern das «Zürcher Hausbuch. Ein Ratgeber für den Braut- und Ehestand». Es informiert über Heim und Haushalt, Wäsche und Kleider, Schwangerschaft und Wochenbett, Mutter und Kind, Alltag und Recht, Speise und Trank und schliesst mit Kochrezepten und einem kleinen Hausfrauenlexikon. Und dies ist der Tenor: «Mit ihrer Sorge für das Wohlergehen der Familie, mit ihrer Arbeit im Haushalt schafft sie die Atmosphäre des eigenen Heims. Der Mann soll auch einmal auf die Erfüllung eines persönlichen Wunsches verzichten, wenn Geld für eine häusliche Anschaffung gebraucht wird. Vor allem aber soll er hin und wieder ein Wort der Anerkennung für seine Frau finden und ihr zeigen, dass er sich in dem gemeinsamen Heim wirklich wohl fühlt.»[219]

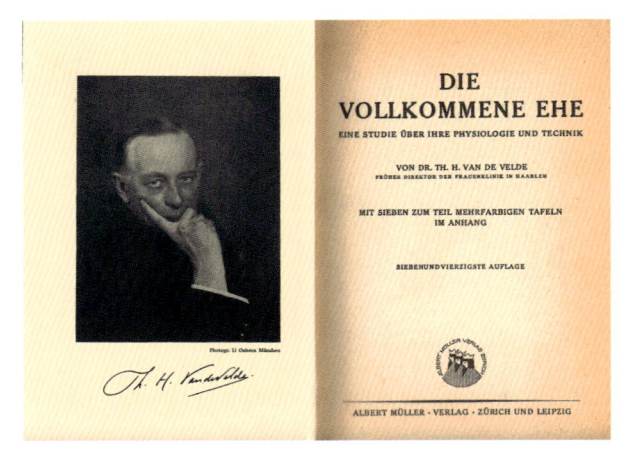

«Die vollkommene Ehe» – Bestseller des Gynäkologen Theodoor Hendrik van de Velde.

Rund um das Sterben

Angst vor dem Tod
«Das Mittelalter stand, insgesamt gesehen, unter der Herrschaft des Todes, da das menschliche Leben ständigen Gefahren ausgesetzt war.» Dies das Urteil von Peter-Johannes Schuler in seiner Studie «Das Anniversar».[1] Kriege und Klimaveränderungen mit strengen Wintern oder langen Dürreperioden vernichteten Ernten, was anschliessend zu Krisen und Hungersnöten führte. Dazu kamen Krankheiten und Seuchen wie die Pest sowie eine grosse Säuglingssterblichkeit. Und auch im harten Alltag lauerten allerlei Gefahren. Besonders gefürchtet war die oft unvorstellbare Grausamkeit des Sterbens.[2] Angst hatte man zudem vor dem «gächen Tod», dem plötzlichen Hinschied ohne letzte Ölung und Beichte, die Sterbesakramente der Kirche.

Die kirchliche Lehre, die zur Abkehr von der Sünde, zu einem christlichen Lebenswandel, zur Verehrung der Heiligen, zu Busse, Gebet, Fasten und Almosen aufrief und Ablass gewährte, nahm den Menschen die Furcht vor dem Tod und dem Jüngsten Gericht.

Seelgeräte und Jahrzeiten
Schon zu Lebzeiten sorgten die Menschen des Mittelalters für ihr Seelenheil nach dem Tode. Durch eine Urkunde oder ein Testament verfügten sie Vermächtnisse an Pfarrkirchen, Klöster, Spitäler oder geistliche Orden. Die Stiftung von Altären und von Seelenmessen, sogenannten Jahrzeiten, sollte ihnen die Vergebung der Sünden und das ewige Leben sichern. Der Stifter dachte einerseits an sich. Für ihn sollte nach dem Tod jährlich eine Gedächtnismesse gelesen werden. Und er dachte an die Armen, die am Gedächtnistag mit Brot und andern Gaben unterstützt wurden. Seit dem ausgehenden 15. Jahrhundert verfügten Stifter oft, dass auch für die Seelenruhe verstorbener Vorfahren und Verwandter gebetet werde.[3]

Der Stifter bezeichnete in der Regel einen Hof, ein Grundstück oder einen Rebberg, auf den er einen jährlichen Geldzins oder eine Naturalabgabe wie Korn, Nüsse oder Wein aussetzte. Diese Gabe konnte der Empfänger vom jeweiligen Eigentümer jährlich als Lohn für das Totengedächtnis beziehen.

Hier einige Beispiele solcher Stiftungen zum Seelenheil:

Im Jahre 1316 stiftete Margaretha von Landenberg eine Totenmesse zum Andenken an den bei Morgarten gefallenen Gatten, Ritter Rudolf III., und den Sohn Pantaleon von Alt-Landenberg, zu singen in der Kapelle des Johanniterhauses Wädenswil.[4] Nach den Bestimmungen der Stifterin sollte der Komtur den Brüdern des Hauses am Tage der Jahrzeit ein besseres Essen zubereiten lassen, «daz si damit des tages getroestet werden … und der selen gedenken desto vliziger».

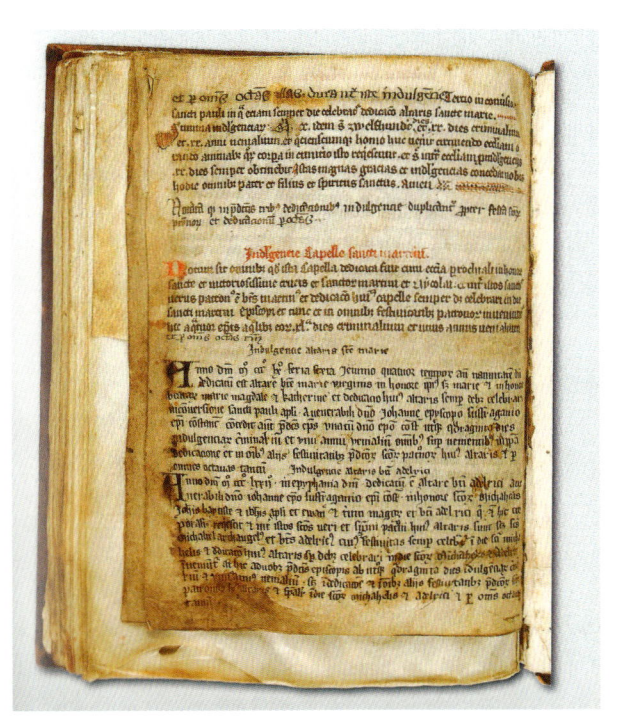

Im Jahrzeitbuch der Pfarrkirche Ufnau von 1415 eingebundene ältere Handschrift.

Auch jeder Priester, der zum Hause Wädenswil gehörte, erhielt eine Gabe. Für die Armen wurden am Gedenktag Brote gebacken und vor der Burg verteilt.[5] Der mit der Verwaltung der Messe- und Jahrzeitgelder betraute Johanniterbruder hiess Seelgerätemeister.

Ritter Albrecht von Uerikon wünschte, dereinst im Benediktinerkloster Einsiedeln begraben zu werden, wo schon sein Vater und drei Söhne bestattet waren. Darum schenkte er dem Stift am 29. Dezember 1315 Besitzungen in Uerikon, Stäfa und Hombrechtikon. Mit deren Ertrag sollte ein Weltpriester angestellt werden, der in der Maria sowie Johannes dem Täufer und Johannes dem Evangelisten geweihten Kapelle im Kreuzgang wöchentlich fünf Messen für Albrecht, seine Vorfahren und Söhne zu lesen hatte.[6]

Vermögende Zürcher Bürger stifteten einen Altar oder besoldeten aus dem Pfrundgut einen Kaplan oder Leutpriester. So 1397 Rudolf Oeri der Ältere. Für sein Seelenheil schenkte er sein Gut Erdbrust in Wollishofen dem St.-Martins-Altar in der Zürcher Pfarrkirche St. Peter. Dafür musste der jeweilige Kaplan jedem Leutpriester zwei Schilling sowie seinen beiden Helfern und dem Frühmesser einen Schilling geben, damit jeder für den Stifter eine Seelenmesse lese.[7]

Mit ihrem Rechtsbeistand vermachte Agnes Gloggnerin, wohnhaft in Zürich, Anfang Mai 1416 dem Konvent der Barfüsser 23 Pfund Zürcher Pfennig ab ihrem fahrenden und liegenden Eigentum. Diese Stiftung diente ihrem Seelenheil und demjenigen ihrer Vorfahren. Überdies sollten die Barfüsser sie nach ihrem Tod begraben und den siebten Tag sowie die Jahrzeit begehen.[8]

1341 erklärten die Pfleger des Spitals Zürich, Rudolf Glarner und Berchtolt Erishoupt, von Margareta, der Witwe von Rudolf Bremgarter, für ihr Seelenheil und das Heil der Seelen ihres Mannes und ihres Sohnes Johannes zehn Pfund empfangen zu haben. Dafür sollte in der Stube, wo die Dürftigen beisammen liegen, jede Nacht ein Öllicht brennen.[9]

Der Zürcher Bürger Rudolf Frijo schenkte 1353 dem Kloster Oetenbach einen jährlichen Zins von zwei Mütt (108 kg) Kernen zur Feier von Jahrzeiten für sich, seine Gattin und seine Tochter.[10]

Damit man für ihn eine ewige Jahrzeit mit zwei Priestern und einem Leutpriester begehe, wies Heinrich Brennwald von Männedorf dem jeweiligen Leutpriester auf der Ufnau im Januar 1447 einen Zins von einem Mütt Kernen an, lastend auf einem Haus zu Männedorf.[11]

Eine Frau, die 1479 eine ewige Jahrzeit angeordnet hatte, stiftete der Kirche St. Peter in Zürich gleichzeitig ihren braunen Mantel und ein Hemd, damit man daraus Messgewänder herstelle.[12]

Jahrzeitbücher

Damit der Priester wusste, wann und für wen er eine Gedächtnismesse zu zelebrieren hatte, notierte man den Gedenktag in einem Jahrzeitbuch, das sich am kirchlichen Festkalender und später an der Jahreseinteilung orientierte. Da es auf Dauer angelegt war, bestand das grossformatige Jahrzeitbuch meist aus Pergamentblättern in einem Ledereinband. Verzeichnet wurden darin in der Regel der Name des Stifters, der

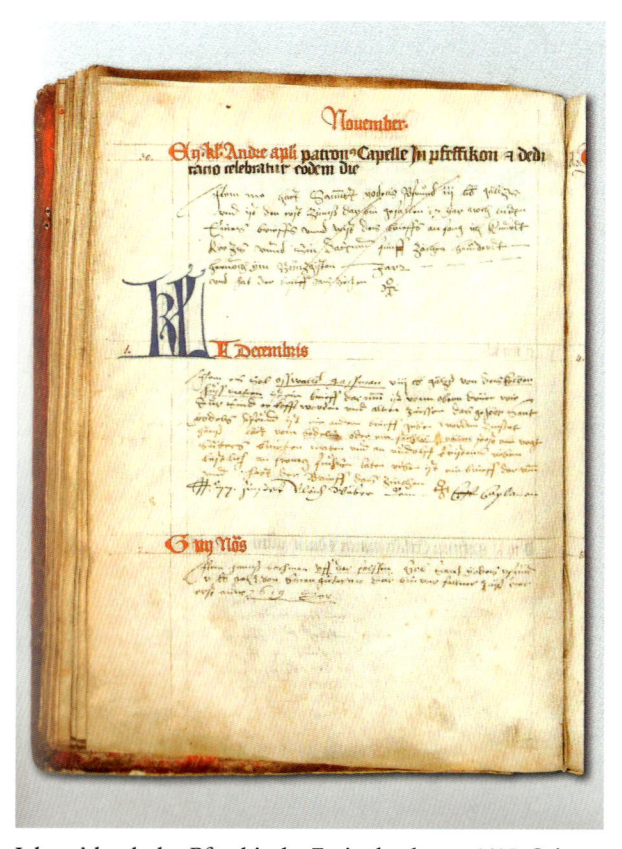

Jahrzeitbuch der Pfarrkirche Freienbach von 1435, Seite 56 verso.

gestiftete Betrag, das mit der Abgabe an Naturalien oder Geld belastete Gut sowie der abgabepflichtige Inhaber.[13]

Seit dem späten Mittelalter wurden Stiftungen für das Seelenheil wegen erschwerter Lebensbedingungen immer beliebter und die Jahrzeitbücher erfuhren eine starke Verbreitung. Bezeichnet wurden sie als Anniversarien, Jahrtagbücher, Seelgerätbücher oder Seelbücher.[14]

Mit der Einführung der Reformation in den 1520er Jahren wurden die Jahrzeiten im Stadtstaat Zürich abgeschafft und die Spenden zu Gunsten der Armen dem Kirchengut einverleibt.[15] Damit brauchte man auch die Jahrzeitbücher nicht mehr. In Zürich beschwerten sich der Probst und das Kapitel zum Grossmünster am 10. Dezember 1523 beim Rat, es seien etliche Jahrzeitbücher aus der Kirche getragen worden. Man habe mehrere Blätter herausgerissen und dem Probst vor die Haustüre geworfen.[16]

Nicht alle Jahrzeitbücher haben indes dieses Schicksal erfahren. Aus einigen Seegemeinden sind sie erhalten geblieben und teilweise auch ediert worden. Aus den Archivbeständen des Ritterhauses Bubikon stammt das Fragment eines Jahrzeitbuches der Pfarrkirche Richterswil aus dem Ende des 13. oder Anfang des 14. Jahrhunderts.[17] Ein weiteres Jahrzeitbuch aus Richterswil datiert von 1440.[18] Nach Monaten geordnet, verzeichnet es die Inhaber von Gütern in Richterswil, Wollerau und Wädenswil sowie die Abgaben, die für Jahrzeiten und Spenden gestiftet wurden. Dem bereinigten Pergamentverzeichnis muss ein auf Papier geschriebenes Konzept vorausgegangen sein. Dieses wurde an einem Sonntag in der Kirche verlesen und bei berechtigten Ansprüchen abgeändert.[19] Ein drittes Jahrzeitbuch von Richterswil wurde 1506 durch Heinrich Vinsler verfasst, den Notar und Leutpriester von Stäfa.[20] Es zeigt, dass der jeweilige Leutpriester der Kirche Richterswil Abgaben von Höfen in Richterswil, Wollerau, Hirzel, Hütten und Wädenswil beziehen konnte. Das Stift Grossmünster führte ab 1435 eine Einnahmenrechnung des Jahrzeitamtes.[21] Noch aus dem 15. Jahrhundert stammen Fragmente eines Jahrzeitbuches von Meilen.[22] Besonders reich mit Spenden für Jahrzeiten dotiert war die Georgkirche von Küsnacht, die dem Johanniterorden

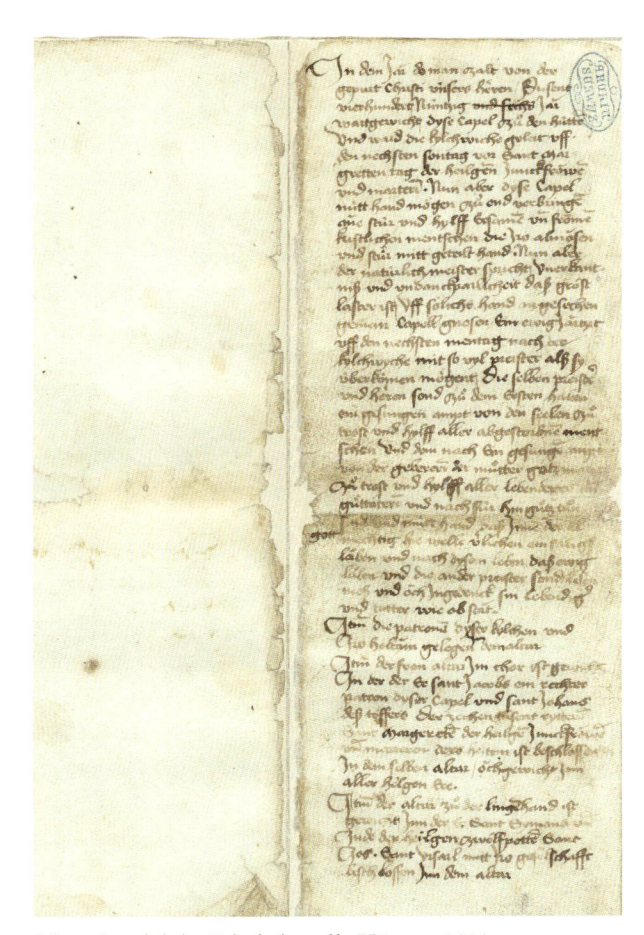

Jahrzeitrodel der Jakobskapelle Hütten, 1496.

gehörte. Das Jahrzeitbuch aus den Jahren 1511/12 – mit Fragment eines Vorgängers um 1400 – trägt den Titel «Seelgerätzh-Buoch des Gottshauses Küssnacht 1512».[23] Die Einträge im Jahresablauf von Januar bis Ende Dezember sind mehrheitlich mit «ob(iit)» (starb) eingeleitet und nennen den Stifternamen, die mit der Stiftung belasteten Güter, die entsprechenden Abgaben sowie Angaben zur Begehung der Jahrzeit. Aus vielen Orten flossen Zinsen in Geld, Korn oder Wein nach Küsnacht, so aus Zürich, Einsiedeln, Rapperswil, Weesen, Oberrieden, Kappel am Albis, Rüschlikon, Werdenberg, Wangen SZ, Schänis, Meilen, Brüttisellen, Neftenbach, Nürensdorf, Thalwil, Pfäffikon, Wädenswil, Glarus, Bäretswil, Wattwil und Lichtensteig.[24]

Albert Hug hat im Jahre 2008 das vor 1415 verfasste Jahrzeitbuch der Pfarrkirche Ufnau und das

103

Jahrzeitbuch der Pfarrkirche Freienbach von 1435 ediert und kommentiert.[25] Das Stiftungsgut für die Ufnau umfasste unter anderem Geldbeträge, Getreide, Nüsse, Butter, Ziger, Hühner, Fische, Wachs, ferner kirchliche Gewänder und Geräte. Nutzniesser waren der Leutpriester, der die Messen las, der Sigrist und die Armen. Dazu kamen Abgaben für den Bau und Unterhalt der Sakralbauten auf der Insel: der Kirche St. Peter und Paul und der Martinskapelle.

Erhalten und ediert ist auch der auf Papier geschriebene Jahrzeitrodel der Jakobskapelle Hütten aus dem Jahre 1496.[26] Er erwähnt die Kapellgenossen, welche durch ihre Stiftung den Bau der Kapelle ermöglichten, die am Sonntag vor St. Margreten 1496 geweiht wurde. Für alle Spender und die miterwähnten Verwandten wurde jeweils am 15. Juli in einer festlichen Messe gebetet und gesungen, und zwar «mit so vielen Priestern wie möglich». Der Kapellrodel nennt die Namen vieler noch heute ansässiger Familien und überliefert Bezeichnungen der mit Gülten belasteten Höfe, von denen die Kapelle jährlich Zinsen beziehen konnte. Geschrieben wurde der Hüttner Kapellrodel von Heinrich Vinsler, Pfarrer zu Stäfa, von dem auch das Jahrzeitbuch Richterswil von 1506 stammt. Auch nach der Reformation gedachten noch viele Nachkommen der Spender ihrer verstorbenen Vorfahren. Die drei Altäre wurden erst 1604 abgebrochen. Der Jahrzeitrodel wurde 1635 Hans Heinrich Tanner auf Unter Laubegg (heute Seeli) übergeben, der die leeren Seiten für private Einträge nutzte. Während des Ersten Villmergerkrieges drangen am 11. Februar 1656 katholische Innerschwyzer Truppen raubend und mordend ins Gebiet der reformierten Zürcher Landvogtei Wädenswil ein. Sie steckten die Kapelle Hütten in Brand und der Schwyzer Landeshauptmann Caspar Abyberg raubte bei der Plünderung in Tanners Haus auch den Kapellrodel von 1496. Deshalb befindet sich dieses Schriftstück heute im Staatsarchiv Schwyz.[27]

Die Jahrzeitbücher sind eine wichtige historische Quelle für die Wirtschafts- und Sozialgeschichte, die Mentalitäts- und Rechtsgeschichte, für Genealogie und Familienforschung sowie für die Orts- und Flurnamenforschung.[28]

BEGRÄBNISRITUAL DES GROSSMÜNSTERS

In den um 1346 angelegten Statutenbüchern des Zürcher Grossmünsters ist eine Gottesdienstordnung von 1260 überliefert, welche das Begräbnisritual am Chorherrenstift betrifft. Martin Illi hat es in seiner Lizentiatsarbeit von 1984 beschrieben:[29] Wird mit der kleinen Glocke der Tod eines Chorherrn verkündet, versammeln sich Kanoniker und Kapläne in der Kirche, um die Vigilien zu singen. Hierauf wird der Tote eingekleidet, und zwar nach seiner Stellung in der kirchlichen Hierarchie. Dann tragen die Kanoniker ihren verstorbenen Bruder, den Psalm 113 singend, in die Kirche. Im Chorherrenhaus des Toten halten die Angehörigen, Knechte und Mägde die Totenwache. Am Tag nach dem Tod findet das Begräbnis statt. Es werden Gebete gesprochen und man besprengt den Leichnam mit Weihwasser. Dann wird er im Rahmen einer Prozession auf einer Bahre in die Kirche getragen. Beim Eintreffen läuten alle Glocken. Der Leichnam wird aufgebahrt und es folgen vier Totenmessen: die erste beim Altar der Maria Magdalena bei der Chortreppe, die zweite am Marienaltar im Chor und die dritte am Felix-und-Regula-Altar in der Zwölfbotenkapelle. Eine vierte Messe wird am Hochaltar gehalten. Dann bekommt der Tote die Absolution. Mit den Sterbegebeten endet die Totenfeier in der Kirche. Unter Gesang von Psalmen und Gebeten wird die Leiche zum Grab im Kreuzgang getragen. Vor und nach der Grablege besprengt der Priester den Leichnam mit Weihwasser. Bevor sich die Trauergemeinde, ein Responsorium singend, vom Grab abwendet, wirft der Priester mit einer Schaufel Erde über den Toten.

BRUDERSCHAFTEN

1323 organisierten sich die Kapläne des Zürcher Grossmünsters in einer Bruderschaft, um die Totenfürsorge zu regeln. Diesem Beispiel folgten 1336 die meisten Zünfte. Auch wirtschaftlich schwächere Kreise schlossen sich im Spätmittelalter in der Stadt Zürich zu Bruderschaften zusammen, um dereinst ihre Bestattung sicherzustellen. Sie liessen sich kirchlich betreuen, zum Beispiel von den Barfüssern oder den Predigermönchen. Diese begaben sich ins Sterbehaus und hielten dort die Totenwache. Vor und nach der Bestattung der Leiche sangen die Ordensbrüder ein Seelenamt und hielten am folgenden Sonntag die Totenmesse. Ihr schloss sich eine Prozession zum Grab des verstorbenen Zunftknechtes an. Die Barfüsser betreuten die Bruderschaften der Schuhmacherknechte, der Kürschner- und Schneiderknechte, die Predigermönche die Bruderschaft der Pfister- und der Müllerknechte. Die Bruderschaft der Goldschmiede, Maler und Sattler feierte 1437 für ihre verstorbenen Mitglieder Begräbnisgottesdienste in der Augustinerkirche.[30] Für 1480 ist auch eine Bruderschaft der Pfarrkirche St. Peter bezeugt. An die Ausgaben für das Messopfer leistete jedes Mitglied der Bruderschaft seinen Beitrag.[31]

Im Januar 1525 verfügten Bürgermeister und Rat die Aufhebung der Zürcher Bruderschaften. Ihre bisherigen Einkünfte wurden dem Almosenamt zugesprochen.[32]

Klageweiber

Ein Totenbrauch ist in Zürich seit langem verschwunden: die Klage der Klageweiber. Belegt sind Klagefrauen bereits in den Zürcher Stadtbüchern von 1336. Wie Martin Illi in seiner Lizentiatsarbeit schreibt, stellten sich die Frauen vor oder nach den Totenmessen in oder vor der Kirche auf, bezeugten mit ihrer Totenklage und mit Totengebeten den Trauernden das Beileid und zogen dafür Geld ein. Besonders wichtig war die Totenklage den im Bereich der Seelsorge tätigen Beginen.[33] Der Zürcher Rat verbot das Wirken der Klageweiber, sah er doch darin überliefertes heidnischen Brauchtum, das aus der Kirche verdrängt werden musste. Gelungen ist dies indessen nicht schon in der ersten Hälfte des 14. Jahrhunderts. Denn auch der Zürcher Pfarrer Josua Maaler kennt 1561 noch den Brauch des Leidklagens. Er erklärt: «Leidfrauen / Leidschwöstern / Leidtrageren (sind) gedingte weyber / einen toten ze beklagen und das leid ze tragen.»[34] Die Totenklage, die 1564 in einem Pestmandat erwähnt ist, dürfte indessen eine der letzten gewesen sein.[35]

Totenbücher

Bis Ende 1875 war das Bestattungswesen im Kanton Zürich eine Angelegenheit der Kirchgemeinden, denen auch die Friedhöfe gehörten. Über die Bestattungen führten die Pfarrer und die Totengräber genau Buch. Diese Aufgabe ging dann mit Neujahr 1876 an die Zivilstandsämter der politischen Gemeinden über. Während Geburts- und Eheregister schon während und kurz nach der Reformation eingeführt wurden, folgten Leichenbücher und Totenregister später. In den Kirchgemeinden im Raum Zürichsee setzen die Totenregister gemäss Verzeichnissen im Staatsarchiv Zürich wie folgt ein: 1547 Meilen, 1564 Thalwil, 1583 Zollikon, 1592 Kilchberg, 1624 Stäfa, 1629 Männedorf, 1647 Wädenswil, 1650 Richterswil, 1660 St. Peter in Zürich, 1663 Horgen, 1665 Zumikon, 1734 Küsnacht. Durch Abtrennung von einer alten Mutterpfarrei entstanden im 17. und 18. Jahrhundert neue Kirchgemeinden, die meist von Anfang an ein Totenregister führten. Dies waren 1617 Hirzel (früher Horgen), 1650 Erlenbach (Küsnacht), 1682 Uetikon am See (Meilen), 1703 Schönenberg (Wädenswil), 1721 Rüschlikon (Kilchberg), 1752 Hütten (Richterswil), 1762 Oberrieden (Horgen) und 1767 Herrliberg, das bis 1629 kirchlich zu Küsnacht gehört hatte.

Todesboten

Noch im 18. Jahrhundert achteten viele Menschen auf ungewöhnliche Ereignisse, die einen nahen Tod ankündigen sollten. Ludwig Meyer von Knonau (1769–1841) schreibt in seinen Lebenserinnerungen davon. Am 23. März 1797 stürzte er und war vorübergehend bewusstlos. Ungefähr nach zehn Uhr nachts setzten sich zwei Eulen auf die hinter dem Haus stehende Scheune und begannen ihre Klagetöne, was etwas ganz Ungewöhnliches war. «Ich hörte im Vorsaale die Magd und eine Bäuerin zu einander sagen: Jetzt stirbt er gewiss, denn niemand weiss davon, dass der Heuel (Eule) je so nahe geschrien hat.»[36]

In Hirzel hiess es 1920: Wenn eine Leiche über den Sonntag im Hause bleibt, so gibt es bald wieder eine. Dasselbe gilt, wenn Leute bei einem Leichengeleite «verzütteret», also weit auseinander gehen.[37] Noch 1952 wird aus Horgen überliefert, der Ruf der Wiggelen, der weiblichen Eule, solle einen baldigen Todesfall verkünden.[38]

Todesursachen

Für die Jahre 1551 bis 1598 sind im Totenbuch Meilen unter anderem die folgenden Todesursachen vermerkt:[39]

1551 Hilarius Wunderli fiel von einem Nussbaum. Hans Iringer wurde erstochen.

1552 Uli Haab wurde tot im Holz gefunden.

1556 Sigrist Stefan Meyer zu Uetikon starb an einem Geschwür.

1557 Andreas Appenzeller stürzte, dass er starb.

1558 Hans Meier wurde erstochen. Ulrich Forster wurde vom Klöppel der Vesperglocke verletzt, «kam ins wee» und verschied am siebenten Tag. Jakob Schmid starb am Stich, Anly Guggenbühl an der Schwachheit.

1561 Adam Wunderlis Hausfrau starb an der Wassersucht.

1562 Elsi Meyer, Max Meyer, Jakob Dolder und Hans Meyer starben an Hauptweh. Hansenmann Iringer hatte «ein grosses Gewächs am Hals» und starb daran. Jakob Bolleter starb an Hunger, Durst und Hauptweh.

1569 Jakob Baumgartner ertrank im Sturm mit dem untergehenden Ledischiff im Zürichsee.

1585 Elsbetha Knöpfli-Brändli fiel von einem Birnbaum und verschied am dritten Tag.

1587 Marti Steiger verschied am «Kindenwee».

1598 Hansen Schuwigs Hausfrau, eine Kindbetterin, lag den ganzen Tag in Kindsnöten und verschied bald nach dem Gebären samt dem Kind.

Das Todesregister der Gemeinde Wädenswil erwähnt für das Jahr 1835 als hauptsächlichste Todesursache folgende Krankheiten: Auszehrung, Gicht, Wassersucht, Abschwachung und Lungenentzündung. Ausserdem werden erwähnt: Hysterie, Pockenfieber, Darmentzündung, Engbrüstigkeit, Keuchhusten, Wassersucht, Ruhr, Hirnentzündung, Krupp, Krebs, Brustfieber und Kinderweh. Auch drei Unfälle führten in diesem Jahr zum Tod. Je eine Person ertrank in der Sihl, im Zürichsee und in einer Schwellgrube.[40]

Sterben zu Hause

Früher starb man im Kreis der Familie. Sterben an einem fremden Ort galt als unheiliges Sterben. Familienmitglieder, Verwandte und Nachbarn standen am Sterbebett, nahmen Anteil, erlebten das Sterben mit und wurden so zugleich auf das eigene Sterben vorbereitet.[41]

Im Jahre 1751 hat der Zürcher Kupferstecher David Herrliberger sein Werk «Gottesdienstliche Gebräuche und Gewohnheiten der reformierten Kirche» herausgegeben. Darin bildet er das Sterbezimmer einer vornehmen Zürcher Familie ab. Anwesend sind bei der Sterbenden die Ehefrau, die Kinder, das Dienstmädchen und der Arzt, nicht aber der Pfarrer.

Am Begräbnistag gab es um die Mitte des 18. Jahrhunderts eine eindrückliche Zeremonie, über die wiederum David Herrliberger informiert. Die von der Leichenbitterin eingeladenen Frauen betreten das Trauerhaus. Die Wände im Innern des Hauses sind mit schwarzen Tüchern verhängt, ebenso der Hauseingang. Draussen stellen sich die Männer auf. Sie tragen das schwarze Sonntagskleid, Mantel und Halskrause. Gäste sind angerückt, um zu kondolieren. Schreinergesellen nageln den Sarg zu. Dann stellt sich der Trauerzug auf. Vier, acht oder beim Tod eines Magistraten zwölf Männer tragen die Bahre mit dem Sarg. Ihm folgen die männlichen Verwandten, die Mitglieder der Zunft und dann die Frauen in Leidtracht. Am Schluss des Trauerzuges geht die Leichenbitterin. Auf dem Friedhof weist der Totengräber dem Leichenzug den Weg zum Grab. Dort stellen die Träger den Sarg auf den Boden. Die Trauergemeinde begibt sich für die Abdankungsfeier in die Kirche.[42]

Dass Sterben auch ein erzieherisches Moment haben konnte, belegen die Jugenderinnerungen von Adolf Streuli aus Horgen an die Beerdigung seines Halbbruders Heinrich Streuli im November 1872:

«Am Beerdigungstage stand der Sarg offen vor dem Haus, wo sich die Leute für den Kilchgang sammelten. Da führte mich die Mutter noch zum Sarg, hob mich in die Höhe und fragte mich in Gegenwart der vielen Leute, ob ich verspreche, auch ein so guter Bub zu werden wie der Heiri. Das versprach ich natürlich. Ich musste, glaub ich, auch noch ein Gebetli sagen.»[43]

Vor dem Einsargen wusch man die Leiche und kleidete sie ein. Das weisse Leichenhemd setzte sich erst ab 1900 durch. Vorher und auch noch nachher war es Sitte, der verstorbenen Person das beste Gewand, das Sonntagsgewand, anzuziehen. Ein Aquarell

Trauergäste stellen sich in Zürich vor dem Trauerhaus, dessen Türe mit schwarzen Tüchern verhängt ist, zum Leichenzug auf. Kupferstich von David Herrliberger, 1751.

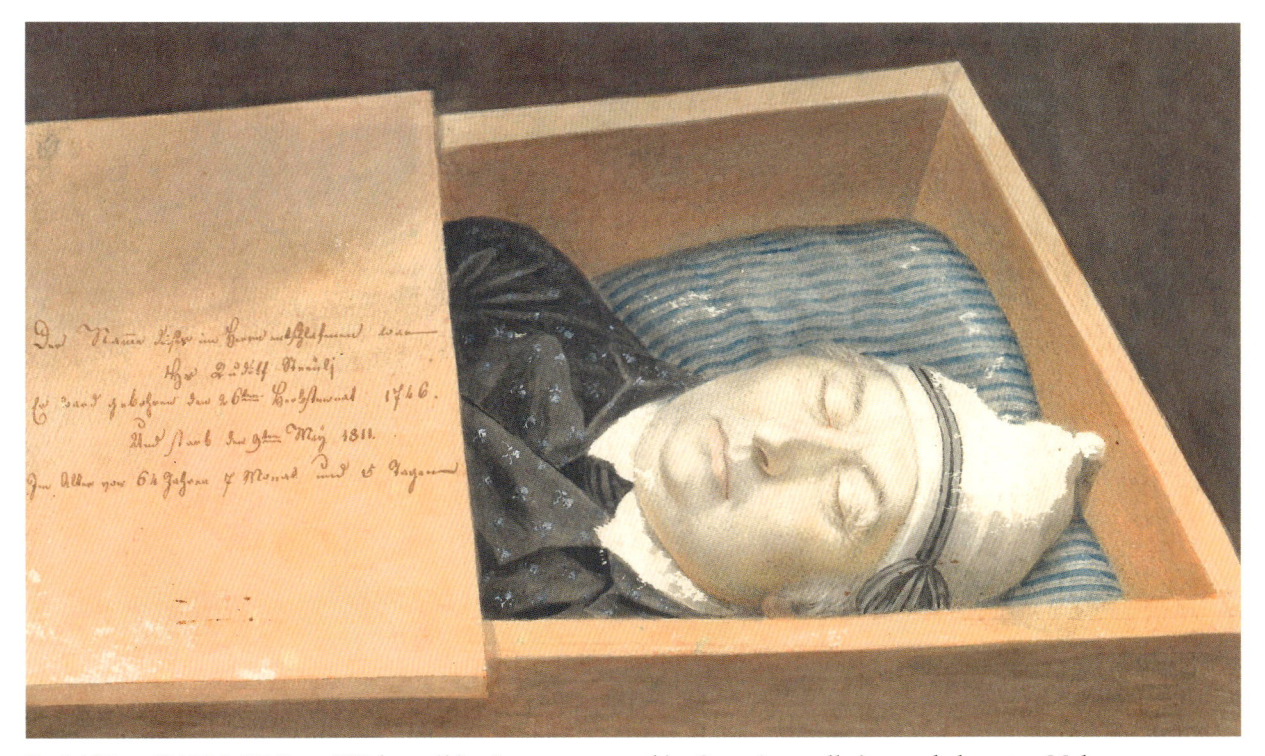

Rudolf Streuli (1746–1811) aus Wädenswil im Sonntagsgewand im Sarg. Aquarell eines unbekannten Malers.

zeigt den am 9. Mai 1811 verstorbenen Rudolf Streuli aus Wädenswil im halb offenen Sarg. Der auf einem blauen Kissen ruhende Tote trägt das Sonntagskleid und eine weisse Kappe.⁴⁴ Gottlieb Binder hielt noch 1937 für Schönenberg fest: «Verstorbene männliche Personen werden, bevor man sie in den Sarg legt, mit weissem Hemd, schwarzer Krawatte und einem dunkeln oder schwarzen Sonntagsanzug bekleidet.»⁴⁵

SÄUGLINGS- UND KINDERSTERBLICHKEIT

Vom Tod besonders bedroht waren Säuglinge und Kleinkinder. Elisabeth Pestalozzi-Lavater (1715–1792), seit 1735 verheiratet mit dem Seidenhändler Johann Rudolf Pestalozzi (1704–1783), gebar 14 Kinder. Deren zwölf fielen der damals grossen Kindersterblichkeit zum Opfer. Ein weiterer Sohn wurde mit 16 Jahren Opfer eines Unfalls.⁴⁶

Jede Geburt brachte die Frauen früher in Lebensgefahr. Die miserablen hygienischen Verhältnisse verursachten oft den Ausbruch des Kindbettfiebers, das meist tödlich endete.

Aus Herrliberg sind folgende Zahlen überliefert:⁴⁷
1786 starben 35 Personen, davon 21 Kinder
1787 starben 29 Personen, davon 15 Kinder
1795 starben 42 Personen, davon 22 Kinder
1800 starben 43 Personen, davon 23 Kinder.
1836 starben in Wädenswil zwei Mütter während oder kurz nach der Geburt. Im selben Jahr wurden neun Söhnlein und sechs Töchterlein zu Grabe getragen. Acht Säuglinge kamen tot zur Welt.⁴⁸

Noch im ausgehenden 19. Jahrhundert gehörte der Säuglingstod zum Alltag. «Zwischen 1891 und 1909 starben ein Sechstel der neugeborenen Knaben und ein Siebtel der neugeborenen Mädchen während des ersten Lebensjahres.»⁴⁹ Seither sind in der Medizin grosse Fortschritte erzielt worden. Gemäss Mitteilung des Bundesamtes für Statistik lag die Säuglingssterblichkeit in der Schweiz im Jahre 2010 nur noch bei 3,8 Todesfällen auf 10'000 Lebendgeburten. Besonders gefährdet waren untergewichtige Säuglinge und Frühgeburten.⁵⁰

PEST-EPIDEMIEN

Sehr gefürchtet war die Pest, die 1347 erstmals von Genua her in die Eidgenossenschaft eingeschleppt wurde. Es handelte sich um eine Infektionskrankheit, verursacht durch das Bakterium Yersinia pestis. Übertragen wurde es durch auf wild lebenden Ratten und Mäusen lebende Flöhe. Nach einigen Tagen schwollen die Lymphknoten an und bildeten Pestbeulen. Wurden auch die Lungen befallen, übertrug sich die Krankheit über Tröpfcheninfektion von Mensch zu Mensch. Man sprach vom «grossen Sterben» oder der «grossen Pestilenz» und später vom «Schwarzen Tod» als einem besonders düsteren Ereignis.⁵¹

1564/65 starben in der Pfarrei Kilchberg um die 400 Kirchgenossen, in Thalwil 250, in Horgen 700 und in der Herrschaft Wädenswil gegen tausend Personen. Dem Seuchenzug von 1611 erlagen in der Stadt Zürich und den dahin kirchgenössigen Gemeinden insgesamt 4864 Menschen, darunter 9 Mitglieder des Kleinen und 31 Mitglieder des Grossen

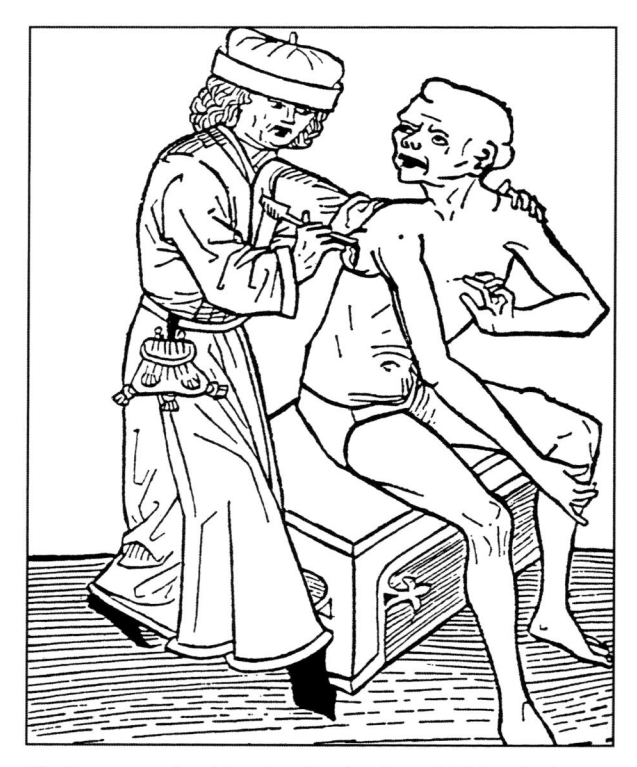

Ein Pestarzt schneidet eine Pestbeule auf. Holzschnitt von Hans Folz, Nürnberg 1482.

Rates.⁵² 1611/12 starben etwa 40 Prozent der Bevölkerung von Kilchberg. 1635/36 notierte der dortige Pfarrer ins Totenbuch die Namen von 261 Personen, die an der Pest und der Ruhr gestorben waren.⁵³

Während Pestzeiten mussten Notfriedhöfe mit Massengräbern angelegt werden. 1981 stiess man im Bereich des Münzplatzes neben der Augustinerkirche in Zürich auf einen Notfriedhof, den die Augustiner-Eremiten in den verheerenden Pestjahren zwischen 1348 und 1350 für unsorgfältige, hastige Bestattungen im Obstgarten auf ihrem Klosterareal angelegt hatten. Die Anthropologen stellten fest, dass Kleinkinder und Jugendliche unter den aufgefundenen Skeletten gänzlich fehlen. Nur fünf Jugendliche starben, dafür aber rund ein Drittel der Erwachsenen im Alter zwischen 20 und 40 Jahren. Auf zwei männliche Bestattungen entfielen drei weibliche. Dies ist wohl mit der häufigeren pflegenden Tätigkeit der Frauen zu begründen.⁵⁴

Auf dem Zwingliplatz, dem ehemaligen Friedhof des Grossmünsters, konnte 1985 ein pestzeitliches Massengrab freigelegt werden.⁵⁵ 1566 liess der Zürcher Rat den Platz beim Kirchlein St. Anna zu einem Pestfriedhof umrüsten und 1612 bei abermals ausgebrochener Pest erweitern.⁵⁶ 1611/12 waren in Zürich drei neue Friedhöfe nötig. Angelegt wurden sie beim Kreuz vor dem oberen Tor, zu St. Leonhard vor dem Niederdorftor (für Niederdorf, Ober- und Unterstrass) und im Kreuzgarten vor dem Lindentor für die Grossmünstergemeinde und Hottingen.⁵⁷

KIRCHENLADER
Bis um die Mitte des 19. Jahrhunderts war es in allen Zürichseegemeinden Sitte, dass bei Todesfällen die Trauerfamilien das Leid im Dorf durch Boten ansagen liessen. Die Verkünder solcher Trauerbotschaften hiessen Kirchenlader, «Lychlader» oder Kirchgang-Ansager.

In der Stadt Zürich besorgte eine Frau – das «Leichenhuhn» – diesen Dienst. Auf der Strasse stehend, verkündete sie von Haus zu Haus mit monotoner Stimme den Namen der verstorbenen Person und Tag und Stunde des Begräbnisses.⁵⁸

In Wädenswil ist das Leidansagen seit 1711 bezeugt.⁵⁹ Meist waren es vier Freunde oder Nachbarn der verstorbenen Person, die sich in dieses Amt teilten und später auch den Sarg trugen.⁶⁰ Am Tage vor der Beerdigung begaben sie sich früh am Morgen in schwarzer Kleidung ins Trauerhaus, um von den Hinterlassenen Anweisungen entgegenzunehmen. Dann zogen sie durch die vorher vereinbarten Dorfteile oder «Striche» und verkündeten von Haus zu Haus, von Familie zu Familie, wer gestorben sei. Die Trauerfamilie erwartete nämlich, dass aus jeder Haushaltung mindestens eine Person an der Beerdigung teilnahm.

Der Kirchgang-Ansager trug einen langen, schwarzen Stock bei sich, den «Chileladerstäcke» oder «Knöpflistecken», wie er in Küsnacht hiess. Mit diesem Stab pochte der «Lychlader» an die Fensterscheiben oder Haus- und Stubentüren. Dann richtete er seine Botschaft aus. Zum Beispiel: «De Saagefieler Konrad Huuser im Herrlisberg laat bitte, es söll morn am zääni au öpper mit siinere Frau sälig z Chile choo.» Wenn der Bote seine Nachricht mitgeteilt hatte, wurde er meistens noch bewirtet. Hier gab es Most, dort Wein oder gar ein Mittagessen. Es war gut, wenn der Mann mit dem «Knöpflistecken» sich mit der kredenzten Tranksame einzuteilen wusste. Jedenfalls bot es ein betrübliches Bild, wenn der Leidansager des Abends toll und voll nach Hause wankte.⁶¹

Das Kirchgang-Ansagen war zeitraubend und kostspielig und mit wachsender Bevölkerungszahl recht umständlich. Öfter wurden einzelne Familien übergangen, was zu widerwärtigen Zwistigkeiten führte. Um solchen Übeln vorzubeugen, schlug ein Mitglied des Stillstandes Wädenswil im Jahre 1849 vor, man solle Beerdigungen künftig durch ein Zeichen mit den Kirchenglocken bekannt geben.⁶² Man einigte sich auf die in Stäfa gebräuchliche Läutordnung und läutete fortan am Abend vor einer Beerdigung mit der grossen Glocke Betzeit.

Das Jahr 1853 brachte die entscheidende Wende. Am 4. Januar wurde die erste gedruckte Todesanzeige in die Häuser getragen.⁶³ Bald darauf erschienen derartige Bekanntmachungen im «Allgemeinen Anzeiger vom Zürichsee». Damit war das persönliche Kirchgang-Ansagen nicht mehr nötig. Ein schon 1711 erwähnter Brauch hatte in Wädenswil fortschrittlicheren Publikationsmethoden weichen müssen.

In Richterswil beschloss die Gemeindeversammlung, ab 1854 ebenfalls auf das «Umsagen der Todesfälle» zu verzichten und diese fortan im «Anzeiger vom Zürichsee» zu veröffentlichen.[64] In Meilen, wo seit 1845 das «Wochenblatt» erschien, wurde das Kirchenladen 1858 abgeschafft, in Thalwil 1860.[65]

TODESANZEIGEN

Im Februar 1845 erschien in der «Neuen Zürcher Zeitung» die erste Todesanzeige, und zwar für Johann Heinrich Im Thurn (1777–1845), den Stadtpräsidenten von Schaffhausen.[66] Bis auch die Zeitungen am See, der «Allgemeine Anzeiger vom Zürichsee» in Wädenswil und das «Wochenblatt» in Stäfa, Todesanzeigen abdruckten, verstrichen noch mehrere Jahre. Die ersten Todesanzeigen gaben Vereine auf, um ihre Mitglieder aufzufordern, an der Beerdigung teilzunehmen. In Wädenswil war dies zum ersten Mal 1858 der Fall, als die Monatsgesellschaft zum Leichengeleite für Gottfried Blattmann einlud.[67] Die erste private Todesanzeige erschien 1861 im «Allgemeinen Anzeiger vom Zürichsee». Sie galt dem im Alter von 67 Jahren gestorbenen Oberstleutnant Johannes Hürlimann-Brändlin in Rapperswil.[68]

In der Ausgabe vom 2. April 1864 findet sich die nächste Todesanzeige, diesmal für eine Frau:

> «Mit tiefem Schmerze zeigen wir unsern Freunden und Bekannten an, dass es dem Allmächtigen gefallen hat, unsere geliebte Gattin und Stiefmutter
> Margaretha Streuli geb. Höhn
> in der Riedtwies-Käpfnach durch einen schnellen Tod gestern Abend im Alter von 49 Jahren 2 Monaten und 29 Tagen abzurufen. Die Beerdigung findet Dienstag, den 5. April vormittags 10 Uhr in Horgen statt. Um gütige Teilnahme bitten
> Die tiefbetrübten Hinterlassenen.
> Horgen, den 31. März 1864»[69]

Zunächst konnten sich nur reichere Familien eine Todesanzeige in der Zeitung leisten. Darum finden sich bis um 1880 nur vereinzelt solche privaten Anzeigen. So 1863 für Johann Kaspar Brupbacher in Winterthur, 1864 für Fritz Wiedemann in Augsburg, 1865 für Ida Hüni-Blattmann in Horgen, 1870 für Johann

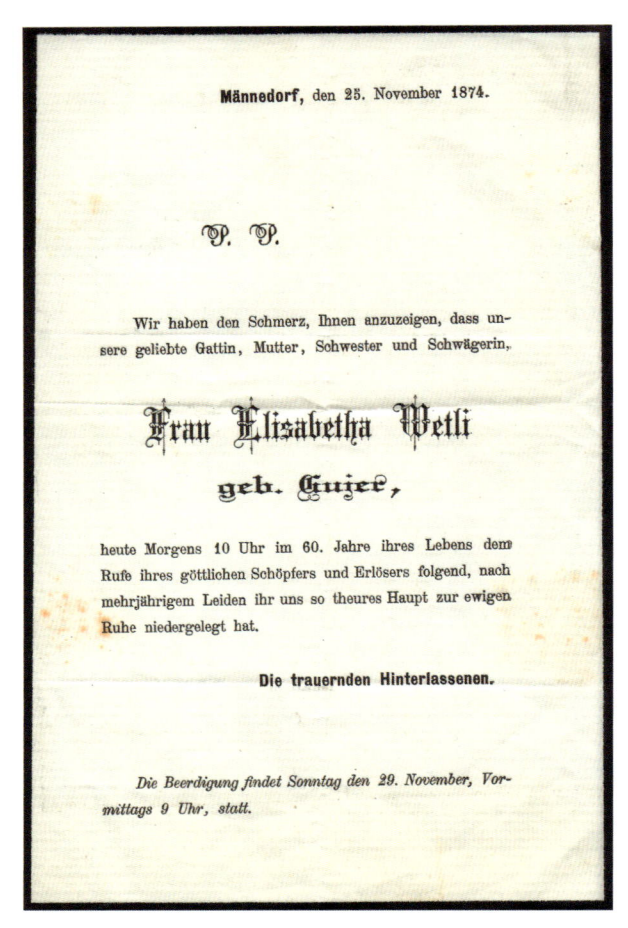

Frühe gedruckte Todesanzeige aus Männedorf, 1874.

Felix Rüegg und 1875 für Heinrich Blattmann in Wädenswil.[70]

Nebst der Anzeige in der Zeitung wurden seit den 1860er Jahren auch gedruckte Todesanzeigen verschickt. So in Wädenswil 1866 für Jakob Suter an der Seefahrt und 1869 für Heinrich Blattmann im Neugut.

Am Kopf vieler Todesanzeigen steht heute ein Bibelspruch oder ein Zitat aus der Literatur. Beliebt sind etwa Psalm 121.1 «Ich hebe meine Augen auf zu den Bergen, woher wird mir Hilfe kommen?» Oder: «Als der Hügel zu steil, der Weg zu beschwerlich geworden war, sprach Gott: ‹Komm heim.›» Dietrich Bonhoeffer wird zitiert mit: «Von guten Mächten wunderbar geborgen, erwarten wir getrost, was kommen mag. Gott ist bei uns am Abend und am Morgen und ganz gewiss an jedem neuen Tag.» Von Joseph von

Eichendorff stammen die folgenden Zeilen: «Wir sind durch Not und Freude gegangen Hand in Hand. Vom Wandern ruhen wir nun überm stillen Land.»[71]

Um 1990 kam die Mode auf, Todesanzeigen in Mundart abzufassen. Dies las sich dann zum Beispiel für einen verstorbenen Richterswiler so:[72]

«Todesaazeig und Danksagig für de
Theodor Michel-Frei
(2. August 1908–30. August 1990)
Ruig und stile
ganz nach em Theodor siim Wile
händ mir vo im Abschiid gnaa,
er tuet e grossi Lugge hinderlaa.
Vo all siine Liebe umgää
händ mir törfe Abschiid nää.
D Schwöschter Röösli, Ursula und Anemarii
sind immer für öis daa gsii.
De Herr Tokter Äschme hät öis understützt
geistig und körperlich, das hät öis vil gnützt.
D Nachbere und d Fründ wänd mir nüd vergässe
si sind vil a siim Chrankebett gsässe.
Drum säged mir alne herzliche Dank
o, wie isch das schöön, wämer isch gsii chrank.
De Theodor würd sich sicher au aaschlüsse
aber er söll siini lang erseenti Rue jetz gnüüsse.
Frau Pfaarer Rüegg, vile Dank vo alne und mir
für die schööni Abschiidsfiir.
Tröschtet sind mir ali hei
und füüled öis nüd mee eläi.
Herrlich das schööni Musigspiil
tanke, tanke möchted mir herzlich und still.
Wänn iir gern öppis würdet gää
tuets d Huuspflääg (PC 80-42675-0) und
au d Chrankepflääg (PC 80-3555-7) gern nää.
Truurfamiliene
Di Aaghöörige und d Fründ»

Der Brauch ist heute in den Zeitungen nicht mehr zu beobachten. Dafür tragen Traueranzeigen neuerdings oft ein Logo – zum Beispiel Musiknoten für eine verstorbene Sängerin in Hirzel[73] –, ein Passfoto der verstorbenen Person oder sogar ein Bild von deren Hund, Katze oder Pferd.[74] Im Gegensatz zu früher wird heute auch die Art des Sterbens beschrieben. Es wird erwähnt, ob jemand friedlich eingeschlafen oder einem Herzversagen erlegen ist, den Kampf gegen den Krebs verloren hat, nach kurzer Krankheit gestorben oder von längerem Leiden erlöst worden ist.

TOTENBRETTER UND SÄRGE

Grabungen auf dem ehemaligen Friedhof des Fraumünsters, dem heutigen Münsterhof, haben 1981 zur Erkenntnis geführt, dass die Toten noch im Spätmittelalter vor der Bestattung fest in Tücher eingewickelt und verschnürt oder einfach in Strassenkleidung in die Erde gelegt wurden. Erste Spuren von Särgen konnten für das 14. Jahrhundert bei Grabungen auf dem Zürcher Lindenhof nachgewiesen werden. Urkundlich belegt sind Särge für 1447 in der Ordnung für den Totengräber des Zürcher Grossmünsters. Diese bestimmte, dass der Sargdeckel bei einem Erwachsenen mindestens eine Elle (60 cm), bei einem Kind unter fünf Jahren mindestens eine halbe Elle unter der Erdoberfläche liegen müsse.[75] Im Zürcher Verbotsbuch aus der Zeit um 1517 steht, wenn man die Körper nicht «einböimt», also nicht in einen Sarg lege, verwese die Leiche schneller. Es war daher gestattet, die Leiche nur im Sarg zum Grab zu tragen und den Totenbaum wieder mitzunehmen und zu «bruchen nach siner notdurft».[76] Auch die Ordnung für den Sigrist und Totengräber der Kirche St. Peter in Zürich aus dem Jahre 1554 bestimmte, man solle «die Körper aus den Bäumen nehmen», also ohne Sarg beisetzen. Nur verstorbene schwangere Frauen und Kindbetterinnen sollten «wie von alters her» im Sarg bestattet werden.[77]

Die Leichen der Armen wurden vor 1569 oft nur auf ein Brett gelegt und so zu Grabe getragen. Dann befahl die Zürcher Obrigkit, es seien fortan alle Leichen in Särgen zu beerdigen.[78] Meilen verwendete schon 1544 den «Totenbaum».[79] Für «Totenbäume» verstorbener Armer kam im 17. Jahrhundert das Kirchen- oder das Armengut der Gemeinde auf. Dies belegen für Wädenswil Rechnungen der Jahre 1654, 1663, 1672 und 1693.[80]

SARG SCHMÜCKEN

Seit den späten 1860er Jahren lässt sich für die Region Zürichsee belegen, dass die Särge am Tag der Bestat-

Blumen und Kränze vor dem Trauerhaus an der Seestrasse in Wädenswil, 1930.

Grab des 1935 in Wädenswil verstorbenen Lehrers Arnold Leuthold.

Fähnriche senken über dem offenen Grab ihres Kameraden auf dem Friedhof Wädenswil die mit Trauerflor versehenen Vereinsfahnen zum letzten Gruss.

tung mit Blumen geschmückt wurden. Der Brauch wurde zunächst von den ledigen Töchtern geübt, die so ihre verstorbenen Freundinnen ehrten und verabschiedeten.[81] 1871 wurde in Wädenswil auch der Sarg des knapp vierjährig verstorbenen Jakob Hösli «sinnreich mit Blumen geschmückt».[82] Es scheint sich also beim Sargschmücken anfänglich um einen Kinder- und Jugendbrauch gehandelt zu haben. Bald ging man indes dazu über, auch den Sarg von Frauen mit Blumen zu bekränzen. Nachzuweisen ist dies mit der Danksagung, welche die Angehörigen von Anna Wilhelmine Bachmann-Brändli 1871 in der Zeitung veröffentlichten, um jenen den herzlichen Dank auszusprechen, «welche ihren Sarg so schön schmückten».[83]

KRÄNZE

Nebst den Blumengirlanden und Gebinden, mit welchen man die Särge schmückte, kamen auch Kränze auf, die man an den Leichenwagen hängte, auf einem besonderen Kranzwagen mitführte, während der Abdankung in der Kirche beim Taufstein und später an einem Gerüst über dem Grab aufstellte. In Danksagungen, welche der «Allgemeine Anzeiger vom Zürichsee» publizierte, ist seit den 1880er Jahren von Kränzen die Rede.[84] Verkauft wurden sie von den örtlichen Gärtnern. Als Grabschmuck dienten auch Trauerkränze aus Blech, wie sie 1884 beispielsweise der Wädenswiler Spengler Ernst Blattmann anfertigte.[85]

Der Trauerkranz mit Kreisform ohne Anfang und Ende ist ein Symbol für die Ewigkeit und ein Zeichen für ein Leben nach dem Tod. Gebräuchlich ist dafür Blumenschmuck in Weiss, als Zeichen der Unschuld und Reinheit, oder in hellen Farbtönen. Bevorzugt werden Lilien, die Reinheit und Glauben symbolisieren, Chrysanthemen, die für aufrichtige Gefühle stehen, Rosen als Zeichen für ewige Liebe, Nelken, die Treue ausdrücken, und Gerbera, die mitteilen sollen, dass der Verstorbene das Leben der Angehörigen verschönert hat.[86]

«S LEID ERGETZE»

Seit etwa 1800 wird in den Wädenswiler Stillstandprotokollen wiederholt über den entarteten Brauch des «Leidergetzens» geklagt. Das «Leidergetzen» war früher die übliche, weit verbreitete Art des Kondolierens. Jedermann ging ins Trauerhaus, um den Hinterlassenen mit Formeln wie «I ergetz i s Leid» oder «De Herrgott mög I s Leid ergetze»[87] sein Beileid auszusprechen und sie zu trösten. Denn das Wort «ergetzen» bedeutete «vergessen machen».[88] So menschlich und feinsinnig diese Sitte auch war – sie führte dennoch mit der Zeit zu Unannehmlichkeiten. Im Jahre 1816 rügte der Stillstand besonders das Verhalten der Frauen. Von Sensationslust und Neugierde getrieben, wohnten sie jeder Leidergetzeten bei, selbst wenn ein Mann gestorben war.[89] Gar oft war es in der Stube des Trauerhauses, wo der offene Sarg stand, zu wüstem Gedränge und lästiger Unordnung gekommen. Der Gemeinderat Wädenswil verfügte daher, die Leidtragenden sollten künftig den Sarg vor dem Haus aufstellen und dort die Kondolenzbezeugungen entgegennehmen.

Bis sämtliche Leute, die an den Beerdigungsfeierlichkeiten teilnehmen wollten, den Trauernden ihr Beileid ausgesprochen hatten, verstrich jeweils geraume Zeit. Was Wunder, wenn die Leichenzüge öfter eine viertel oder gar eine halbe Stunde verspätet in der Kirche erschienen. Vikar Friedrich Häfelin versuchte dieser Unordnung zu steuern. Er bemühte sich, seiner Gemeinde die Nachteile und die Wertlosigkeit des «Leidergetzens» klarzulegen. Hatte man nicht genügend Beweise, dass diese Sitte bloss zu Ärger und Verdruss führte? Im Jahre 1838 hatten die kondolierenden Frauen vor der Beerdigung des Goldschmieds Blattmann im Trauerhaus ein arges Gedränge verursacht, «das für die Leidtragenden sehr ‹genant› und im Ganzen unanständig» gewesen war.[90] Andere wieder beklagten sich, wenn die Frauen einmal im Hause seien, wollten sie nicht wieder weggehen und versperrten Leuten, die ebenfalls ihr Beileid bezeugen wollten, rücksichtslos den Weg. Der Stillstand richtete in der Folge am 3. Juni 1838 «eine ernste Ermahnung an das weibliche Geschlecht», gefruchtet hat sie allerdings nicht viel.[91]

Nach und nach gelang es aber doch, der überlebten und entarteten Sitte des «Leidergetzens» beizukommen. In Hütten verbot die Kirchenpflege 1869 das «Leidsagen der Frauen» in den Trauerhäusern, das oft zu starkem Gedränge und zu verspätetem Eintreffen des Trauerzuges in der Kirche geführt hatte. Als Ersatz bestimmte die Behörde zum Kondolieren den Platz vor der Kirche.[92]

Auch manche Trauerfamilien wünschten keine Kondolenzbesuche und merkten dies gleich in der Todesanzeige an, so 1886, 1887, 1890.[93] Einen Fortschritt brachte in Wädenswil 1892 die Einführung der Trauerurne, in welche man Leidkarten einwerfen konnte. Noch heute ist es indessen Sitte, dass sich die Angehörigen nach der Abdankungspredigt vor der Kirchentüre aufstellen, damit man ihnen dort persönlich kondolieren kann.

Kondolenzkarten und Trauerurne

In der Stadt Zürich war es bereits 1862 Sitte, Trauerkarten zu verschicken oder bei der Beerdigung abzugeben. Am 22. März jenes Jahres machte die Buchdruckerei zum Florhof in Wädenswil durch Inserat bekannt, hier könne man hundert- oder dutzendweise Trauerkarten mit oder ohne Namen drucken lassen, «zum Gebrauch bei Leichenbegängnissen in Zürich».[94]

Am 4. Februar 1890 regte ein Leser im «Allgemeinen Anzeiger vom Zürichsee» an, bei Leichenbegängnissen vor dem Trauerhaus eine Urne aufzustellen, «in welche die Teilnehmer statt des Kondolierens durch Händegeben ihre Karten legen».[95] Der Gemeinderat griff die Anregung sofort auf und beschaffte gleich mehrere Trauerurnen. Sie konnten beim Friedhofvorsteher bestellt werden und wurden dann mit dem Leichenwagen ins Haus gebracht. Die Neuerung überzeugte. Schon im Januar 1891 hatte sie sich durchgesetzt.[96] Verschiedene Gemeinden folgten dem Wädenswiler Beispiel, so Kilchberg 1898.

Wer in der ersten Hälfte des 20. Jahrhunderts auf schlichte Art kondolieren und seine Teilnahme an der Abdankungsfeier belegen wollte, tat dies mit einer Trauerkarte in der Grösse einer Visitenkarte. Diese war dick schwarz umrandet und enthielt zum Beispiel folgenden Text: «Hans und Anna Huber kondolieren herzlich.» Beliebt waren zur gleichen Zeit grossformatigere Trauerkarten mit einer Fotografie in Schwarz-Weiss und dem Vermerk «Herzliche Teilnahme». Als Motive fanden sich Landschaften mit Schnee oder im Nebel, Engel, Kapellen, Kreuze, Trauerweiden, Rosen oder Albrecht Dürers «Betende Hände» ... Ab den 1970er Jahren gelangten auch Trauerkarten mit Farbbildern in den Verkauf. Heute lassen sich mit dem Computer selber Trauerkarten herstellen. Im Internet finden sich dazu viele Gestaltungsvorschläge.

SARGTRAGEN

Bis zur Anschaffung von Leichenwagen mit Pferdezug in der zweiten Hälfte des 19. Jahrhunderts wurde der Sarg auf einer Bahre vom Trauerhaus auf den Friedhof getragen. Im Winter kamen oft Schlitten zum Einsatz, so 1728 für den Leichentransport von Toggwil zum Friedhof Meilen.[97] Seit 1832 bestand in der Stadt Zürich und seit 1850 in Wädenswil ein Begräbnisverein, der für verstorbene Mitglieder das Sargtragen besorgte.[98] Aus den Danksagungen, welche die Angehörigen später im «Allgemeinen Anzeiger vom Zürichsee» publizierten, geht hervor, wer diese Aufgabe sonst noch übernommen hat. Häufig versahen Nachbarn diesen Dienst.[99] Aber auch die Mitglieder der Jahrgängervereine, Turner und Schützen erwiesen ihren Mitgliedern auf diese Weise den letzten Dienst.[100] Starb ein Kind, trugen Mitschüler den Sarg, die gleiche Regelung galt beim Tod eines Konfirmanden oder einer Konfirmandin. Mädchen wurden von ihren Freundinnen zu Grabe getragen.[101] Besonders anstrengend war das Sargtragen in Kilchberg. Der Weg vom Schooren zur Kirche hinauf war steil. Darum waren die Träger froh, die Bahre beim «Leichenstein» auf halber Höhe für einen kurzen Moment abstellen zu können, bevor sie das zweite, noch steilere Wegstück in Angriff nahmen.[102]

LEICHENZUG

Wenn die Angehörigen einer verstorbenen Person alle Leidbezeugungen entgegengenommen hatten, gruppierte sich vor dem Trauerhaus der Leichenzug. Der im Freien zur Schau gestellte Sarg wurde verschlossen, vier Nachbarn hoben ihn auf eine Bahre und dann ging es in gemessenem Schritt der Kirche zu. Der Trauerzug formierte sich stets in strenger Ordnung, die zum Beispiel in Wädenswil bis 1965 erhalten blieb: Wurde ein Mann bestattet, folgten unmittelbar hinter dem Sarg die männlichen Angehörigen. Ihnen schlossen sich die übrigen Männer aus dem Dorf an.

Begräbnis eines Zürcher Bürgermeisters. Trauerzug, angeführt von acht Männern, die den Sarg tragen. Kupferstich von David Herrliberger, 1751.

Leichenzug beim «Sternen» Samstagern, um 1910.

Dann folgten die weiblichen Angehörigen. Die nicht verwandten weiblichen Personen bildeten den Schluss des Trauergeleites.[103] Wurde eine Frau zu Grabe getragen, folgten dem Sarg zuerst die Frauen, dann die Männer. Dies war allerdings nicht in allen Gemeinden die Regel. Adolf Streuli erinnert sich an die Beerdigung seiner Grossmutter im Jahre 1877 in Horgen: «Die Wegstrecke erheischte beinahe eine Stunde. Eröffnet wurde der Zug durch die Männer des Leids. Ihnen folgten die übrigen männlichen Teilnehmer, dann die Frauen des Leids mit entfalteten weissen Taschentüchern in den Händen und den Schluss bildeten die weiblichen Teilnehmer.»[104]

Wer nicht ab Trauerhaus am Leichenzug teilnahm, konnte unterwegs an verschiedenen Strassenkreuzungen «einfädeln». Aus diesem Grund wurde in manchen im «Allgemeinen Anzeiger vom Zürichsee» publizierten Todesanzeigen vermerkt, welchen Weg der Trauerzug zur Kirche nahm. Hier Beispiele von 1877: Vom Armenhaus führte der Trauerzug via Gerbe zur Kirche, von Mugeren über Herrlisberg und Feld, vom Stoffel über Büelen – Musli und Zugerstrasse, vom Mosli über Grossengaden und Feld.[105] Wurde ein Vereinsmitglied zu Grabe getragen, war es Ehrensache, dass die übrigen Mitglieder mit der trauerumfloten Vereinsfahne geschlossen an der Beerdigung teilnahmen.[106]

Wer auf der Strasse einem Leichenzug begegnete, stand still, die Männer nahmen den Hut ab und alle warteten stumm, bis der Zug vorbei war. Auch die Autos und andere Fahrzeuge hielten an.

Die Teilnahme am Leichenzug bedeutete nicht immer auch die Teilnahme am Trauergottesdienst. 1739 klagte ein Mitglied des Stillstandes von St. Peter in Zürich über einen Missbrauch: Einige Personen, welche die Leiche begleitet hatten, betraten durch die vierte Türe die Kirche und verliessen diese sofort wieder durch einen andern Ausgang, was höchst unanständig sei. Der Sigrist wurde daher angewiesen, die beiden hinteren Türen bis zum Ende der Abdankung nicht mehr zu öffnen.[107]

Besonders eindrücklich waren die Leichenzüge für bekannte Persönlichkeiten. 1909 starb der Zürcher Stadtpräsident Hans Conrad Pestalozzi (1848–1909). Die «Zürcher Wochen-Chronik» schrieb darüber:[108]

«Auf dem Weg, den der Leichenzug vom Trauerhaus am Bleicherweg 17 bis zum Fraumünster und von da zum Zentralfriedhof zurücklegen musste, bildete das Volk in Massen Spalier. Die Ämter und Kanzleien der Stadt waren geschlossen und auf dem Stadthaus war die Zürcher Flagge auf Halbmast gehisst. Zürich hat wohl noch selten einen solchen Trauerzug gesehen. Hinter der Stadtmusik Konkordia, die den Zug eröffnete und einen Trauermarsch spielte, folgten fünf über und über mit herrlichen Kränzen beladene Blumenwagen. Unter den Kränzen waren wahre Kunstwerke der Blumenbinderei, mit prächtigen, meist blau-weissen oder weiss-roten Schleifen, auf denen die Widmungen in goldenen Buchstaben sagten, was der Verstorbene den Spendern gewesen ist. Auf die Blumenwagen

Leichenzug bei der Beerdigung des Zürcher Stadtpräsidenten Hans Conrad Pestalozzi. Foto aus der «Zürcher Wochen-Chronik» 1909.

folgten die nächsten Verwandten des Verstorbenen, dann städtische, kantonale und eidgenössische Behörden. Der Engere und Grosse Stadtrat mit Weibel waren vollzählig erschienen, der Stadtschreiber, die Substituten und der Rechtskonsulent nahmen offiziell am Zug teil. Vollzählig waren die Beamten und Angestellten der Verwaltungsabteilungen des Stadtpräsidenten vertreten, ebenso die Dienstchefs und Sekretäre der andern Verwaltungsabteilungen. Vertreter der hiesigen Konsulate, der Bundesbahnen, des Landesmuseums, der Bundesversammlung, Professoren der Universität und des Polytechnikums, der Zürcher Regierungsrat mit Weibel, Vertreter des Kantonsrates, des Bezirksrates, der Städte Schaffhausen, Winterthur, Lausanne und St. Gallen erwiesen dem Heimgegangenen das letzte Ehrengeleite. Und ihnen schlossen sich die verschiedenen städtischen Kollegien, Kirchen- und Schulpflege und eine grosse Anzahl von allerlei städtischen Beamten und Angestellten an. Prachtvoll war die Fahnengruppe, die dem Panner der Zunft folgte, der Pestalozzi als Zunftmeister angehört hatte, der Zunft zur Saffran. Wir haben 54 schwarz umflorte Panner im Zuge gezählt. Der Fahnengruppe reihten sich die Zünfte an. Die Studentenschaft der hiesigen Hochschulen liess sich durch ihre Chargierten im Wichs, die im Zweispänner einherfuhren, vertreten. Den Schluss des Zuges bildeten zahlreiche städtische Vereine sowie Freunde und Bekannte des Verstorbenen.»

Ein ähnliches Bild bot 1912 die Bestattung von Nationalrat Johann Jakob Abegg (1834–1912) in Küsnacht: «Ein nicht enden wollender Zug wie ihn Küsnacht wohl noch nie gesehen, bewegte sich unter den Klängen eines Musikkorps von der Seestrasse, wo Herr Abegg gewohnt hatte, nach der reformierten Kirche», schrieb die «Zürcher Wochen-Chronik».[109]

LEICHENWAGEN

Seit Jahresbeginn 1876 wurde in Wädenswil für die Anschaffung eines Leichenwagens ein Fonds geäufnet, in den zunächst ein Legat von 500 Franken floss.

Nachdem aus zwei Erbschaften weitere 525 Franken gespendet worden waren und die Speditionsgesellschaft 2000 Franken überwiesen hatte, setzte der Gemeinderat eine Kommission ein, die den Kauf eines Leichenwagens prüfen sollte.[110] Der vorhandene Geldbetrag reichte für drei Gefährte: zwei Wagen für je zwei Särge aus der Wagnerei Berchthold und Trüb in Uster und einen einbahrigen Leichenwagen, mit dessen Bau der einheimische Kupferschmied Johann Brupbacher (1816–1890) beauftragt wurde. Die Gemeindeversammlung stimmte dem Geschäft am 11. Juni 1876 zu.[111] Im Oktober 1876 wurden alle drei Wagen geliefert und in der Lokalpresse als fortschrittliche Neuerung gelobt. Dies besonders, weil man in anderen Gemeinden den Wandel vom Sargtragen zum Fahren als pietätlos verurteilte.[112] Bei jedem Todesfall stellte die Gemeinde einen Leichenwagen gratis zur Verfügung, allerdings nur mit einem einzigen Pferd. Wer einen Zweispänner verlangte, musste bis 1941 für das zweite Pferd selbst aufkommen.[113] Die Gemeinde stellte die Wagen mit gesamter Ausrüstung und dunklen Pferdedecken. Die Fahrt besorgten verschiedene Fuhrhalter mit ihren Pferden im Auftragsverhältnis. Dabei waren sie vertraglich gehalten, in angemessenem Schritt zu fahren.[114]

Peinlich war es, wenn der einspännige Leichenwagen unterwegs stecken blieb. Dies geschah 1895 bei einer Bestattung im St. Peter in Zürich. Die Kirchenpflege ordnete hierauf an, der Leichenwagen müsse

Leichenzug an der Bürglistrasse beim Sagenrain in Wädenswil, um 1940.

fortan immer mit Doppelbespannung gefahren werden.¹¹⁵

Ab 1922 führte das Taxiunternehmen Adolf Schläpfer in Wädenswil auf eigene Rechnung einen motorisierten Leichenwagen Marke Benz. Wer es sich leisten konnte, verzichtete fortan auf das pferdegezogene Gefährt. 1971 schaffte die Gemeinde einen zum Leichenwagen umgebauten Volvo Kombi an.

Noch vor dem Zweiten Weltkrieg wurden die beiden zweibahrigen Leichenwagen verschrottet. Der Wagen, den Kupferschmied Brupbacher gebaut hatte, war bis 1965 in Gebrauch, ergänzt durch einen Kranzwagen.¹¹⁶ Dann wurde in Wädenswil die Tradition des letzten Geleits aufgegeben. Adrian Scherrer nennt die Gründe: «Immer weniger Menschen starben zu Hause oder wurden zumindest nicht mehr in der eigenen Wohnung aufgebahrt. Mit dem Aufkommen der Feuerbestattung erübrigte sich das letzte Geleit. Ausserdem konnte ein Trauerzug im stark zunehmenden Strassenverkehr zu einem Chaos führen.»¹¹⁷ Der nicht mehr benützte Leichenwagen wurde zunächst in einer Scheune eingestellt und im Februar 2006 dem Landwirt Urs Burlet in Oetwil am See übergeben, der mit Leidenschaft Kutschen sammelt.¹¹⁸ Heute führt die Stadt Wädenswil die Leichentransporte nicht mehr selber durch. Dies besorgt im Auftragsverhältnis die Bosshardt Bestattungen AG in Adliswil.

Bald folgten andere Seegemeinden dem Beispiel von Wädenswil und kauften ebenfalls Leichenwagen für Pferdezug, so 1876 Meilen, 1879 Männedorf, 1886 Uetikon am See, 1902 Erlenbach, 1923 Thalwil.¹¹⁹ Hirzel verfügte 1922 noch über keinen Leichenwagen. Hier trugen weiterhin Freunde, Bekannte und Altersgenossen den Sarg.¹²⁰ Erlenbach verschenkte den Leichenwagen mit Pferdezug 1968 nach Cazis, Meilen 1970 nach Schlatt bei Winterthur. Herrliberg gab den Brauch 1973 auf.¹²¹

GLOCKENGELÄUT

Schon vor der Reformation wurde in Zürich und in den Pfarrkirchen am See bei einer Beerdigung mit den Kirchenglocken geläutet. Dafür musste eine Gebühr entrichtet werden, die der Rat während der Reformation im Jahre 1523 für das Grossmünster abschaffte, aber für die übrigen Kirchen bestätigte.¹²²

Die Kirche Herrliberg erhielt erst 1629 einen eigenen Friedhof. Bis dann wurden die Leichen gemäss früherer Ordnung in Küsnacht bestattet. Wenn jemand in Küsnacht zur letzten Ruhe gebettet wurde, mussten neun Zeichen – Glockenschläge – gegeben werden: drei in Herrliberg, drei in Erlenbach, durch welches sich der Leichenzug bewegte, und drei in der Pfarrkirche Küsnacht. Wenn Herrliberg einen eigenen Friedhof erhielte, könnte man mit diesem Brauch aufhören, argumentierte Pfarrer Hans Bernhard Fries mit Erfolg. Am 9. September 1629 wurde bei der Kirche Herrliberg das erste Grab geschaufelt.¹²³

In Hirzel beschloss die Gemeindeversammlung vom 23. Januar 1919 folgende Läutordnung bei Beerdigungen: «Bei allen Beerdigungen findet ein Leichengeläut statt, sofern nicht die Angehörigen ausdrücklich darauf verzichten. Bei Beerdigung von Personen von zwölf und mehr Jahren ist mit allen Glocken, bei Kindern unter zwölf Jahren mit der kleinen Glocke zu läuten. Das Geläut soll jeweils eine Viertelstunde dauern. Bei Beerdigung von Erwachsenen ist eine Stunde vorher mit der zweiten Glocke ein kurzes Zeichen zu geben, ebenso bei Kindern unter zwölf Jahren mit der kleinen Glocke.»¹²⁴

Emil Stauber befasste sich 1922 mit dem kirchlichen Geläut bei Beerdigungen.¹²⁵ Wenn am nächsten Tag eine erwachsene Person bestattet wurde, läutete man in Stäfa, Männedorf und Uetikon zur Betzeit mit der grossen Glocke anstelle der Betglocke. Unterschiede gab es auch beim Grabgeläut. In Wollishofen gingen diesem 18 Schläge mit der grossen Glocke voran.

Um die Bewohner an die Beerdigung zu erinnern, gab man an vielen Orten ein doppeltes Vorzeichen: das Warnen. So in Stäfa. Dort erklangen eine Stunde vor dem Einläuten kurz alle Glocken und eine halbe Stunde später kurz die dritte Glocke. Das Grabgeläut erfolgte dann mit allen Glocken und dauerte längstens zwanzig Minuten.

Am Geläut war auch zu erkennen, ob eine männliche oder eine weibliche Person abgedankt wurde. In Männedorf, Erlenbach und Richterswil setzte das Grabgeläut für Männer mit der grossen, bei Frauen mit der kleinsten Glocke ein. In Meilen begann und schloss das Geläut bei der Beerdigung von Männern mit der grossen Glocke, bei Frauen mit der zweitkleinsten, der Vesperglocke. Bei Kindern läutete nur die Vesperglocke.

KIRCHLICHE ABDANKUNG

Bis 1611 war die Beerdigung in der Stadt Zürich eine Sache der Zunft. Die Abdankung gehörte zum Pflichtenkreis der Zunftmeister. Im August des Pestjahres 1611 starben täglich 40 bis 60 Personen. Und an den Septembersonntagen wurden insgesamt 1199 verstorbene Erwachsene verkündet. Damit waren die Zunftmeister überfordert, ihrer Aufgabe nachzukommen. Aus diesem Grund beschlossen Bürgermeister und Räte, dass die Zunftmeister nicht mehr jede Leiche abdanken sollten. Vielmehr solle der Pfarrer oder Helfer jener Kirche die Abdankung halten, zu der die verstorbene Person kirchgenössig war.[126]

Auf der Zürcher Landschaft nahm von Anfang an der Pfarrer die Abdankung vor. Die Trauergemeinde versammelte sich zunächst am Grab und ging danach in die Kirche. Dort richtete der Pfarrer tröstende und ermutigende Worte an die Lebenden, vorab an die Trauernden unter ihnen.[127] Schon früh wurden an manchen Orten Leichenpredigten gehalten. In Küsnacht führte sie Pfarrer Kaspar Brunner mit seinem Amtsantritt im Jahre 1659 ein.[128] Weil solche Predigten oft in Lobhudeleien ausarteten, wurden die Pfarrer angewiesen, sich vermehrt auf das Spenden von Trost zu beschränken und «die Anwesenden der letzten Dinge zu erinnern und zu einem seligen Ausgang aus dieser Welt zu rüsten und vorzubereiten».[129] 1648 erging das Verbot, bei der Abdankungsformel weitläufige Titel der Verstorbenen oder ihrer Verwandten zu nennen. Und 1675 wurde verfügt, bei der

Ein Pfarrer hält in einer Zürcher Kirche am Taufstein die Leichenpredigt. Kupferstich von David Herrliberger, 1751.

Beerdigung von Kindern solle lediglich ein Gebet gelesen werden. Noch weiter ging die Kirchenordnung von 1711. Sie gestatte keine persönlichen Angaben mehr, weder Personalien noch Lebenslauf.[130] Auch die Prädikantenordnung vom 14. Dezember 1803 hielt an dieser Bestimmung fest. Denn, so die Begründung, Verstorbene würden durch Schmeicheln über Gebühr gelobt und statt Erbauung entstehe Ärgernis.[131] Bis über 1850 hinaus beerdigte man in der Stadt Zürich Verstorbene nur mit dem Verlesen der Liturgie.

In Wädenswil verzichtete der Pfarrer bei der Beerdigung eines angesehenen Gemeindebürgers darauf, dessen Lebensumstände und Wirksamkeit zu erwähnen. Er kam damit dessen Wunsch nach, man solle nur die von ihm bezeichneten Lieder singen und das Abdankungsgebet sprechen. Bei zwei folgenden Beerdigungen wählten die Hinterbliebenen das gleiche Vorgehen. Hierauf beschloss die Kirchenpflege, der Pfarrer habe sich fortan nur an das liturgisch Vorgeschriebene zu halten. Dagegen reichte ein Bürger eine Motion ein und forderte, man solle die Personalien abkürzen, aber nicht ganz darauf verzichten. In diesem Sinne entschied die Kirchgemeindeversammlung vom 8. August 1866, entgegen dem Antrag der Kirchenpflege.[132]

Im 19. Jahrhundert war es da und dort üblich, während der Abdankung den Sarg in der Kirche aufzustellen. Die Kirchenpflege St. Peter verbot dies 1885. Und der Kirchenrat des Kantons Zürich hielt 1937 in einem Kreisschreiben fest, das Aufbahren von Särgen in der Kirche sei abzulehnen.[133]

Grabgesang

Danksagungen im «Allgemeinen Anzeiger vom Zürichsee» belegen, dass Abdankungsfeiern spätestens seit den 1870er Jahren musikalisch umrahmt wurden. Vorherrschend war der Gesang. Männerchöre, Frauen- und Töchterchöre, die mit ihrer trauerumflorten Fahne an der Abdankung teilnahmen, stimmten für ihr verstorbenes Mitglied einen Grabgesang an.[134] Wurde ein Schüler beerdigt, sangen die Klassenkameradinnen und -kameraden unter Leitung des Lehrers.[135] Als in der zweiten Hälfte des 19. Jahrhunderts mehr und mehr Kirchen wieder mit Orgeln ausgestattet wurden, kam das Orgelspiel hinzu. Heute wird der Grabgesang der Chöre immer noch gepflegt. Häufig sorgt auch ein Sologesang, ein Violine-, Flöten- oder Trompetenspiel für den musikalischen Rahmen.

Beerdigungstage

Was heute undenkbar ist, war im 19. Jahrhundert in allen Seegemeinden die Regel: Die meisten Beerdigungen von Kindern und Erwachsenen fanden an einem Sonntag statt, meist am Vormittag um 9 Uhr, teils auch am Nachmittag um 13 Uhr 30.[136] Bestattungen waren auch an hohen Feiertagen üblich, so 1856 in Wädenswil und Richterswil am Karfreitag, in Richterswil am Ostersonntag, in Wädenswil am Ostermontag, in Richterswil am Pfingstmontag.[137] So blieb es über viele Jahrzehnte. 1866 gab es in Wädenswil auch Bestattungen am Neujahr und am Bächtelistag, 1871 in Richterswil, Wädenswil, Hirzel und Kilchberg an Heilig Abend und in Horgen am Stephanstag.[138]

Im Jahre 1856 verteilten sich die Beerdigungen in Wädenswil wie folgt auf die Wochentage:

Sonntag 71, Dienstag 1, Mittwoch 1, Donnerstag 32, Freitag 4. Mit wachsender Bevölkerung konnten nicht mehr alle Bestattungen auf den Sonntag angesetzt werden. 1867 fanden Beerdigungen auch von Dienstag bis Freitag statt. Am Montag und am Samstag wurde nicht beerdigt.[139]

Heute werden die Bestattungszeiten durch die Friedhofverordnungen geregelt. In jener von Hütten aus dem Jahr 1993 heisst es: «Bestattungen und Urnenbeisetzungen finden in der Regel werktags statt.»[140] Die Verordnung von Hirzel vom 1. Januar 2012 bestimmt diesbezüglich: «Die Bestattungen finden in der Regel Montag bis Freitag statt. In Ausnahmefällen (Feiertage) können Bestattungen am Samstag stattfinden. Die Bestattungen finden in der Regel um 13 Uhr 45 statt.»[141] Gleiche Bestimmungen gelten auch für andere Seegemeinden.

Beerdigungskosten

Ursprünglich hatten die Angehörigen für die Beerdigungskosten aufzukommen. Dass dies sehr teuer werden konnte, zeigt das Ausgabenverzeichnis im Nachlass Finsler aus dem 18. Jahrhundert. Es weist, wie Martin Illi darlegt, folgende Begräbniskosten aus:[142]

7 Gulden an den Tischmacher für die Herstellung des Sargs
1 Gulden 8 Schilling für die Gesellen, die den Sarg bringen
1 Gulden 8 Schilling für das Einsargen
20 Schilling der Magd, welche die Bahre holte
2 Gulden 20 Schilling dem Stubenverwalter, der die Tücher hängte
5 Gulden dem Diakon für die Leichenpredigt
6 Gulden der Leichenbitterin, die den Kirchgang ansagte
4 Gulden dem Sigrist
4 Gulden dem Totengräber
3 Gulden dem Tuchherrn
3 Gulden dem Schneider und seinen Gesellen
Dazu kommen Trinkgelder und andere Nebenauslagen im Betrag von 30 Gulden 5 Schilling.

Ohne Leidmahl kam man so auf rund 90 Gulden, was dem Jahreslohn eines Arbeiters entsprach.

Dies störte Sekundarlehrer Egg in Thalwil. Mit einer Motion erreichte er, dass die Gemeindeversammlung am 12. Mai 1889 beschloss, die Beerdigungskosten künftig aus der Gemeindekasse zu bezahlen. Zwei Jahre später galt diese Regelung für alle Zürcher Gemeinden. Sie wurden nämlich 1891 durch Gesetz verpflichtet, die Kosten für Bestattungen zu übernehmen.[143]

Kirche Meilen. Männergrab aus der ersten Hälfte des 8. Jahrhunderts. Der Tote wurde mit seinem Schwert bestattet.

GRÄBERFUNDE

Im Raum Zürichsee sind Gräberfunde bekannt, die bis in die Hallstattzeit zurückführen. 1964 untersuchte die Kantonale Denkmalpflege einen Grabhügel der Älteren Eisenzeit im Feldimoos/Rüschlikon, der dem Bau der Nationalstrasse A3 im Wege stand. Er enthielt unter anderem eine Urne mit Leichenbrandresten aus der Zeit um 700 vor Christus.[144] In Oberredlikon/Stäfa fand man 1862 ein Mädchengrab aus der Latène-Periode, der um 400 vor Christus anzusetzenden jüngeren Eisenzeit.[145] Aus der gleichen Epoche stammen zwei Frauengräber, die 1840 und 1842 beim Strassenbau im Talacher/Horgen gefunden wurden.[146] Fränkische Funde – zwei einschneidige kurze Schlachtschwerter, ein Messer sowie bronzene und eiserne Schnallen – kamen in einem Grab in Toggwil zum Vorschein, das in die Zeit von 620 bis 650 zu datieren ist.[147] In Erlenbach entdeckte man 1852 ein alemannisches Männergrab aus dem 7. Jahrhundert.[148] In der Kirche Männedorf kamen beim Umbau von 1862/63 frühmittelalterliche Skelette in Steinkistengräbern zum Vorschein.[149] Ein Frauengrab mit Beigaben, das 1977 im Schiff der reformierten Kirche Meilen freigelegt wurde, liess sich in die erste Hälfte des 7. Jahrhunderts datieren; ein Männergrab mit Langsax stammt aus der ersten Hälfte des 8. Jahrhunderts. Skelettfunde, die bereits 1965 im Chor der Kirche Meilen geborgen werden konnten, sind jenem frühmittelalterlichen Friedhof zuzuschreiben, der zur ersten Bauetappe der Kirche im 7. Jahrhundert gehörte.[150] Zehn Alemannengräber – Teil eines Reihenfriedhofes – wurden 1907 beim Bau der Evangelischen

Kapelle an der Bergstrasse in Horgen untersucht.[151] Am Hügel Rosenberg in Wädenswil stiess man im Jahre 1922 auf drei beigabenlose Gräber des 8. Jahrhunderts.[152] Aus der Underhueb im Zollikerberg sind elf Plattengräber aus dem Hochmittelalter bekannt.[153]

BESTATTUNGEN IN DER KIRCHE

Seit dem Frühmittelalter liessen sich vornehme Geschlechter mit Vorliebe im Innern der Kirche bestatten. Kanoniker, Mönche und Nonnen fanden meist im Kreuzgang, in einer Kapelle oder in den beiden Seitenschiffen der Kirche ihre letzte Ruhestätte. Nachzuweisen ist dies in Zürich für das Grossmünster, das Fraumünster, das Prediger- und das Barfüsserkloster sowie für das Kloster Oetenbach. Laien erhielten dank einer Stiftung einen Begräbnisplatz im Innern kirchlicher Gebäude. Im Chorherrenstift St. Felix und Regula, dem Grossmünster, sicherte sich die Familie Schwend 1306 eine Grablege in der Krypta, 1312 die Manesse ein Grab beim Marienaltar,

Grabplatte des Bürgermeisters Rudolf Brun im Chor der Kirche St. Peter in Zürich. Aquatinta von Julius Arter, 1837.

Chor der Kirche St. Peter in Zürich. Im Vordergrund die Grabplatte des Bürgermeisters Rudolf Brun. Foto von 1970.

Grabplatten im Mittelgang des Schiffs der Kirche St. Peter in Zürich. Foto von 1970.

1413 der Kaufmann Heinrich Göldli ein Grab in der Jakobskapelle und Bürgermeister Heinrich Meiss 1427 für seine Familie eine Gruft in der Marienkapelle, die 1849/50 abgebrochen wurde. 1476 bekam auch die Familie Escher ein Familiengrab im Grossmünster.[154] Der Zürcher Bürgermeister Hans Waldmann erkaufte sich mit einer Stiftung von 240 Pfund nicht nur sein Seelenheil und jenes seiner Vorfahren, sondern auch einen Grabplatz im Fraumünster. Der Priester Heinrich von Bülach wünschte 1271 im Predigerkloster begraben zu werden. Auch der Kreuzgang und die Klosterkirche der Barfüsser dienten als Grablege. Dies belegen nicht nur Skelettfunde, sondern auch die 1903 entdeckte Grabplatte des Freiherrn Ulrich von Regensberg aus dem Ende des 13. Jahrhunderts.[155] 1916 wurden im Chor der ehemaligen Predigerkirche 64 Grabsteine gefunden. Erhalten ist die Grabplatte des um 1270 verstorbenen Dominikaners Heinrich von Ruchenstein.[156]

Gut untersucht sind die Bestattungen in der Pfarrkirche St. Peter in Zürich. In dessen Chor liess sich schon 1360 der Zürcher Bürgermeister Rudolf Brun beisetzen. Zwischen 1584 und 1786 wurden im Kirchenschiff von St. Peter in 44 Gräbern mindestens 95 Personen bestattet, nämlich 84 Männer und 11 Frauen. Beigesetzt waren hier hauptsächlich Angehörige der engeren politischen Führungsschicht – Bürgermeister, Statthalter, Landvögte und Zunftmeister –, seltener Pfarrer, Kirchenpfleger, Offiziere und Akademiker.[157]

Auch in Zürichseegemeinden waren Bestattungen im Kircheninnern üblich. Rudolf von Werdenberg-Landegg, der vor Februar 1400 gestorbene Komtur des Johanniterhauses Küsnacht, wurde in der dortigen Georgkirche beigesetzt.[158] Seine Grabplatte kam bei der Kirchenrenovation von 1886 am Ostende des Mittelschiffs zum Vorschein. Sie zeigte das in Stein gemeisselte Bild eines bartlosen Johanniterpriesters. Zwei weitere Platten trugen das Familienwappen Biber. Eine dritte Sandsteinplatte deckte das Grab des Johanniters Rudolf Mülner.[159] Pfarrer Melchior Usteri fand 1753 in der Kirche Uetikon am See im Chor bergseits des Taufsteins seine letzte Ruhestätte.[160]

In der zweiten Hälfte des 18. Jahrhunderts nahmen immer mehr Kirchgänger Anstoss an den Gräbern in der Kirche St. Peter, denen oft Modergeruch entströmte. Ein Verbot von 1770 untersagte fortan in der Stadt Zürich das Bestatten im Kircheninnern. 1814 deckte man im St. Peter die alten Grabplatten mit Brettern ab und 1901 verschwanden sie unter einem neuen Kirchenboden.

FRIEDHÖFE UND GRABSTEINE
DER FRIEDHOF – EIN ÖFFENTLICHER RAUM

Seit dem Mittelalter bis ins 20. Jahrhundert hinein waren die Kirchhöfe rund um das Gotteshaus angelegt. Sie waren meist mit einer Mauer, einer Hecke oder einem Lattenzaun abgeschlossen, eingefriedet, weshalb man auch vom Friedhof spricht. Vor den Toren angelegte Gatter verhinderten, dass Tiere das Areal betreten konnten. Im Gegensatz zu heute waren Friedhöfe früher ein öffentlicher Bereich. Dass hier auch gespielt wurde, passte dem Zürcher Rat allerdings nicht. Darum verbot er schon 1326 das Würfelspiel auf allen vier Friedhöfen der Stadt.[161] Ruhe kehrte aber damit nicht ein. Auf dem Friedhof von

Kirche und Friedhofareal St. Peter in Zürich, um 1700.

St. Peter spielten Kinder weiterhin, das Volk versammelte sich hier in Scharen. Und den Nachbarn musste gar verboten werden, auf dem Friedhof Holz zu spalten und Scheiterhaufen zu errichten.[162] Um 1550 verbot der Rat, auf dem Prediger-Kirchhof mit Kugeln zu spielen und Textilien aufzuhängen. Und den Mädchen untersagte er, auf dem Friedhof mit Ringen zu spielen und zu singen.[163] 1687 und 1779 sah sich der Stillstand von St. Peter veranlasst, gegen frei laufende Hühner auf dem Kirchhofareal einzuschreiten, damit dieses wiederum zum wahren Gottesacker werde.

Nachts fanden die Menschen den Friedhof unheimlich. Man fürchtete, die Toten könnten in der Dunkelheit aus dem Schlaf erwachen und als Gespenster umgehen. Solche Angst nutzte eine Jugendbande im Jahre 1417. In der Nacht vor Palmsonntag vollführten Jugendliche auf dem Kirchhof von St. Peter «ein frömd wunderlich geschrey als ob sy selen weren». Sie schrien nicht nur, sondern warfen zugleich Steine gegen das Haus der Bäckerfamilie Gerung und jagten ihr mächtigen Schrecken ein.[164]

Der Friedhof als Rechtsbereich

Auf dem Kirchhof wurden auch Rechtsgeschäfte abgeschlossen. Bezeugt ist dies 1250 für den Friedhof St. Peter in Zürich.[165] 1268 vollzogen die Einwohner von Zollikon einen notariellen Akt vor dem Eingang ihres Kirchhofs.[166] Auf dem Prediger-Kirchhof in Zürich wurden in den Jahren 1278 und 1300 ebenfalls Urkunden besiegelt.[167]

Die Einfassung des Friedhofs markierte eine Rechtsgrenze zwischen dem sakralen und dem weltlichen Raum. Der Kirchhof und das Beinhaus waren Asylstätten. Floh ein Dieb oder ein anderer Missetäter hierhin, durfte er gemäss geltendem Recht nicht verhaftet werden. In Zürich erwirkte der Rat 1521 allerdings eine Lockerung des Asylwesens auf den Friedhöfen. Kaiser Karl V. gestand der Stadt Zürich das Recht zu, Schwerverbrecher, welche sich in den Asylstätten aufhielten, zu verhaften.[168] Auch in andern eidgenössischen Orten war der traditionelle Rechtsschutz nicht immer wirksam. So in Freienbach. Dort floh 1752 ein von Vogt und Säckelmeister verfolgter Dieb ins Beinhaus. Der Priester machte vergeblich auf das altüberlieferte Asylrecht aufmerksam. Das Volk lockte den Dieb aus dem Beinhaus und misshandelte ihn, bis er sich schliesslich ergab.[169]

Verlegung eines Friedhofs

Das in der Nähe des heutigen Zürichhorns gegründete Kloster Oetenbach erhielt 1239 durch päpstliches Privileg das Begräbnisrecht. 1280 zogen die Nonnen mit ihrem Konvent in einen Neubau innerhalb der Stadtmauern, nahe dem Lindenhof. Dabei verlegten sie auch ihren in einer Urkunde von 1261 erwähnten Friedhof an den neuen Standort: «Si grubent auch aus dem kirchhof das gepein der seligen schwestern und führten das mit inen.»[170] Die Dominikanerinnen zu Oetenbach beerdigten nun auch im Chor der neuen Klosterkirche, bis ihnen die Prediger dies im Jahre 1321 untersagten.

Judenfriedhof

Weil der Wolfbach ihren Friedhof vor der Stadt überschwemmt und zerstört hatte, erhielten die Mitglieder der jüdischen Gemeinde 1381 mit Bewilligung des Bischofs von Konstanz ein neues Areal vor dem Lindentor, auf dem der Neubau des Kunsthauses entstehen wird. Zwischen 1423 und 1436 wurde der Friedhof im Zeichen von Judenhass mehrmals geschändet. 1484 war er nur noch Wiese und seit 1515 benützte man das Gelände als christlichen Friedhof für die Toten von Hottingen, Fluntern und vom Zürichberg.[171]

Verkauf von Grabstätten

Grabplätze auf dem Friedhof konnten auch verkauft werden. 1356 starb Johannes Hoppeler und hinterliess Geldschulden. Der Vormund der Kinder sah sich darauf gezwungen, Hoppelers Grab vor der Türe beim Martinsaltar der Pfarrkirche St. Peter in Zürich zu verkaufen. Der Erlös für Grabstein und Grab fiel allerdings bescheiden aus.[172]

Bestattungsvorschriften

Die 1554 abgefasste Ordnung für den Totengräber der Kirche St. Peter in Zürich enthielt Bestimmungen, wie Bestattungen im Freien durchgeführt werden mussten.[173] Die abgestorbenen Körper sollten – wie von alters her – «in rechte Tiefe begraben werden, damit von ihnen kein böser Geschmack oder Unrat entstehe». Zwischen Leiche und Erdoberfläche waren zwei Ellen (120 cm) Tiefe vorgeschrieben. Kinder bis fünf Jahre bestattete man eine Elle, Fünf- bis Zwölfjährige anderthalb Ellen tief. Über alle Toten musste Kalk gestreut werden. Artikel 11 der Ordnung von 1554 hielt fest, dass man die Toten nicht in den Särgen bestatten dürfe, sondern wie früher «die Körper aus den Bäumen» nehmen müsse, um vorzeitige Überbelegung zu vermeiden. Erst die Totengräberverordnung von 1657 sah vor, dass alle Verstorbenen in Särgen bestattet wurden, und zwar fünf bis sechs Schuh (150 bis 180 cm) tief.[174]

Bevorzugte Grabplätze

Thalwiler Bürger versuchten immer wieder, für ihre Verstorbenen besonders schöne Grabstellen zu sichern. Weil der Kirchhof eng und klein war, hätte 1698 der Kirchmeier Heinrich Syfrig in der begonnenen Reihe bestattet werden sollen, was die Angehörigen ablehnten. Darauf beschloss der Stillstand, wer für seine Verstorbenen einen besonderen Begräbnisort begehre, müsse ins Spendgut oder ins Almosensäckli zwei Gulden geben.[175]

Aus Wädenswil berichtet der Chronist Rudolf Diezinger, der Kirchhof sei ursprünglich nach Geschlechtern aufgeteilt gewesen. Das habe bei anwachsender Bevölkerung dazu geführt, dass an einigen Orten viele und an anderen Orten wenige Leichen begraben wurden. Anlässlich des Kirchenneubaus von 1764 bis 1767 musste eine neue Regelung eingeführt werden. Der Stillstand wies den Sigristen an, er solle mit neuen Gräbern an der Kirchhofmauer beim Portal neben dem Brunnen beginnen und dann in der Reihe fortfahren, «ohne Ansehung der Person». Dies passte dem angesehenen Landschreiber Johann Jakob Eschmann in der Kanzlei nicht. Er verlangte für seine Familie nicht nur einen bestimmten Platz gerade unterhalb der Kirche, sondern wollte gar, dass dieser Platz mit einer Mauer eingefasst werde und dass man dort auch die Grabsteine seiner Ahnen aufstelle. Der Stillstand kam dem betagten Mann entgegen und beschloss, dass er für sein künftiges Grab einen Platz auslesen dürfe. Ausser ihm sollte aber niemandem ein solches Vorrecht gewährt werden.[176]

1784 regelte der Stillstand von Küsnacht das Begräbniswesen neu. Dem Sigrist wurde befohlen, die Leichen künftig so in der Reihe zu beerdigen, wie sie auf den Friedhof gebracht wurden. Weiterhin schied man Kindergräber von Gräbern der Erwachsenen, aber Familiengräber sollte es nicht mehr geben.

Kampf dem Aberglauben

Frauen, die im Kindbett gestorben waren, und auch totgeborene und damit ungetaufte Kinder wurden in Küsnacht in einem besonderen Winkel des Friedhofs bestattet. Man wollte dadurch verhindern, dass Frauen unbedacht über solche Gräber schritten und nach herrschender Ansicht dabei Schaden nahmen. 1784 kämpfte der Stillstand mit Erfolg gegen diesen abergläubischen Brauch an und hob die Sonderbestattung auf. Dafür bezeugte der Examinatorenkonvent in Zürich der Kirchenbehörde «das Wohlgefallen Meiner Gnädigen Herren».[177] In Erlenbach warnte der Stillstand 1804 davor, totgeborene Kinder heimlich zu beerdigen.[178]

Alte Kirche Thalwil von Süden, mit Grabtafeln an Längswand und Chor. Aquarell von Caspar Staub, um 1830.

KARGE FRIEDHÖFE

Heute sind Friedhöfe schöne Parkanlagen. Das war nicht immer so. Die meisten «Gottesäcker» waren mit Gras bewachsen. Im Jahre 1700 standen auf dem unbenützten, mit Gras bewachsenen Teil des Friedhofs Meilen sogar Kirschbäume.[179] Auch in Stäfa wurde der Kirchhof als Wiese benutzt. Bei seinem Besuch fiel Johann Wolfgang von Goethe 1798 auf, dass hier nur wenige Gräber gepflegt und kaum einige mit Grabtafeln versehen waren.[180] Zwei Grabplatten in Hirzel erinnern noch daran. Jene des 1824 verstorbenen Pfarrers Diethelm Schweizer und des 1826 bestatteten Pfarrers Diethelm Burkhard beginnen mit den Worten: «Unter diesem Rasen schlummert…»[181]

GRABSTEINE

Im Jahre 1747 wurde auf dem Lindenhof in Zürich ein römischer Grabstein entdeckt, der aus der Zeit von 185 bis 200 nach Christus stammt.[182] Er trägt die folgende lateinische Inschrift:

D(is) M(anibus)
Hic situs est
L(ucius) Ael(ius) Urbicus
qui vixit an(no)
uno m(ensibus) V d(iebus) V.
Unio Aug(usti) lib(ertus)
p(rae)p(ositus) sta(tionis) Turicen(sis)
XL G(alliarum) et Ae(lia)Secundin(a)
p(arentes) dulcissim(o) f(ilio)

Zu Deutsch:
Den Totengöttern
Hier liegt begraben
Lucius Aelius Urbicus
der gelebt hat
1 Jahr 5 Monate 5 Tage
Unio, Freigelassener des Kaisers,
Vorsteher der Station Turicum
des Gallischen Zolls und Aelia Secundina,
die Eltern, für ihren allersüssesten Sohn.

Ein zweiter römischer Grabstein vom Lindenhof, 1937 ausgegraben, ist ins späte 2. oder frühe 3. Jahrhundert nach Christus zu datieren. Die Grabstele trägt folgende lateinische Inschrift: D(is) M(anibus)

Römischer Grabstein des Lucius Aelius Urbicus, um 200 nach Christus. Gefunden 1747 auf dem Lindenhof in Zürich. G. Hagenbuch: Tessarakostologion Turicense, Zürich 1747, S. 475.

/F/la(viae) Sacrillae /…/ Iul(ius) Marcellus /s/ocru sanctis(simae) /e/t Val(eria) Sancta matri pientiss(imae) d(e) s(uo) p(onendum c(uraverunt).) Die Übersetzung der Inschrift lautet: «Den Manen. Der Flavia Sacrilla haben … Iulius Marcellus, seiner ehrwürdigen Schwiegermutter, und Valeria Sancta, ihrer liebsten Mutter, (diesen Stein) aus eigenen Mitteln setzen lassen.»[183]

Schon vor der Reformation standen auf den Friedhöfen Grabsteine. Artikel 52 des Zürcher Richtebriefes von 1304 legte eine Maximalgrösse für Grabsteine fest: sieben Fuss (210 cm) lang und drei Fuss (90 cm) breit. Die katholische Sitte der Grabsteine behagte dem Rat der reformiert gewordenen Stadt Zürich nicht mehr. Er liess daher im November 1525 von den Kanzeln verkünden, jedermann müsse innerhalb eines Monats die Grabsteine für verstorbene

Angehörige entfernen, «ab den greben heim fürren». Geschehe dies nicht, werde sie der Stadtbaumeister wegnehmen.[184]

Bald setzten Angehörige ihren Verstorbenen erneut Grabsteine. Nachdem auf dem Friedhof St. Peter wieder etliche «Grabsteine und Geschriften» entdeckt worden waren, erneuerte der Rat 1585 das Verbot von 1525 und befahl erneut die Räumung.[185] 1666 schreibt Pfarrer Johannes Müller, auf dem 1660 erneuerten südöstlichen Friedhof von St. Peter würden die Leute ohne Grabstein begraben. Die Friedhöfe seien frei von allen Erinnerungszeichen. Nur entlang der Kirchenmauern gebe es Grabinschriften.

David von Moos sammelte ums Jahr 1775 Grabinschriften auf der Zürcher Landschaft. An der Aussenmauer der Kirche Hirzel waren damals fünf Grabinschriften zu sehen. Die älteste, für die Pfarrfrau Barbara Wonlich-Lavater, datierte von 1680, die jüngste, für Pfarrer Hans Caspar Grob, von 1761.[186]

Rudolf Widmer in Herrliberg verlangte 1814, seinen verstorbenen Eltern einen mit Inschrift versehenen Grabstein setzen zu lassen. Die Behörde bezichtigte den Bittsteller der Eitelkeit und lehnte sein Gesuch ab mit der Begründung, dies sei etwas Ungewohntes und würde unter den Gemeindebürgern nichts als Unzufriedenheit und Murren erregen.[187]

1820 wurde der neue Friedhof St. Jakob in Zürich eingeweiht. Als Neuerung bezeichnete man die Gräber mit Nummern und registrierte diese in einem Leichenbuch. Auf die Grabstätten durften keinerlei Monumente gestellt werden, weder solche aus Holz noch aus Stein. Erlaubt waren lediglich einfache Grabplatten und Leichensteine.[188]

1821 stellte die Kirchenpflege von St. Peter fest, auf dem Kirchhof St. Anna in Zürich habe der Missbrauch eingerissen, die Gräber mit allerhand seltsamen Denkmälern zu überstellen. Mit einem Schreiben wurden daher die Steinmetzmeister aufgefordert, keine Arbeiten mehr anzunehmen, die nicht der Kirchhofvorschrift entsprechen. Und Mitglieder des Stillstandes hatten die Angehörigen «mit freundlichem Zuspruch» aufzufordern, allzu auffallende Denkmäler wieder zu entfernen.[189]

Auf dem Friedhof Meilen räumte man in den Jahren 1839 bis 1843 alle Denkmäler ab und beschränkte sich auf einen schwarzen Stecken mit Nummer oder dem Namen des Verstorbenen. Der Friedhof wurde zur schlichten Wiese ohne Gliederung. Erst 1861 teilte man ihn wieder in Grabfelder auf. Noch 1890 waren Grabsteine die Ausnahme. Aus Furcht vor Kitsch gelten seit 1927 für Grabsteine strenge Vorschriften.[190]

Der Stillstand Rüschlikon verfügte 1842, auf dem «Gottesacker» müssten alle Denkzeichen – Grabsteine – entfernt werden. Denn es sollte dem landeskirchlichen Grundsatz der Einfachheit nachgelebt werden. Die Kirchhofordnung von 1863 schrieb dann einheitliche, einfache Grabsteine vor. Wer ein besonderes Denkmal aufstellen wollte, musste sich dies von der Kirchenpflege gegen eine Gebühr von 50 Franken bewilligen lassen.[191] Auch in Horgen glich der Friedhof bis 1845 einer Wiese. Eine Unterscheidung einzelner Gräber fehlte. Dann beschloss die Gemeindeversammlung, jedes Grab mit einem grasfreien Hügel sowie einem Stab mit Schild und Nummer zu bezeichnen.[192] In Uetikon beschloss die Gemeindeversammlung am 26. November 1848, fortan solle bei jedem Grab statt des Nummernstabes ein harthölzernes Kreuz mit Blechtäfelchen angebracht werden. Dieses musste folgende Angaben tragen: Taufname, Geschlechtsname, Geburtsdatum, Todesdatum und Nummer der Leiche.[193] Mit der Friedhofverordnung von 1849 lehnte Thalwil Grabsteine ab. Künftig durfte am Grab nur noch ein eiserner Stab mit Schild befestigt werden, auf dem Name, Geburts- und Todestag vermerkt waren.[194]

In Wädenswil kritisierten Leute aus den äusseren Sektionen 1827 die «katholische Mode» der Grabsteine. Sie argumentierten, im Tode seien alle gleich. Es leuchte nicht ein, weshalb der Reiche auf seinem Grab einen glänzenden Marmorstein, der Arme aber kaum ein eisernes Grabzeichen haben solle. Dem Drängen nach Einförmigkeit gab die Kirchgemeindeversammlung am 2. Dezember 1849 nach, indem sie beschloss: «Kein Grab soll künftig ohne Zeichen bleiben. Diese aber sollen alle gleichmässig sein und dürfen die Höhe von 3 Fuss sowie allfällige Pflanzen die Höhe von zwei Fuss nicht übersteigen. Als Grabzeichen soll gelten ein schwarzer hölzerner Stab von drei Fuss Höhe, an welchem ein Schrifttäfelchen befestigt

Friedhof an der Oberdorfstrasse in Wädenswil, benützt bis 1909. Flugaufnahme um 1920. Auf diesem Areal befindet sich heute die Sportanlage Eidmatt.

Grab des 1899 verstorbenen Walter Ammann auf dem Friedhof Wädenswil. Im Hintergrund Stangen mit Grabnummern an Stelle von Grabsteinen.

ist, auf welchem der Name, der Geburts- und Todestag nebst der Nummer des Grabes mit Goldschrift gesetzt werden kann.» 1851 fand der Stillstand, dieser Beschluss sei nicht zweckmässig. Die hölzernen Grabzeichen seien nicht haltbar genug und eine blosse Numerierung der Gräber auch gar zu einförmig. Er brachte daher folgenden Antrag vor die Gemeindeversammlung: «Es sei dem Publikum wieder überlassen, wie früher beliebige Andenken auf die Gräber der Verstorbenen zu setzen, jedoch nur in einer gehörigen Ordnung und unter Aufsicht des Stillstandes.» Dieser Antrag wurde angenommen.[195]

Als es in den Seegemeinden noch keine Grabsteinbildhauer gab, bezog man die Grabsteine aus einer Werkstätte in der Stadt Zürich. 1861 inserierte in Wädenswil erstmals ein einheimischer Steinhauer. Steinmetz Kuser an der Seefahrt warb im «Allgemeinen Anzeiger vom Zürichsee» für die Lieferung von Grabsteinen aus Sandstein und Marmor in allen beliebigen Sorten.[196] 1876 empfahl sich auch Bildhauer Albert Rusterholz bei der Badanstalt Wädenswil «einem geehrten Publikum» für das «Anfertigen von Grabsteinen in Sandstein, Marmor und Granit nach Zeichnungen in allen Stilen». Zugleich verstand er sich aufs Reparieren und Vergolden alter Grabsteine.[197] Nebst Grabsteinen wurden auch Grabgeländer Mode. Solche Einfassungen aus Metall für grosse und kleine Gräber hielt 1879 der Spengler Ernst Blattmann in Wädenswil vorrätig und empfahl sie durch Inserat «dem geehrten Publikum».[198]

EPITAPHE

Pfarrer, die lange Jahre in einer Kirchgemeinde gewirkt hatten, erhielten nach dem Tod oft eine Ge-

127

Friedhof Wädenswil um 1920, mit reichem Baumbestand. Im Hintergrund die katholische Kirche.

denktafel, die meist an der Aussenwand von Chor oder Kirchenschiff angebracht wurde. Vier solcher Epitaphe aus der Zeit zwischen 1745 und 1899 finden sich an der reformierten Kirche Schönenberg, sechs aus den Jahren 1795 bis 1916 an der reformierten Kirche Hirzel. Dort sorgten die Familien für die Leichensteine. Dem Pfarrer Diethelm Schweizer, gestorben 1824, setzte erstmals die Gemeinde als Zeichen der Anerkennung ein einfaches Denkmal.[199] Auch in Zollikon erinnern Grabplatten an der Kirchenmauer an den ursprünglichen Friedhof, der 1880 von einem neuen auf der unteren Allmend abgelöst wurde.[200]

FRIEDHÖFE IN DER STADT ZÜRICH

In der Stadt Zürich sind mehrere frühmittelalterliche Gräberfelder entdeckt und erforscht worden. Gräber an der Bäckerstrasse in Zürich Aussersihl konnten in die Mitte des 6. Jahrhunderts datiert werden. Fünf Gräber unter den Chormauern der Pfarrkirche St. Peter und 15 Gräber an der Storchengasse am Fusse des St.-Peter-Hügels stammen aus dem 7. Jahrhundert. Ein Gräberfeld an der Spiegelgasse/Obere Zäune gehört dem ausgehenden 7. und dem 8. Jahrhundert an.[201]

Die Zürcher Fraumünsterabtei belegte ein Friedhofareal an der Stelle des heutigen Münsterhofs. Durch Ausgrabungen in den Jahren 1977/78 liessen sich hier Bestattungen des 9. und 10. Jahrhunderts und solche aus dem 10. bis 13. Jahrhundert nachweisen. Um 1300 wurden die Gräber auf einen Streifen längs des nördlichen Kirchenschiffs reduziert. Eine neue Mauer trennte den verkleinerten Friedhof vom neu gestalteten Münsterplatz.[202] Weitere Grabstätten befanden sich im Hof des Fraumünster-Kreuzgangs. Belegt ist dies noch durch eine Fotografie aus dem Ende des 19. Jahrhunderts. Mit dem Abbruch der Abteigebäude im Jahre 1898 verschwand auch dieser Friedhof.[203]

Der Friedhof auf der heutigen Grossmünsterterrasse in Zürich wird erstmals im 12. Jahrhundert erwähnt. Bei Aushubarbeiten für den Bau von Unterflurcontainern kamen hier im Frühling 2007 viele Schädel und Knochen zum Vorschein, die in einer Grube lagen. Die Archäologen gehen davon aus, dass es sich dabei um Skelettteile handelt, die hier nach der Aufhebung der Beinhäuser im Jahre 1542 beigesetzt wurden.[204]

In der zweiten Hälfte des 18. Jahrhundert wurden Stimmen laut, die Friedhöfe aus hygienischen Gründen aus dem Stadtkern zu entfernen. Die beiden Friedhöfe von St. Peter wurden 1788, nach der Eröffnung des Friedhofs St. Anna, zu mit Platten belegten Plätzen. 1786 fiel der Entscheid, den Grossmünsterfriedhof aufzuheben. Durch Planieren entstanden bis 1812 der heutige Zwingliplatz und der Grossmünsterplatz. Die damaligen Vororte verfügten jetzt über eigene Friedhöfe. Dann wurden neue Friedhöfe angelegt, die heute wieder verschwunden sind: so der Friedhof Neumünster für Hottingen, Hirslanden und Riesbach und 1848 der Friedhof Hohe Promenade (bis 1877) für die Kirchgemeinden Grossmünster, Predigern und Fraumünster. 1877 schuf man für die ganze Stadt den Zentralfriedhof. Daneben gab es seit 1865 den Begräbnisplatz für Israeliten im Friesenberg und seit 1870 den katholischen Friedhof an der Elisabethenstrasse. Ein weiterer israelitischer Friedhof in der Steinkluppe bestand von 1899 bis 1937.[205]

Auch die damaligen Vororte hatten eigene Friedhöfe: Höngg und Schwamendingen schon vor 1500, Affoltern seit 1685. Dann legten auch sie neue Friedhöfe an: 1874 Realp für die Neumünstergemeinde, 1876 Oerlikon, 1877 Sihlfeld A und 1880 Sihlfeld B für Aussersihl, 1878 Giesshübel für Enge und 1887 Allmend Fluntern für Fluntern. Nach der ersten Stadtvereinigung von 1893 entstanden die Friedhöfe Manegg (1897), Nordheim (1899), Erweiterung Sihlfeld C

Bestattung auf dem Friedhof bei der Kirche Wädenswil. Zeichnung von Johann Jakob Hofmann, 1771 (Ausschnitt).

Friedhof beim Bet- und Schulhaus Enge. Aquarell von Johann Jakob Speerli, Sohn, um 1860.

Bis 1898 diente der Kreuzgang des Fraumünsters in Zürich auch als Friedhof.

Friedhof der Predigerkirche in Zürich in der zweiten Hälfte des 19. Jahrhunderts, bergseits begrenzt durch die alte Stadtmauer. Zeichnung von Johann Konrad Werdmüller (1819–1892).

Friedhof Wiedikon. Foto von 1910.

und D (1902, 1914), Enzenbühl (1902) und Schwandenholz (1902).[206] Später kamen noch folgende Friedhöfe hinzu: 1902 Albisrieden, 1908 Altstetten, 1956 Hönggerberg, 1962 Sihlfeld E, 1968 Eichbühl, 1971 Leimbach. Heute zählt Zürich 19 städtische Friedhöfe.[207]

Neue Friedhofgestaltung

Gemäss Publikation des Stillstandes von Zürich St. Peter war es 1809 untersagt, auf dem Kirchhof St. Anna Trauerweiden zu pflanzen, weil deren Wurzeln das Begraben erschweren würden.[208] Seit der zweiten Hälfte des 19. Jahrhunderts begannen sich Bäume auf vielen Friedhöfen durchzusetzen. In Horgen schmückte man 1859 die Eingänge zum Friedhof mit Trauerweiden und 1866 den Hauptweg mit Ziersträuchern.[209] In Wädenswil ersetzte man 1864 acht Pappeln durch 28 japanische Schnurbäume (Sophora japonica pendula).[210]

Unter englischem Einfluss wurden die Friedhöfe ab der zweiten Hälfte des 19. Jahrhunderts oft parkähnliche Anlagen. Ein frühes Beispiel dafür ist der 1877 neu angelegte Zentralfriedhof Sihlfeld in Zürich.[211]

Schmuck der Gräber

Die Sitte, Gräber mit Blumen und Sträuchern zu schmücken, kam im 19. Jahrhundert auf. Die Zürcherin Regula von Orelli-Escher liess 1801 das Grab ihrer verstorbenen zwölfjährigen Tochter Regula mit Trauerweiden und Rosenstauden bepflanzen.[212] Horgen gestattete 1845, den Grabhügel «mit etwas bescheidenem Blumengesträuch» zu versehen.[213] Die Kirchenpflege Wädenswil rief 1869 in Erinnerung, dass nach § 7 des Kirchhofreglements «jedes Grab, das ein Grabzeichen hat oder mit Gesträuch und Blumenbepflanzungen bezeichnet ist» auf Kosten der Hinterlassenen vom Kirchhofwärter besorgt werde.[214] Und im Reglement von 1887 hiess es: «Alle Gräber sind gleichmässig mit einer Wölbung zu versehen und mit Immergrün einzufassen.»[215] Die 1890 erlassene Friedhofverordnung von Meilen zeigt, dass Blumenschmuck auf den Gräbern damals noch die Ausnahme war.

Leichenhallen und Abdankungskapellen

Seit 1846 förderten staatliche Vorschriften betreffend die Leichenschau den Bau von Leichenhäusern. Horgen erhielt 1859 ein solches Gebäude. In Thalwil wurde 1874 eine Leichenhalle gebaut, die bis 1923 stand. Dann erstellte man auf dem neuen Friedhof Feld ein Leichenhaus und 1930 für Abdankungen die Tannstein-Kapelle.[216] Das 1874 errichtete Leichenhaus in Hütten dient heute als Geräte- und Materialraum für den Friedhof und die reformierte Kirche. Wädenswil weihte 1937 ein Abdankungshalle, Rüschlikon 1943 eine Abdankungskapelle ein.[217]

Neue Friedhöfe

Mit dem Anwachsen der Dorfbevölkerung wurden die rund um die Kirche angeordneten Friedhöfe zu klein. Wenn sie sich nicht mehr erweitern liessen, wurde ein neuer Friedhof angelegt. Dies war in Wädenswil 1818 der Fall. Da das Terrain aber lehmhaltig war, wurden Särge und Leichen nicht natürlich abgebaut und man befürchtete Auswirkungen auf das Trinkwasser.[218] Ab 1909 wurde hier nicht mehr bestattet, in den 1930er Jahren räumte man die letzten Gräber ab. Seit 1910 stand der heutige Friedhof zur Verfügung. Dieser befand sich nun ausserhalb des Ortskerns und hatte für manche auch den Vorteil, dass man nicht mehr täglich an das Sterben erinnert wurde. Ungenügende Verwesung der Leichen wegen schlechter Bodenqualität führte 1912 auch in Meilen zur Verlegung des Friedhofs von der Kirche auf die

Gräber mit Blecheinfassung, Grabkreuze und Grabsteine auf dem Friedhof Wädenswil. Foto um 1900.

Nordseite des Dorfes. Der alte Friedhof wurde bis 1951 schrittweise aufgehoben.[219] Nach Ablauf der Grabesruhe wandelte man die ehemaligen Friedhöfe bei den Kirchen in öffentliche Anlagen um. Bei den Kirchen entstanden Grünanlagen, so 1862 in Wädenswil, 1951 in Meilen.

Feuerbestattung

Am 10. März 1874 liessen sich in der Kirche St. Peter in Zürich gegen 2000 Personen über die Feuerbestattung informieren. Darauf wurde der Feuerbestattungsverein Zürich gegründet, den Professor Albert Heim ab 1877 präsidierte. Am 11. Februar 1877 beschlossen die Stimmbürger der Stadt Zürich den Bau des ersten Krematoriums in der Schweiz. Einen Monat später schenkte die Stadt dem Verein den Bauplatz. 1889 wurde das Krematorium Sihlfeld eingeweiht,

Verbrennungsofen im Abdankungsraum des ersten Krematoriums Sihlfeld. Aufnahme von 1889.

Erstes Krematorium Zürich Sihlfeld, erbaut 1889 von Stadtbaumeister Arnold Geiser. Aufnahme von 1889.

1915 folgte das zweite.[220] In der Stadt stieg die Zahl der Leichenverbrennungen von Jahr zu Jahr. Die 1913 registrierten 588 Kremationen entsprachen annähernd einem Viertel aller Todesfälle.[221] Mit jährlich rund 6000 Einäscherungen ist die Kremation in Zürich heute die Bestattungsart schlechthin.[222] Seit 1991 werden im Krematorium Sihlfeld keine Leichen mehr kremiert. Dies geschieht ausschliesslich im 1967 erbauten Krematorium Nordheim. Seit der Erweiterung seiner Ofenanlagen in den 1990er Jahren zählt es zu den grössten seiner Art in ganz Europa.[223]

Urnengräber

Mit dem Bau des Krematoriums in Zürich begannen zuerst in der Stadt und dann auch auf der Landschaft die Urnengräber die Erdbestattungen zu verdrängen. Dass an den Wänden des Krematoriums Urnen aufgestellt wurden, führte 1911 noch zu Kritik. Dann setzten sich auf den Friedhöfen Urnenfelder und Mauern mit Urnennischen durch. In den einen Gemeinden geschah dies früher, in andern später. Hütten zum Beispiel bezeichnete erst 1972 ein Urnengrabfeld.[224] In Wädenswil stehen Reihengräber und Familiengräber für Urnenbestattung und ein einheitlich bepflanzter Urnenhain zur Verfügung. Die Gräber können dort individuell gestaltet werden. Ferner gibt es eine Wand für Urnennischen, die mit einer Messing- oder Steinplatte abgedeckt werden.[225]

Gemeinschaftsgrab

Die Urnenbestattung ermöglicht es, Gemeinschaftsgräber anzulegen, in denen die Asche lose in der Erde beigesetzt wird. Früher fanden nur einsam, arm und namenlos Verstorbene in einem Gemeinschaftsgrab ihre letzte Ruhe. Heute sind Gemeinschaftsgräber längst nicht mehr die Armengräber von einst.[226] Im Jahre 2003 wollte in Zürich fast jeder Dritte kein eigenes Grabmal mehr. Von 4000 Personen, die in jenem Jahr beerdigt wurden, kamen 1200 ins Gemeinschaftsgrab. Um solchen Wünschen nachzukommen, verfügen heute fast alle Friedhöfe über ein Gemeinschaftsgrab. In Wädenswil wird die Asche im Rasen vergraben, in Stäfa in einer weichen Tonurne beigesetzt. Für die Besuchenden ist der Ort der jeweiligen Bestattung nicht feststellbar. Die Belegungsdauer beträgt 20

Gemeinschaftsgrab auf dem Friedhof Stäfa.

Baumbestattung. Pressefoto FriedWald, Thomas Gasparini.

Jahre. Das Fehlen jeglicher Individualität an der Grabstätte scheint bei den zurückbleibenden Trauernden immer öfter ein Unbehagen auszulösen. Völlig anonyme Bestattungen sind daher praktisch verschwunden. Viele Gemeinschaftsgräber sind im Nachhinein mit Tafeln ergänzt worden, auf denen die Namen der Verstorbenen eingraviert werden können.[227]

Alternative Bestattungsformen

Seit der Einführung der Kremation ist die Bestattung auf einem Friedhof nicht mehr zwingend. Die Asche kann irgendwo verstreut werden: im privaten Garten, bei einem Baum, in den Bergen, über dem See oder an einem Lieblingsort der verstorbenen Person.

Im Oktober 2008 wurde in Stäfa Material ans Ufer geschwemmt, das aus der Asche von kremierten Leichen stammte. Das «Amt für Abfall, Wasser, Energie und Luft» rief der Sterbehilfeorganisation Dignitas sofort in Erinnerung, dass gewerbsmässige Seebestattungen verboten sind. In privatem Rahmen jedoch sind Seebestattungen weiterhin möglich.[228]

Modern sind auch Bestattungen im Wald. Seit 2003 kann die Asche Verstorbener in einem kleinen Waldstück am Hönggerberg beigesetzt werden und seit 2004 auch in Leimbach am Fusse des Üetlibergs.[229] Die 1330 gegründete Holzkorporation Zollikon hat am 14. September 2012 einen Waldfriedhof eröffnet, den sie in Eigenregie betreibt. Wer einen Baum für sich oder bis zu fünf andere Personen reservieren will, schliesst mit der Korporation einen Vertrag ab. Pro Baum werden 4500 Franken verlangt. Waldfriedhöfe gibt es auch in Zumikon, in Küsnacht beim Rumensee, bei der Pfannenstiel-Hochwacht und im Wannenmösli Stäfa[230]. Betrieben werden sie von der Firma Waldesruh. Zurzeit plant auch die Waldkorporation Männedorf einen Waldfriedhof.[231] Ab 2014 gibt es auf dem Friedhof Zollikon eine Bestattungsvariante mehr: das Baum-Gemeinschaftsgrab. Auf einem öffentlichen Friedhof im Bezirk Meilen ist es eine Premiere.[232]

Selbstmord

Die Menschen des 18. und frühen 19. Jahrhunderts vertraten zum Teil Lebensauffassungen, die sich nicht mehr mit den heutigen decken. Dies widerspiegelt sich besonders deutlich im Verhalten gegenüber Personen, die Selbstmord begangen haben. Man hatte mit ihnen kein Mitleid, denn sie hatten ein schändliches Verbrechen begangen. Und dadurch hatten sie ein anständiges Begräbnis verwirkt. Selbstmörder wurden daher stets zur Nachtzeit, ohne Glockengeläut und ohne Leichenzug, begraben. Auf dem Friedhof setzte man die Leiche nicht in der angebrochenen Grabreihe bei, sondern man verscharrte sie auf einem abgelegenen Platz in der Nähe der Friedhofmauer oder sogar ausserhalb. Fromme Bürger wollten diese Ordnung so ausgeführt wissen. In Kilchberg zum Beispiel bestattete man 1668 einen Selbstmörder «bei Nacht und Nebel ohne Geläut und Geleit» in einem Winkel des Friedhofs und 1696 einen andern ohne Sarg «in einem Sack».[233]

Hans Blattmann in Wädenswil hatte sich 1729 mit mehreren Stichen das Leben genommen. Auf Anordnung des Landvogtes Hans Rudolf Landolt sollte er sein Grab auf dem Friedhof erhalten, jedoch an einem entlegenen Ort, der längere Zeit nicht mehr für Bestattungen verwendet worden war. Dagegen lehnte sich jedoch ein Teil der Bevölkerung auf. Mit Stöcken und Hunden versehen, rotteten sich die Unzufriedenen nächtlicherweile zusammen, um sich der Bestattung auf dem Friedhof zu widersetzen. Die Zürcher Obrigkeit schritt gegen dieses wüste Tun ein, büsste 14 Teilnehmer und liess dies zum Trost der Angehörigen des Selbstmörders von der Kanzel verlesen.[234]

Ein ähnlicher Skandal erregte 1784 die Gemüter der Richterswiler. Elisabeth Collwitz, die Ehefrau von Johann Lüthi in Richterswil, hatte sich in einem Anfall von Schwermut im Reidholz durch einen Messerstich entleibt. Der Zürcher Rat wies den Wädenswiler Landvogt Escher an, die Frau in aller Stille in einer abgelegenen Ecke des Friedhofs beerdigen zu lassen. Dagegen erhob ein grosser Teil der Bevölkerung Einspruch. Die Obrigkeit gab nach und die Selbstmörderin fand an einem schicklichen Ort im Reidholz ihre letzte Ruhestätte.[235]

Unter dem Einfluss der Aufklärung änderte sich die Einstellung im 19. Jahrhundert. Am 23. Oktober 1808 sollte die Gattin des Schützenmeisters Hauser, welche sich im Zustand der Depression in den Zürichsee gestürzt hatte, bestattet werden. Entgegen einem Entscheid des Obergerichts verfügte der Gemeinderat Wädenswil, die Frau müsse in aller Stille und ohne Grabgeläut auf dem Platz hinter der Kirche beigesetzt werden, wo man bis 1798 die Hintersässen beerdigt hatte. Mehrere hundert Gaffer freuten sich auf die Sensation, drängten sich schon eine Stunde vor der Beerdigung um das leere Grab und vollführten einen ärgerlichen Lärm. Während der Gemeinderat und der Stillstand auf dem Gesellenhaus tagten, bewiesen einige Wädenswiler humanitäre Gesinnung. Entgegen der gemeinderätlichen Weisung versammelten sie sich in schwarzer Kleidung vor dem Trauerhaus, um der Gattin des Schützenmeisters Hauser in gewohnter Weise das Grabgeleit zu geben. Bei den Häusern ob der Kirche hielt aber der Gemeindeweibel den Leichenzug auf und stellte den Witwer barsch zur Rede.

Da trat Administrator Leuthold vor und beklagte sich im Namen aller über das intolerante Benehmen des Gemeinderates. Der Gemeinderat handle selber gegen seinen Beschluss, indem er den Lärm von ungesitteten Kindern und schlecht denkenden Leuten um das Grab herum dulde. Er glaube, dass ihm niemand verwehren könne, für die Verstorbene ein stilles Gebet zu verrichten, um sein Mitleid an den Tag zu legen. Der Weibel brachte dies dem Gemeinderat zur Kenntnis. Nach langem Warten erhielt das Leichengeleit die Bewilligung, der Beerdigung beizuwohnen. Damit der Gemeinderat seinen Beschluss nicht widerrufen musste, befahl er, die Trauergemeinde habe dem Sarg voranzugehen. Diese Aufstellung gelte dann nicht als Grabgeleit. Der Pfarrer erschien im kirchlichen Ornat und hielt eine rührende Abdankungspredigt, die er sogar mit dem gewohnten Gebet schloss. Die Gemeinderäte sahen der Beerdigung vom Gesellenhaus her zu und überzeugten sich, dass ihr Beschluss – wie der Chronist der Lesegesellschaft vermerkt – «nicht mit der öffentlichen Meinung übereinstimmte» und «dass es weitaus dem grössten Teil der Gemeinde lieb gewesen wäre, wenn man nach dem Willen der höchsten Gerichtsbehörde gehandelt hätte».[236]

Auch in andern Seegemeinden hatte man lange Zeit Vorbehalte gegen die Bestattung von Selbstmördern und Selbstmörderinnen auf dem Friedhof. 1806 nahm sich der Thalwiler Jakob Aschmann im Waldweiher das Leben. Weil die Bevölkerung eine Beerdigung auf dem Friedhof nur mit Mühe zugelassen hätte, erlaubte das Obergericht, den Mann im Forst zu begraben.[237] In Männedorf wurde 1815 ein Selbstmörder um fünf Uhr morgens in einem entlegenen Winkel des Friedhofs beigesetzt.[238] Auch in Herrliberg ächtete man den Selbstmord. 1819 trug man den Tischmacher Jakob Reithaar, der sich in den See gestürzt hatte, auf einer Bahre zu Grabe. Niemand wollte danach die Totenbahre wieder berühren. Zwei Monate später drangen Leute in den Verschlag ein, trugen die Bahre fort und zertrümmerten sie.[239] In Erlenbach begrub man 1841 Johannes Hofmann, der sich umgebracht hatte, auf dem Friedhof in der angebrochenen Reihe, jedoch mit einem Abstand von mindestens einem Schuh beidseits des Sarges.[240] 1846 verfügte das Statthalteramt Horgen, die althergе-

133

brachte Praxis, Selbstmörder ausserhalb der gewöhnlichen Reihen und ohne kirchliche Abdankung zu beerdigen, müsse aufgegeben werden.[241]

Beinhäuser

Wurden auf einem Friedhof neue Gräber ausgehoben, stiess man auf Schädel und Knochen früher Bestatteter. Diese Gebeine wurden nicht wieder beigesetzt, sondern pietätvoll in ein eigenes kleines Gebäude, das Beinhaus, gebracht. Die Kirchensynoden von Münster in Westfalen und Köln machten den Bau von Beinhäusern 1279 und 1280 zur Pflicht.[242] Bald entstanden auch in der heutigen Schweiz die ersten Beinhäuser. Besondere Verbreitung erfuhren sie im 14. und 15. Jahrhundert. Dies ist vor allem auf das rasche Anwachsen der Städte und Pfarreien und das Auftreten verheerender Krankheiten zurückzuführen. Kriegszüge, Pestepidemien, Aussatz und Cholera rafften innert kürzester Zeit grosse Teile der Bevölkerung eines Dorfes dahin. Dies hatte zur Folge, dass die Kirchhöfe überfüllt wurden und schon nach wenigen Jahren wieder geräumt werden mussten.

Beinhäuser dienten zunächst einem praktischen Zweck, erlangten aber bald auch religiöse und kultische Bedeutung. Man stiftete Beinhausaltäre, las hier Messen, zündete Kerzen an und betete «zum Trost der armen Seelen».[243]

Urkundlich bezeugt sind Beinhäuser zum Beispiel 1381 in Küsnacht, 1435 in Freienbach, 1440 in Richterswil, 1440 in Wollerau, 1474 beim Grossmünster und 1484 beim Barfüsserkloster in Zürich, 1489 in Rapperswil, 1564 in Wädenswil und 1578 in Thalwil.[244] Auch am Nordturm des Zürcher Fraumünsters war seit 1437 ein Beinhaus angebaut. An manchen Gebäuden war ein lateinischer Mahnspruch angebracht: «Quod estis eramus. Quod sumus eritis!» Dieses Memento Mori verkündete: «Was ihr seid, waren wir. Was wir sind, werdet ihr sein!» Eines der drei Ossuarien der Zürcher Pfarrkirche St. Peter war im Untergeschoss des Sakristeianbaus an der Nordseite des Turms untergebracht. Bauhistoriker entdeckten dort das Fragment einer St.-Michaels-Darstellung mit Seelenwaage, Symbol des Jüngsten Gerichts, das gemäss mittelalterlicher Eschatologie nach dem Tod jedes Menschen stattfand.[245] Ein zweites Beinhaus stand an der Westmauer der Kirche neben dem Leutpriesterhaus. Es ist auf der Altartafel von Hans Leu aus der Zeit um 1500 zu erkennen. Der Historiker Salomon Vögelin erwähnt ein weiteres Beinhaus an der Südseite des Petersturms. Davon kamen jedoch bei den archäologischen Untersuchungen von 1970 keine Spuren zum Vorschein.

Im Beinhaus auf dem Friedhof Küsnacht stand ein Altar. Hier hatten Priester des Johanniterhauses jeden Montagmorgen einen Psalm zu singen und drei Gebete zu sprechen zum Gedächtnis des Komturs Graf Rudolf von Werdenberg, gestorben 1505. Gemäss Jahrzeitbuch erhielten die Priester dafür jährlich 5 Gulden.[246] Am 11. Oktober 1531 fiel Komtur Konrad Schmid in der zweiten Schlacht bei Kappel. Der Konventherr Oswald Segesser, der damals das Ordenshaus Küsnacht vorübergehend verwaltete, liess die Leiche des Gefallenen nach Küsnacht überführen und im Beinhaus begraben.[247]

Ulrich Zwinglis reformierte Lehre verwarf die Fürbitte für Verstorbene. Beinhäuser standen im Widerspruch zu 1. Mose 3,19 «Erde bist du, zu Erde sollst du werden». Bis sie indessen im reformierten Stadtstaat Zürich aufgehoben wurden, dauerte es Jahrzehnte. 1568 verbot der Zürcher Rat sogar, Beinhäuser ohne seine Zustimmung abzubrechen oder dazu anzustiften. Er wollte damit den religiösen Frieden wahren.[248]

Das Grossmünsterstift wies seine Totengräber bereits 1542 an, die Beinhäuser zu räumen und die Knochen wieder beizusetzen. In Kilchberg dagegen entfernte man die Schädel und Knochen erst im Jahre 1610. 1657 brach man das Beinhaus am Chor der Kirche Richterswil ab. Die Zürcher Kirchgemeinde St. Peter hielt an der Tradition der Beinhäuser länger fest. Erst 1667 wurde das auf dem nördlichen Kirchhof gelegene Beinhaus abgetragen.[249] 1677 leerte man das «Todtbein Hauss» an der Südseite des Kirchturms, um den Friedhof zu erweitern. Zwei Nächte lang trugen sechs Männer und ein Knabe unter Aufsicht des Totengräbers Hans Weber die Gebeine weg. Sie bestatteten sie teils auf dem hinteren Kirchhof, teils führte man sie ins Beinhaus an der Nordseite des Turms und vermauerte anschliessend die Türe.[250] Bei der Erneuerung des Kirchenschiffs 1705 brach man

Beinhaus der einstigen Pfarrkirche St. Peter und Paul auf der Insel Ufnau.

Liebfrauenkapelle in Rapperswil, erbaut um 1489. Die Türe in der Giebelwand führte ins Beinhaus.

Kirche St. Peter und Paul auf der Insel Ufnau, mit Beinhaus-Anbau aus dem 14. Jahrhundert am Turm.

Beinhaus bei der Kirche Männedorf. Abgebrochen beim Kirchenumbau von 1863.

das längst nicht mehr gebrauchte dritte Beinhaus samt darüber gelegener Sakristei ab.²⁵¹ In Männedorf musste das Beinhaus beim Kirchenumbau von 1863 weichen. Meilen wählte eine neue Nutzung: Im Herbst 1642 beschloss die Gemeindeversammlung den Umbau des in der nördlichen Friedhofecke gelegenen Beinhauses in ein Schulhaus. Dieses wurde um 1840 für eine Erweiterung des Friedhofs abgebrochen.²⁵² Das ehemalige Beinhaus am Nordturm des Fraumünsters bestand bis 1900. Dann wurde es durch den Architekten Gustav Gull zur neuen Eingangsvorhalle umgestaltet.²⁵³

In den katholischen Gebieten am Zürichsee blieben die Beinhäuser zunächst weiterhin in Gebrauch. Mit der Zeit wurden die Gebeine ebenfalls entfernt und man beseitigte einzelne Beinhäuser, so um 1850 jenes in Wangen. Andernorts liess man die Beinhäuser stehen. Der Raum des ehemaligen Beinhauses im Untergeschoss der Liebfrauenkapelle Rapperswil von 1489 dient seit 1964 als Leichenhalle. Durch ein vergittertes Fenster im Anbau der Kirche St. Peter und Paul auf der Insel Ufnau kann man noch immer ins Beinhaus blicken und an der Rückwand Schädel und Knochen erkennen. Um 1860 sah man sich allerdings genötigt, die Türe ins Beinhaus zu verschliessen, da manche Inselbesucher einen Schädel als Andenken mitnahmen.

Leichenmahl

Nach der Beerdigung luden begüterte Leute zu kostbaren «Totenmählern» ins Trauerhaus ein. Hier wurde geschwelgt und wenig ans eigene Sterben gedacht.²⁵⁴ Dem Bürgermeister und den Ratsherren der Stadt war die Sitte, die «toten ze vertrinken ein grewel». Darum verboten sie die Leichenmähler.²⁵⁵ Der Zürcher Theologieprofessor Johann Wilhelm Stucki (1542–1607) schreibt in seinem 1582 erschienenen Werk «Gastmahls-Altertümer», das Leichenmahl werde auch «Rabenmahl» genannt. Denn die Teilnehmer hätten die Tendenz, die Güter und das Vermögen des Verstorbenen zu verschlingen, ähnlich wie sich die Raben auf einen Kadaver stürzen.²⁵⁶ Um dieselbe Zeit, 1586, erfuhr die Synode aus dem Zürichsee-Kapitel von einer neuen Unsitte in den Gemeinden Wädenswil, Richterswil, Horgen und Männedorf: vom «Totenfressen».

130 Personen sollen an einem solchen «Gefräss» teilgenommen haben.²⁵⁷ Die Obrigkeit schritt gegen derartige Missbräuche ein. 1601 rief die Regierung das Mandat «gegen das Vertrinken der Toten» erneut in Erinnerung. Auch der Rat der Stadt Rapperswil untersagte am 13. April 1614 Leidmähler bei fünf Pfund Busse.²⁵⁸ In der Stadt Zürich verschwand der Brauch des Leidmahls in der ersten Hälfte des 17. Jahrhunderts. Auf der Landschaft aber kämpfte die Obrigkeit vergeblich gegen «Lych- und Leidmähler». Noch im Landmandat von 1785 äusserte sie sich dazu ablehnend. In den Häusern sollten die Essen geduldet werden, nicht aber in den Wirtschaften. Und nur auswärts wohnenden Gästen, wie Eltern, Kindern, Geschwistern, Schwägern und Schwägerinnen, durfte ein bescheidenes Mahl aufgetischt werden.²⁵⁹

Verkündung

Im nächsten Sonntagsgottesdienst verkündete der Pfarrer in den meisten Landgemeinden, wer in der vergangenen Woche bestattet wurde. Dabei galt allenthalben die Sitte, dass wenigstens die nächsten Verwandten anwesend waren.²⁶⁰ Wie schon bei der Beerdigung setzten sie sich in besonders gekennzeichnete Leidstühle und Leidbänke. In Wädenswil bediente man sich zur Markierung einer aufsteckbaren, kleinen schwarzen Trauerurne aus Holz.

Leidtragen, Trauerkleidung

Im Lexikon der Bräuche und Feste erklärt Manfred Becker-Huberti die Symbolik der Trauerfarbe wie folgt: «Unsere schwarzfarbige Trauerkleidung hat ihren Ursprung weniger in einer Trauersymbolik als in der Furcht vor Toten. Man glaubte, in schwarzer Kleidung vom Geist des Toten nicht erkannt zu werden und so seiner Rache entgehen zu können. Nicht die Trauer um den Toten, sondern die Furcht vor dem eigenen Tod sind deshalb die Motive der Trauerfarbe. Andere Kulturen haben andere Trauerfarben: die Zigeuner rot, die Perser/Iraner braun, die Ägypter gelb, die Chinesen weiss oder rot-violett, die Japaner weiss.»²⁶¹

Mit Mandat von 1790 verboten Bürgermeister und beide Räte der Stadt Zürich das übermässig kostbare Leidtragen und verfügten folgende Einschrän-

Vater und Sohn, um Gattin und Mutter trauernd, tragen einen Trauerknopf. Aufnahme von 1948.

kungen: Für Eltern, Grosseltern, erwachsene Kinder und Ehepartner mag man ein ganzes Jahr, für Kindeskinder und erwachsene Geschwister ein halbes Jahr, und für Onkeln und Tanten zwei Monate ganz schwarzes Leid tragen. Für unmündige und minderjährige Kinder, Neffen und Nichten und Geschwisterkinder soll nur das kleine Leid getragen werden. Zu dem Ende sollen auch die Dienste im Haus und sonst niemand ein halbes Jahr Leid tragen und darum mit einem schwarzen Kleid und nichts Weiterem beschenkt werden. Handelt die Herrschaft zuwider, wird sie mit 30 Pfund gebüsst, das Dienstpersonal mit 10 Pfund.[262]

Der Historiker Emil Stauber hielt 1922 bezüglich Trauerkleidung auf der Zürcher Landschaft fest: «Bei einem Todesfall tragen die nächsten Angehörigen Leidtracht. Die Frauen sind meist ganz schwarz gekleidet. Auch Töchter und Mädchen gehen in ganz schwarzer Kleidung. Die männlichen Familienangehörigen tragen eine schwarze Binde am linken Arm, die Erwachsenen meist eine Leidbinde um den Zylinder.»[263] Später trugen Männer am Mantel oder Veston einen schwarzen Trauerknopf. 1992 war dieser Brauch selten geworden; dann kam er ganz aus der Mode.[264]

Todfall oder Besthaupt

Auch nach der Beerdigung galt es früher und gilt es heute noch einiges zu regeln. Vom 13. Jahrhundert an mussten die Erben eines verstorbenen Lehenbauern dem Grundherrn eine Abgabe entrichten. Er, dem eine Arbeitskraft verloren gegangen war, hatte Anrecht, aus dem Nachlass das beste Stück Grossvieh und beim Tod von Frauen deren bestes Kleid auszulesen.

Das Einsiedler Hofrecht von 1331 gestattete dem Abt, von verstorbenen Gotteshausleuten zu Erlenbach das Besthaupt zu beziehen. Gemäss Hofrecht von 1510 beerbte er auch uneheliche Kinder ohne Nachkommen.[265] Auch in Rapperswil bezog das Kloster Einsiedeln den Todfall. Als um 1413 der Rapperswiler Stadtschreiber Nikolaus Crisan starb, forderte Abt Hugo von Rosenegg lediglich einen rheinischen Gulden. Damit belohnte er die Treue und Dienstfertigkeit des Verstorbenen dem Kloster gegenüber. Die Kinder jedoch sollten dem Gotteshaus später wieder den üblichen Fall entrichten, wie andere Gotteshausleute zu Rapperswil ebenfalls.[266] 1440 trafen Abt Rudolf von Einsiedeln und Hugo von Montfort, Komtur des Johanniterhauses Wädenswil, eine Vereinbarung wegen der Fallpflicht der Gotteshausleute von Einsiedeln. Zog jemand über den Mülibach – die Grenze der Komturei – ins Einsiedler Gebiet, wurde er dem Kloster fallpflichtig. Übersiedelte jemand in die Herrschaft Wädenswil, bezog das Johanniterhaus Wädenswil den Todfall.[267]

Der Hofrodel von Stäfa aus dem Jahre 1491 regelte die Abgabe von Todes wegen wie folgt: Starb ein Gotteshausmann, mussten seine Erben dem Ammann des Klosters Einsiedeln das gesamte hinterlassene Vieh vorführen. In der Regel nahm dieser als Fall das wertvollste Stück. Hinterliess der Verstorbene nichts als einen Hahn oder eine Henne, griff der Ammann ebenfalls zu. Die Nachkommen konnten das Tier jedoch zurückkaufen, und zwar zu einem Preis, der

137

fünf Schilling unter dem Marktwert lag. Hinterliess der Verstorbene gar kein Vieh, gab sich das Kloster mit dem besten Gewand zufrieden, mit dem Kleid, in dem er zur Kirche und auf den Markt gegangen war.[268]

Ab dem 16. Jahrhundert wurde diese Erbschaftssteuer nicht mehr in Naturalien bezogen, sondern in eine Geldabgabe umgewandelt. In den Rechnungen der Landvogtei Wädenswil sind die Fallzahlungen bis 1796 verbucht. Sie lagen seit dem 17. Jahrhundert zwischen 5 und 10 Pfund. In Männedorf waren seit 1547 nur noch jene Hofleute fallpflichtig, die auf Einsiedler Klostergütern zur Welt gekommen waren.[269] Die Stäfner lösten sich 1619 mit einer Zahlung von 1200 Gulden von der Fallpflicht gegenüber dem Kloster Einsiedeln. Die Leute von Wädenswil dagegen kauften sich erst 1797 mit 5000 Gulden bei der Zürcher Obrigkeit von der Fallpflicht los.[270] Die Helvetik schaffte die Fallpflicht, wo sie noch bestand, mit Gesetz vom 4. Mai 1798 ab.[271]

DANKSAGUNG

1857 erschien im «Allgemeinen Anzeiger vom Zürichsee» zum ersten Mal eine Danksagung: «Wädensweil. Allen denen, die bei dem Trauerfall, der unserer Familie von der treuen Hand unseres Gottes zugedacht worden ist, irgendwie Hülfe reichten, unseren herzlichsten Dank. Die tiefbetrübten Hinterlassenen des sel. Lehrers Gustav Bindschädler.»[272] Lehrer Bindschädler war mit seinem fünfjährigen Knaben Eduard Alfred auf dem zugefrorenen Zürichsee unterwegs. Die beiden brachen im Eis ein und ertranken.[273] Vermehrt erschienen Danksagungen in der Zeitung ab den 1860er Jahren. Gedankt wurde nun für die Anteilnahme während der Krankheit des Verstorbenen, für das Schmücken und Tragen des Sarges, für die Teilnahme am Leichenbegängnis und für den Grabgesang.[274]

Auch heute sind Danksagungen noch üblich. Sie erfolgen teils mit einer gedruckten Karte, teils durch Publikation in der Zeitung. Gedankt wird in der Regel den Ärzten und Pflegenden, die den Verstorbenen zuletzt betreut haben, dem Pfarrer, dem Organisten und den Musikanten, welche die Trauerfeier gestaltet haben. Gedankt wird für mitfühlende Gespräche und Briefe, für Blumengaben und Spenden.[275]

VERGABUNGEN

In der Stadt Zürich war es spätestens seit dem 17. Jahrhundert bei angesehenen, begüterten Leuten Sitte, im Testament der Kirche oder dem Spital einen Geldbetrag zu vermachen. Der Ratsherr David Werdmüller († 1612) vergabte der Kirche St. Peter 400 Pfund, Bürgermeister Leonhard Holzhalb († 1617) 200 Pfund, Kirchenpfleger Hans Heinrich Wiederkehr († 1624) 400 Pfund, Elisabeth Grebel-Steiner († 1643) 100 Pfund ins Kirchengut usw.[276]

Im 19. Jahrhundert wurde in den Seegemeinden mit manchem Legat ein soziales Werk angestossen oder unterstützt. Am 15. Januar 1848 starb in Wädenswil Anna Treichler-Brupbacher. Sie machte folgende Legate: 200 Pfund an die Waisenanstalt, 100 Pfund an die Kleinkinderschule, 100 Pfund für die Hausarmen.[277] Am 3. Juni 1848 starb ihr Mann, Kaspar Treichler. Er vergabte 100 Pfund an das Waisenhaus Wädenswil, 100 Pfund an die Kleinkinderschule, 50 Pfund an den Orgelfonds und 50 Pfund für die Hausarmen.[278] 1853 hielt Friedrich Vogel in seinen «Memorabilia Tigurina» über den Zeitraum zwischen 1840 und 1850 mit Bezug auf Uetikon fest: «In diesem Dezennium hat sich der Stand und die Verwaltung der Gemeindegüter merklich gehoben, indem die schöne Sitte von Legaten aufkam.»[279] Johannes Wäckerling (1812–1870) begründete mit seinem hinterlas-

Gedruckte Danksagung, 1899.

senen Vermögen die Wäckerling-Stiftung, aus der später das Kantonale Krankenheim in Uetikon am See hervorging.[280] In jeder Seegemeinde lassen sich ähnliche Beispiele finden. Grosse Vermächtnisse von Horgner Persönlichkeiten zu Anfang der 1860er Jahre ebneten den Weg zum Bau eines Krankenhauses.[281] In Wädenswil gaben Legate den Anstoss zur 1877 eröffneten Krankenstation im Armenhaus.[282] In Meilen führte 1858 die Spende von Nationalrat Heinrich Fierz zur Errichtung einer Krankenstube und jene von Heinrich Wunderli-Sennhauser und dessen Witwe 1879/82 zur Bildung eines Krankenasylfonds.[283]

Seit den 1870er Jahren erfuhren die Leserinnen und Leser des «Allgemeinen Anzeigers vom Zürichsee» von Spenden aus einem Trauerhaus. So heisst es beispielsweise 1876 aus Kilchberg: «Zum Andenken an den verstorbenen Herrn Arnold Schwarzenbach-Oetiker hat seine Familie auf Ende des Jahres 1875 der Kirchenpflege fürs Spendgut 2000 Fr. und dem Gemeinderath ebenfalls 2000 Fr. zur Verwendung für Strassenbeleuchtung übermacht. Diese schönen, gewiss zu praktischen Zwecken gegebenen Legate verdienen ehrenvolle öffentliche Erwähnung.»[284] In Wädenswil verdankte das Pfarramt regelmässig Legate an den wohltätig wirkenden Pestalozziverein, den Allgemeinen Krankenverein oder zuhanden des Spendgutes. So hiess es etwa 1887: «Der Pestalozziverein verdankt herzlich eine Gabe von 200 Fr. zur Erinnerung an die sel. verstorbene Frau Hoffmann-Ryffel im Rothaus.»[285] Oder 1888: «Das Pfarramt verdankt herzlich ein Legat von 1000 Fr. für das Krankenasyl zum Andenken an den sel. verstorbenen J. Dändliker zur Weinrebe.»[286]

Um die Mitte des 20. Jahrhunderts hatte sich die Sitte durchgesetzt, dass nicht nur die Trauerfamilie mit einem Geldbetrag ein soziales Werk unterstützte, sondern dass auch Verwandte, Freunde und Bekannte zum Andenken an die verstorbene Person eine Spende ausrichteten. Dies anstelle von Blumen. Die Todesanzeigen enthalten daher bis heute Hinweise mit Adresse und Postcheckkonto auf Organisationen, denen der Verstorbene nahestand. Zum einen werden örtliche soziale Einrichtungen wie Alters- und Pflegeheime, Kinderheime, Kinderkrippen oder die Spitex aufgeführt, zum andern Organisationen und Stiftungen wie die Sozialwerke Pfarrer Sieber, Pro Senectute Zürich, Pro Juventute Zürich, die Stiftung Kinderhilfe Sternschnuppe, die Stiftung Kinderspital von Dr. Beat Richner, die Krebsliga Schweiz, Médecins Sans Frontières, UNICEF, die Schweizer Berghilfe, Greenpeace oder der Zoo Zürich, um nur einige Beispiele zu nennen.

2012 stellte ein Leser im «Tages-Anzeiger» Fragen zu Todesanzeigen. Dürfen sie per E-Mail übermittelt werden? Dürfen die Kuverts mit Klebeadressen verschickt werden? Die Redaktorin beantwortete die Frage zu Mode und Stil wie folgt: Gegen einen richtigen Brief auf Papier, den man eigenhändig frankiert und zur Post gebracht hat, kommt die digitale Version nicht an. Briefe sind alte Schule, haben Klasse.[287]

ANDENKEN AN VERSTORBENE

Fotografien, Filme und Videoaufnahmen halten heute Erinnerungen an Verstorbene wach. Bis ins 20. Jahrhundert hinein schuf man andere Andenken. Beliebt waren gemalte Porträts von Verstorbenen. Berühmt ist das Bild des Töchterchens Ursula der Eheleute Hans Georg und Anna Werdmüller-Meister. Diese Darstellung hat nämlich den Dichter Gottfried Keller zum Kapitel «Das Meretlein» im ersten Band

Ursula Werdmüller, gestorben 1623 im Alter von 3½ Jahren. Anonymer Maler (Ausschnitt). Zentralbibliothek Zürich.

des Romans «Der Grüne Heinrich» angeregt. Ursula Werdmüller starb 1623 im Alter von dreieinhalb Jahren. Bald nach dem Tod des Töchterleins liessen die Eltern als Erinnerung ein Porträt malen. Es zeigt die kleine Dame in rotem Kleid mit feiner, spitzenverzierter Schürze, das Köpfchen in einer breiten, hohen Halskrause. Der Totenkopf, den das Mädchen in der rechten Hand hält, deutet an, dass dieses schon tot war, als das Erinnerungsbild entstand.[288] Ein anonymer Maler porträtierte 1752 die Zwillinge Georg und Regula Rahn aus Zürich. Die Geschwister liegen als Neugeborene steif nebeneinander, bereits vom Tod gezeichnet.[289]

Auch in der zweiten Hälfte des 19. Jahrhunderts – bevor sich die Fotografie durchsetzte – waren gemalte Porträts beliebt. Für solche Arbeiten empfahlen sich im «Allgemeinen Anzeiger vom Zürichsee» ansässige Kunst- und Porträtmaler, so 1850, 1858 und 1860.[290]

1852 starb in Horgen eine 23-jährige Frau. Ihre Schwiegermutter liess aus deren Haaren einen Kranz flechten. Solche Arbeiten führte unter anderem Coiffeur Baumli in Wädenswil aus. In einem Inserat im «Allgemeinen Anzeiger vom Zürichsee» empfahl er sich 1874 für alle Arten von Haararbeiten zur Erinnerung an Verstorbene: für «Stammbäume, Trauerbäume unter Glockengläsern, Trauerweiden, Uhrenketten, Halsketten, Broschen und Ringe».[291] 1881 verstand auch die Coiffeuse Babette Binder in Wädenswil dieses Handwerk.[292]

Anmerkungen

In jedem Kapitel wird ein zum ersten Mal zitiertes Werk mit Vorname und Name des Verfassers, vollständigem Titel, Erscheinungsort und Erscheinungsjahr bibliographiert. Die weiteren Erwähnungen erfolgen unter einem Kürzel.

Es werden folgende Abkürzungen verwendet:
DOZ = Dokumentationsstelle Oberer Zürichsee, Wädenswil
KAE = Klosterarchiv Einsiedeln
KGA = Kirchgemeindearchiv
MAGZ = Mitteilungen der Antiquarischen Gesellschaft in Zürich
Njbl. = Neujahrsblatt
StAZH = Staatsarchiv des Kantons Zürich
URStAZH = Urkundenregesten des Staatsarchivs Zürich 1336–1460, 7 Bände, Zürich 1987–2007.
ZUB = Urkundenbuch der Stadt und Landschaft Zürich, 13 Bände, Zürich 1888–1957

RUND UM DIE GEBURT

1. Hans Frey. Stäfa, Bd. 2, Stäfa 1969, S. 482.
2. Emil Stauber. Sitten und Bräuche im Kanton Zürich, 1. Teil. In: 122. Neujahrsblatt der Hülfsgesellschaft in Zürich, Zürich 1922, S. 5.
3. Gottlieb Binder. Geschichte der Gemeinde Kilchberg, Zürich 1948, S. 296.
4. Paul Kläui. Geschichte der Gemeinde Horgen, Horgen 1952, S. 684/685.
5. Hans Frey. Stäfa, Bd. 2, S. 482.
6. Eduard Hoffmann-Krayer. Feste und Bräuche des Schweizervolkes, Zürich 1913, S. 23.
7. Jakob und Wilhelm Grimm. Deutsches Wörterbuch, Bd. 19, Spalte 365. Online-Version.
8. Jakob und Wilhelm Grimm. Deutsches Wörterbuch, Bd. 11, Spalte 978. Online-Version.
9. http://www.storchenverein-uznach.ch
10. Th. van de Velde. Die vollkommene Ehe, Leipzig 1932.
11. Emanuel Riggenbach. Du sollst es wissen, Basel 1935. Emanuel Riggenbach. Du musst es wissen, Basel 1938.
12. http://de.wikipedia.org/wiki/Bravo.
13. http://de.wikipedia.org/wiki/Marta_Emmenegger.
14. Neue Zürcher Zeitung, 28.1.2013. Susanna Burghartz über die Zweischneidigkeit der schulischen Sexualaufklärung.
15. Pascale Sutter. Von guten und bösen Nachbarn. Nachbarschaft als Beziehungsform im spätmittelalterlichen Zürich. Diss., Zürich 2002, S. 284–286.
16. Historisches Lexikon der Schweiz, Bd. 5, Basel 2006, S. 138.
17. Vom «Gebären» zum «Entbundenwerden». Neue Zürcher Zeitung, 1.10.2003. – Neue Zürcher Zeitung, 20.2.2008 (Jakob Ruf).
18. Peter Ziegler. Uetikon am See, Stäfa 1983, S. 217–219.
19. Regula von Orelli-Escher. Selbstzeugnisse aus dem Umfeld von J. C. Lavater, Stäfa 2001, S. 160.
20. Oskar Farner. Lavaters Jugend, von ihm selbst erzählt, Zürich 1939, S. 11.
21. Regula von Orelli-Escher. Selbstzeugnisse, S. 25, 49, 52, 53, 60, 62, 63, 67, 75, 83, 84.
22. Paul Hugger. Handbuch der schweizerischen Volkskultur, Bd. 1, Basel 1992, S. 72.
23. Nach Albert Hauser. Was für ein Leben, Zürich 1987, S. 298.
24. Brigit Yvonne Bohner. Zur Ausbildung und Tätigkeit der Zürcher Hebammen, Diss. med., Zürich 1989, S. 5, 8.

25 Paul Kläui et al. Zürcher Spitalgeschichte, Bd. 2, Zürich 1951, S. 281.
26 Paul Hugger, Handbuch, Bd. 1, S. 80.
27 Jakob Stelzer. Geschichte der Gemeinde Meilen, Meilen 1934, S. 78.
28 Brigitt Yvonne Bohner. Zürcher Hebammen, S. 8.
29 Alfred Dobler. Familienbuch der Schwarzenbach, Riedikon 2007, S. 48. – StAZH. E III 132. Tote Bd. 3. – Karl Kuprecht. Erlenbach. Geschichte einer Zürichseegemeinde, Stäfa 1981, S. 324/325.
30 Johannes Strickler. Geschichte der Gemeinde Horgen, Horgen 1882, S. 384. – Peter Ziegler. Uetikon am See, S. 219.
31 Brigitt Yvonne Bohner. Zürcher Hebammen, S. 10.
32 Johannes Strickler. Horgen, S. 182.
33 Iris Ritzmann. Gegängelte Frauen – Konflikte mit der Sittenzucht in Stäfa. In: Christoph Mörgeli (Hrsg.). Memorial und Stäfner Handel 1794/95, Stäfa 1995, S. 107.
34 Franz Schoch. Geschichte der Gemeinde Küsnacht, Küsnacht 1951, S. 428.
35 Peter Ziegler/Peter Kummer. Geschichte der Gemeinde Meilen, Wädenswil 1998, S. 99.
36 Gottlieb Binder. Kilchberg, S. 90.
37 Werner Adams. Oberstrass, Zürich 1983, S. 106.
38 Iris Ritzmann. Gegängelte Frauen, S. 108.
39 KGA St. Peter, IV A 22.1., Kirchenstuhlurbar 1778 (5 Stühle für Hebammen).
40 Brigitt Yvonne Bohner. Zürcher Hebammen, S. 11.
41 Iris Ritzmann. Gegängelte Frauen, S. 108.
42 Johannes Strickler. Horgen, S. 384.
43 Wädenswil: 1858, Nr. 64; 1861, Nr. 152; 1863, Nr. 7, 10; 1876, Nr. 11; Richterswil 1881, Nr. 1; Schönenberg 1861, Nr. 5; 1864, Nr. 153; 1865, Nr. 41; 1866, Nr. 43; 1879, Nr. 133; Hütten: 1875, Nr. 16.
44 Peter Ziegler/Peter Kummer. Meilen, S. 139.
45 Allgemeiner Anzeiger vom Zürichsee 1892, Nrn. 106, 133.
46 Zürcher Gesetzessammlung, Bd. 20, Zürich 1883, S. 285–290.
47 Zürcher Gesetzessammlung, Bd. 22, Verordnung betreffend die Hebammen, § 19. – Zürcher Gesetzessammlung, Bd. 28, Zürich 1910, S. 10 ff., § 18.
48 Ursula Zürcher. Von Hebammen und Ammen. In: Paul Hugger. Kind sein in der Schweiz, Zürich 1998, S. 139.
49 Johannes Strickler. Horgen, S. 384.
50 Zürcher Spitalgeschichte, Bd. 1, S. 58.
51 Zürcher Gesetzessammlung. Supplementband 1803–1870, Horgen 1888, S. 485, § 28.
52 Zürcher Gesetzessammlung, Bd. 22, S. 334–347.
53 Allgemeiner Anzeiger vom Zürichsee 1863, Nrn. 59, 60.
54 Allgemeiner Anzeiger vom Zürichsee 1863, Nr. 60.
55 Allgemeiner Anzeiger vom Zürichsee 1892, Nr. 117.
56 Zürcher Wochen-Chronik 1913, Nr. 17, S. 200.
57 Neue Zürcher Zeitung, 20.2.2013.
58 Historisches Lexikon der Schweiz, Bd. 6, Basel 2007, S. 173.
59 Homepage Schweizerischer Hebammenverband: http://www.hebamme.ch
60 Zürcher Spitalgeschichte, Bd. 2, S. 281/282.
61 Ursula Zürcher. Von Hebammen und Ammen, S. 142.
62 Zürcher Spitalgeschichte, Bd. 2, S. 289/290.
63 Zürcher Spitalgeschichte, Bd. 2, S. 299.
64 Tages-Anzeiger, 13.1.2014.
65 Schweizer Familie 14/2013, S. 86.
66 Neue Zürcher Zeitung, 13.12.2012.
67 Pascale Sutter. Von guten und bösen Nachbarn, S. 286.
68 Johann Wilhelm Stucki. Gastmahls-Altertümer. Zürcher Taschenbuch 1926, S. 129.
69 Albert Hauser. Vom Essen und Trinken im Alten Zürich, Zürich 1961, S. 130.
70 Rechtsquellen der Stadt und Herrschaft Rapperswil, Bd. 2, Basel 2007, S. 598/599.
71 Rechtsquellen der Stadt und Herrschaft Rapperswil, Bd. 2, S. 603.
72 Emil Egli. Actensammlung zur Geschichte der Zürcher Reformation, Zürich 1879, Nr. 619.

73	Albert Hauser. Vom Essen und Trinken im Alten Zürich, S. 99.	99	Allgemeiner Anzeiger vom Zürichsee 1880, Nr. 114.
74	StAZH. F III 38, Landvogteirechnung Wädenswil 1558/59.	100	Paul Hugger, Handbuch, Bd. 1, S. 76.
75	Gottlieb Binder. Kilchberg, S. 25.	101	Der Landbote, 17.7.2012.
76	Jenny Schneider. Schatzkammer der Schweiz. Kostbarkeiten des Schweizerischen Landesmuseums, Zürich 1980, S. 79.	102	Pampers wird 30. Medienmitteilung der Procter & Gamble Switzerland vom 3.10.2006.
77	Hans Peter Treichler. Die Arbeiterin in Zürich um 1900, Zürich 2012, S. 97, 100.	103	Paul Kläui. Horgen, S. 685.
78	Walter Letsch. Die Familie der Falk. In: Zolliker Jahrheft 2012, S. 95, 98.	104	Albert Hauser. Das Neue kommt, Zürich 1989, S. 79.
79	Peter Kummer. Chronik der Familie Wunderly von Meilen, Feldmeilen 2000, S. 9, 29.	105	Georg Finsler. Zürich in der zweiten Hälfte des 18. Jahrhunderts, Zürich 1884, S. 231. – Gerold Meyer von Knonau. Der Canton Zürich, Bd. 2, St. Gallen 1846, S. 184.
80	Albert Tanner. Im Schonsaum der Familie. In: Paul Hugger. Kind sein in der Schweiz, S. 68.	106	Regula von Orelli-Escher. Selbstzeugnisse, S. 181.
81	Neue Zürcher Zeitung, 1.3.2013, 5.7.2013.	107	Henri Meister. Eine Reise von Zürich nach Zürich. Übersetzt von Conrad Ulrich, Zürich 1976, S. 64/65.
82	Eva Sutter. Ein Act des Leichtsinns, S. 60.	108	Zürcher Wochen-Chronik 1904, Nr. 1, S. 3.
83	Eva Sutter, Ein Act des Leichtsinns, S. 69/70.	109	Emil Stauber. Sitten und Bräuche im Kanton Zürich, 1. Teil, S. 6.
84	Eva Sutter. Ein Act des Leichtsinns, S. 71.	110	Stefan Crivelli. Übergangsriten. In: Paul Hugger. Kind sein in der Schweiz, Zürich 1998.
85	Eva Sutter. Ein Act des Leichtsinns, S. 95.	111	Zürcher Gesetzessammlung, Bd. 19, Zürich 1876. Bundesgesetz betreffend die Feststellung und Beurkundung des Civilstandes und der Ehe vom 24. Christmonat 1874.
86	Zürcher Gesetzessammlung 1803–1830, Zürich 1840. Matrimonialgesetz 1804, § 159.		
87	Eva Sutter. Ein Act des Leichtsinns, S. 110/111.	112	E. Magdalena Preisig. Jahrbuch der Stadt Wädenswil 2007.
88	Iris Ritzmann. Gegängelte Frauen, S. 110.		
89	Johann Caspar Bluntschli. Privatrechtliches Gesetzbuch für den Kanton Zürich, Zürich 1854, § 284.	113	Internet. Stichwort Baby Tafeln.
		114	Hans Frey. Stäfa, Bd. 2, S. 483/484.
90	Neue Zürcher Zeitung, 14.4.2004. Gefallene Mädchen und erste Ärztinnen.	115	Meta Heusser-Schweizer. Haus-Chronik, Kilchberg 1980, S. 37.
91	Verena Naegele. Himmelblau und Rosarot. Vom Haus für gefallene Mädchen zum Sozial-Medizinischen Zentrum für Frau, Mutter und Kind, Zürich 2004.	116	Peter Ziegler. Männedorf, Stäfa 1975, S. 34.
		117	Erika Welti. Taufbräuche im Kanton Zürich, Zürich 1967, S. 106, 111–113.
92	Paul Hugger, Handbuch, Bd. 1, S. 84.	118	Paul Kläui. Stäfa, Bd. 1, Stäfa 1968, S. 387.
93	Regula von Orelli-Escher. Selbstzeugnisse, S. 112.	119	StAZH. B XI Wädenswil 31–34.
94	Regula von Orelli-Escher. Selbstzeugnisse, S. 85.	120	StAZH. F III 38, Landvogteirechnungen Wädenswil 1700 bis 1748.
95	Tages-Anzeiger, 19.11.1966.	121	Erika Welti. Taufbräuche, S. 107.
96	Freiburger Nachrichten, 27.9.2008.	122	Peter Ziegler. Kinder in Zürich, Zürich 1986, S. 29.
97	Illustrierte Zeitung Leipzig, Nr. 2876, 11.8.1898 – Zürichsee-Zeitung, 24.4.2012.	123	Erika Welti. Taufbräuche, S. 109.
98	Allgemeiner Anzeiger vom Zürichsee 1863, Nr. 87.	124	Paul Kläui. Horgen, S. 685/686.

125 Stefan Crivelli. Übergangsriten, S. 202.
126 Meta Heusser-Schweizer. Haus-Chronik, S. 37.
127 Paul Kläui. Horgen, S. 686.
128 Zürcher Wochen-Chronik 1916, Nr. 1, S. 11/12.
129 Stefan Crivelli. Übergangsriten, S. 202.
130 NZZ Folio Nr. 261, April 2013.
131 Bundesamt für Statistik, Bern, 2012.
132 Stadt Zürich. Medienmitteilung vom 24. April 2012.
133 Stadt Zürich. Medienmitteilung vom 7. Mai 2013.
134 Hans Frey. Stäfa, Bd. 2, S. 483.
135 Albert Hauser. Vom Essen und Trinken im Alten Zürich, S. 96.
136 Regula von Orelli. Selbstzeugnisse, S. 56.
137 Gottfried Keller. Gesammelte Briefe, Bd. 2, Bern 1951, S. 268.
138 Gottfried Keller. Gesammelte Briefe, Bd. 2, S. 388.
139 Allgemeiner Anzeiger vom Zürichsee 1868, Nrn. 2, 81.
140 Allgemeiner Anzeiger vom Zürichsee 1869, Nr. 86.
141 Allgemeiner Anzeiger vom Zürichsee, 24.6., 13.7., 24.7., 10.8.1880.
142 Allgemeiner Anzeiger vom Zürichsee 1885, Nr. 43.
143 Sophie Hauser-Wiedemann. Meine Lebenserinnerungen, geschrieben im Jahre 1924 an meine Kinder (Manuskript in Privatbesitz).

RUND UM DIE TAUFE

1 Gotthard Schmid. Die Landeskirche des Kantons Zürich, Zürich 1954, S. 75 ff., 83.
2 Gerold Meyer von Knonau. Der Canton Zürich, Bd. 2, St. Gallen 1846, S. 361.
3 Gotthard Schmid. Landeskirche des Kantons Zürich, S. 77/78.
4 Emil Egli. Actensammlung zur Geschichte der Zürcher Reformation, Zürich 1879, Nr. 621, 18.1.1525.
5 Emil Egli. Actensammlung, Nr. 632, 1.2.1525.
6 reformiert. Nr. 9.2/September 2012.
7 Erika Welti. Taufbräuche im Kanton Zürich, Zürich 1967, S. 45.
8 Gotthard Schmid. Landeskirche des Kantons Zürich, S. 80.
9 Zürcher Gesetzessammlung 1803–1830, Zürich 1840, S. 190.
10 Peter Ziegler. Männedorf, Stäfa 1975, S. 60.
11 StAZH. F III 38, Landvogteirechnung Wädenswil, 1626.
12 http://www.rkk.ch Homepage reformierte Kirche Küsnacht.
13 Erika Welti. Taufbräuche, S. 16. – Peter Ziegler. St. Peter in Zürich, Zürich 2006, S. 221.
14 Erika Welti. Taufbräuche, S. 21, 24.
15 Erika Welti. Taufbräuche, S. 300.
16 Erika Welti. Taufbräuche, S. 61, 44, 222.
17 Johann Heinrich Kägi. Geschichte der Herrschaft und Gemeinde Wädenswil, Wädenswil 1867, S. 247/248.
18 Erika Welti. Taufbräuche, S. 65.
19 Erika Welti. Taufbräuche, S. 303.
20 Peter Ziegler. Kirchen und Kapellen rund um den Zürichsee, Stäfa 2000, S. 11/12.
21 Stefan Crivelli. Übergangsriten. In: Paul Hugger. Kind sein in der Schweiz, Zürich 1998, S. 203.
22 Gottlieb Binder. Geschichte der Gemeinde Kilchberg, Kilchberg 1948, S. 296.
23 StAZH. F III 38., Landvogteirechnung Wädenswil 1662. – Albert Keller. Aus der Geschichte der Herrschaft Wädenswil, Njbl. der Lesegesellschaft Wädenswil, Wädenswil 1936, S. 57.
24 Hans Frey. Stäfa, Bd. 2, Stäfa 1969, S. 483.
25 Erika Welti. Taufbräuche, S. 126.
26 Erika Welti. Taufbräuche, S. 38. – Peter Ziegler. St. Peter, S. 223.
27 Erika Welti. Taufbräuche, S. 40.
28 Erika Welti. Taufbräuche, S. 58.
29 Gotthard Schmid. Landeskirche des Kantons Zürich, S. 83.
30 Gotthard Schmid. Landeskirche des Kantons Zürich, S. 79.
31 Erika Welti. Taufbräuche, S. 60. – Johann Heinrich Kägi. Wädenswil, S. 248.
32 Emil Stauber. Sitten und Bräuche im Kanton Zürich, Teil 1. In: 122. Neujahrsblatt der Hülfsgesellschaft in Zürich, Zürich 1922, S. 7.

33 Leo Zehnder. Volkskundliches in der älteren schweizerischen Chronistik, Basel 1976, S. 109.
34 Erika Welti. Taufbräuche, S. 142/143, 146.
35 Peter Ziegler. Zürcher Sittenmandate, Zürich 1978, S. 74. – Erika Welti. Taufbräuche, S. 144.
36 Pascale Sutter. Von guten und bösen Nachbarn. Nachbarschaft als Beziehungsform im spätmittelalterlichen Zürich. Diss., Zürich 2002, S. 287.
37 Gotthard Schmid. Landeskirche des Kantons Zürich, S. 81.
38 Erika Welti. Taufbräuche, S. 74.
39 Schweizerisches Idiotikon, Bd. 2, Spalte 526. (Internet)
40 Robert Epprecht. Die Familie Epprecht, Zürich 1960, S. 123.
41 Diethelm Fretz. Die Blattmann, Bd. 1, Zürich 1934, S. 193/194.
42 StAZH. F III 38, Landvogteirechnung Wädenswil 1661.
43 Emil Stauber. Sitten und Bräuche im Kanton Zürich, Teil 1, S. 6/7.
44 Gotthard Schmid. Landeskirche des Kantons Zürich, S. 83.
45 Hans Altwegg. Julius Hauser, Emmishofen 1913, S. 73.
46 Sammlung der Bürgerlichen und Policey-Gesetze, Bd. 4, Zürich 1779, S. 115/116.
47 Peter Ziegler. Zürcher Sittenmandate, S. 45.
48 Archiv Peter Ziegler. Taufzettel 1775.
49 Archiv Peter Ziegler. Taufzettel 1806.
50 Archiv Peter Ziegler. Taufzettel 1835.
51 Albert Hauser. Alte Volkskunst am Zürichsee, Zürich 1992, S. 156.
52 Emil Egli. Actensammlung, Nr. 982.
53 Peter Ziegler. St. Peter, S. 223/224. – Leo Weisz. Die Werdmüller, Bd. 1, Zürich 1949, S. 415.
54 Anthonius Werdmüller. Memorabilia Tigurina, 2. Teil, Zürich 1790, S. 153–155.
55 Wädenswiler Chile-Ziitig, 13.7.2012.

KONFIRMATION

1 Stefan Crivelli. Übergangsriten. In: Paul Hugger. Kind sein in der Schweiz, Zürich 1998, S. 208.
2 Gotthard Schmid. Die Landeskirche des Kantons Zürich, Zürich 1954, S. 133.
3 Franz Schoch. Geschichte der Gemeinde Küsnacht, Küsnacht 1951, S. 435/436.
4 Emil Stauber. Sitten und Bräuche im Kanton Zürich, 1. Teil. In: 122. Neujahrsblatt der Hülfsgesellschaft in Zürich, Zürich 1922, S. 9.
5 Paul Kläui. Geschichte der Gemeinde Horgen, Horgen 1952, S. 684. So noch 1952. – Gotthard Schmid. Landeskirche des Kantons Zürich, S. 135.
6 Peter Weiss. Konfirmation vor 60 Jahren. Jahrbuch der Stadt Wädenswil 1976, S. 38.
7 Peter Weiss. Konfirmation vor 60 Jahren, S. 37.
8 Peter Weiss. Konfirmation vor 60 Jahren, S. 39–44.
9 DOZ. OC-3-1.
10 DOZ. OC-3-1.
11 Archiv Peter Ziegler, Wädenswil.
12 Archiv Peter Ziegler, Wädenswil.
13 Stefan Crivelli. Übergangsriten, S. 208.
14 Allgemeiner Anzeiger vom Zürichsee, 17.12.1970.
15 Peter Ziegler. St Peter in Zürich, Zürich 2006, S. 225/226.
16 Historisches Lexikon der Schweiz, Bd. 7, Basel 2008, S. 352.
17 Neue Zürcher Zeitung Online, 23.10.2009.

ERSTKOMMUNION UND FIRMUNG

1 http://www.pfarrei-rotkreuz.ch/die-pfarrei/eucharistie-erstkommunion
2 Manfred Becker-Huberti. Lexikon der Bräuche und Feste, Freiburg im Breisgau 2007, S. 434.
3 http://www.kath.de/Kirchenjahr/weisser_sonntag.php
4 Historisches Lexikon der Schweiz, Bd. 7, Basel 2008, S. 352.
5 Forum. Pfarrblatt der katholischen Kirche im Kanton Zürich, Nr. 3/2010.
6 http://de.wikipedia.org/wiki/Firmung
7 Forum. Pfarrblatt der katholischen Kirche im Kanton Zürich, Nr. 12/2009.
8 http://www.kath-zug.ch
9 Stefan Crivelli. Übergangsriten. In: Paul

Hugger. Kind sein in der Schweiz, Zürich 1998, S. 207.
10 Stefan Crivelli. Übergangsriten, S. 207.
11 Forum. Pfarrblatt der katholischen Kirche im Kanton Zürich, Nr. 3/2010.
12 Forum. Pfarrblatt der katholischen Kirche im Kanton Zürich, Nr. 9/2011.

JUNGBÜRGERFEIERN
1 Zürcher Gesetzessammlung, Bd. 1, Zürich 1831, S. 48/49.
2 Zürcher Gesetzessammlung, Bd. 1, S. 10. – Kantonsverfassung 1831, § 22.
3 Zürcher Gesetzessammlung, Bd. 1, S. 49.
4 Allgemeiner Anzeiger vom Zürichsee, 21.8.1852.
5 Allgemeiner Anzeiger vom Zürichsee, 9.6.1855.
6 Allgemeiner Anzeiger vom Zürichsee, 9.5.1857.
7 Allgemeiner Anzeiger vom Zürichsee, 27.4.1861.
8 Allgemeiner Anzeiger vom Zürichsee, 29.4.1861.
9 Allgemeiner Anzeiger vom Zürichsee, 4.5.1861.
10 Albert Hauser. Was für ein Leben, Zürich 1987, S. 304.
11 Allgemeiner Anzeiger vom Zürichsee, 1.12.1970.
12 Zürichsee-Zeitung, 30.9.2008.
13 Zürichsee-Zeitung, Bezirk Meilen, 27.10.2012.
14 Zumiker Bote, 28.4.2009.
15 Tages-Anzeiger, 16.11.2009.
16 Zürichsee-Zeitung, Bezirk Horgen, 18.10.2012.
17 Zürichsee-Zeitung, Bezirk Horgen, 17.11.2008 und 19.9.2011.
18 Zürichsee-Zeitung, Bezirk Meilen, 8.11.2013.

KILTGANG, EHEVERSPRECHEN UND VERLOBUNG
1 Historisches Lexikon der Schweiz. Verlobung. Internetversion.
2 NZZ am Sonntag, 23.6.2013.
3 Heinz Gallmann. Zürichdeutsches Wörterbuch, Zürich 2009, S. 73, 226, 230, 278, 290, 294, 397, 439, 440, 526. – Tages-Anzeiger, 25.2.1998. Wortschatz der Jungen.
4 Schweizerisches Idiotikon, Bd. 3, Spalte 242/243. (Internet)
5 Pascale Sutter. Von guten und bösen Nachbarn. Nachbarschaft als Beziehungsform im spätmittelalterlichen Zürich. Diss., Zürich 2002, S. 305.
6 Eva Sutter. Ein Act des Leichtsinns und der Sünde. Illegitimität im Kanton Zürich: Recht, Moral und Lebensrealität (1800–1860), Zürich 1995, S. 64.
7 StAZH. AAb1. – Rudolf Braun. Industrialisierung und Volksleben, Erlenbach 1960, S. 69.
8 Eva Sutter. Ein Act des Leichtsinns und der Sünde, S. 66/67.
9 Rudolf Braun. Industrialisierung und Volksleben, S. 70. – Johann Jakob Nüscheler. Über die Revision der Matrimonialgesetze im Kanton Zürich, S. 29.
10 Albert Lutz. Jünglings- und Gesellenverbände im alten Zürich und im alten Winterthur, Affoltern am Albis 1957, S. 44. – StAZH. A 27.3.
11 Jeannette Studer. Vom z Liecht gaa und vom Hüüraschple mit Füürstai und Ürte. Allgemeiner Anzeiger vom Zürichsee, 6.2.1991.
12 Paul Kläui. Geschichte der Gemeinde Horgen, Horgen 1952, S. 686.
13 Rudolf Braun. Industrialisierung und Volksleben, S. 68/69.
14 Eva Sutter. Ein Act des Leichtsinns und der Sünde, S. 46/47. – StAZH. III KKb 1. Amtlicher Auszug aus den Protokollen der Synode der Zürcherischen Geistlichkeit, Nr. XXIII, Zürich 1852, S. 77.
15 Christian Casanova. Nacht-Leben, Zürich 2007, S. 94, 96.
16 David Gugerli. Zwischen Pfrund und Predigt. Die protestantische Pfarrfamilie auf der Zürcher Landschaft im 18. Jahrhundert, Zürich 1988, S. 191/192.
17 Sophie Hauser-Wiedemann. Meine Lebenserinnerungen, geschrieben im Jahre 1924 an meine Kinder. (Manuskript in Privatbesitz.)
18 Heinrich Peter. Aus der Ortsgeschichte von Richterswil, Bd. 4, Richterswil 1983, S. 25.
19 Susanna Burghartz. Leib, Ehre und Gut.

Delinquenz in Zürich im 14. Jahrhundert, Zürich 1990, S. 171.
20 Johann Heinrich Kägi. Geschichte der Herrschaft und Gemeinde Wädenswil, Wädenswil 1867, S. 18. Hofrecht 1409, Artikel 7.
21 StAZH. F III 38, Landvogteirechnung Wädenswil 1566.
22 Geschichte des Kantons Zürich, Bd. 1, Zürich 1995, S. 371/372.
23 Eva Sutter. Ein Act des Leichtsinns und der Sünde, S. 61.
24 Gustav W. v. Schulthess (Hrsg.). Regula von Orelli-Escher, Selbstzeugnisse aus dem Umfeld von J. C. Lavater, Stäfa 2001, S. 16/17.
25 Eva Sutter. Ein Act des Leichtsinns und der Sünde, S. 104.
26 Pascale Sutter. Von guten und bösen Nachbarn, S. 122. – StAZH. B VI 201, fol. 14r–15r (1411); B VI 216, fol. 157r (1449); B VI 220, fol. 95v und 323r (1456, 1457).
27 Eva Sutter. Ein Act des Leichtsinns und der Sünde, S. 253, nach StAZH. YY 3.7. Ehegerichtsprotokoll 1810.
28 Iris Ritzmann. Gegängelte Frauen. Konflikte mit der Sittenzucht in Stäfa. In: Christoph Mörgeli (Hrsg.). Memorial und Stäfner Handel 1794/95, Stäfa 1995, S. 102.
29 Zürcher Gesetzessammlung 1803–1830, Zürich 1840, S. 79, § 11.
30 Albert Hauser. Alte Volkskunst am Zürichsee, Zürich 1992, S. 106.
31 Historisches Lexikon der Schweiz. Verlobung (Internet).
32 Richard Weiss. Volkskunde der Schweiz, Erlenbach 1946, S. 178.
33 Archiv Pit Wyss, Dielsdorf.
34 Archiv Pit Wyss, Dielsdorf.
35 DOZ. Anna Dettwiler. Die Lebensgeschichte von Aline Theiler-Blattmann und Meta König-Theiler in ihrem gesellschaftlich-historischen Kontext. Manuskript, Zürich 2012, S. 21.
36 Archiv Pit Wyss, Dielsdorf.
37 Meta Heusser. Haus-Chronik, Kilchberg 1980, S. 79–82.
38 Friedrich von Wyss. David von Wyss, Zürich 1884, S. 56.
39 Ludwig Meyer von Knonau. Lebenserinnerungen, Frauenfeld 1883, S. 499/500.

RUND UM DIE HEIRAT

1 ZUB 5, Nr. 1999.
2 StAZH. C II 3, Nr. 91. – URStAZH, Bd. 1, Nr. 837.
3 StAZH. C II 2, Nr. 144.
4 URStAZH, Bd. 4, Nr. 5990.
5 ZUB 10, Nr. 3790.
6 KAE, H X 1a.
7 Historisches Lexikon der Schweiz, Bd. 4, Basel 2005, S. 97.
8 Claudio Leibacher. Leibeigen zwischen Abt und Stadt. In: MAGZ Bd. 76, Zürich 2009, S. 45–47. – Paul Kläui. Stäfa, Bd. 1, Stäfa 1968, S. 50/51.
9 StAZH. C II 14, Nr. 28.
10 StAZH. C II 14, Nr. 29. – URStAZH, Bd. 2, Nr. 2646.
11 StAZH. C I 2820.
12 StAZH. C I 2821.
13 http://de.wikipedia.org/wiki/Ius_primae_noctis
14 F. Ott. Zürcherische Rechtsquellen. Zeitschrift für Schweizerisches Recht IV/1. – StAZH. Df 9, S. 73 ff.
15 StAZH, C I, Nr. 2562. – Bruno Schmid. Die Gerichtsherrschaft Maur, Zürich 1963, S. 279–287.
16 Emil Egli. Actensammlung zur Geschichte der Zürcher Reformation, Zürich 1879, Nr. 711.
17 Friedrich Vogel. Memorabilia Tigurina, Zürich 1841, S. 160/161.
18 Eva Sutter. Ein Act des Leichtsinns und der Sünde. Illegitimität im Kanton Zürich: Recht, Moral und Lebensrealität (1800–1860), Zürich 1995, S. 61/62.
19 Eva Sutter. Ein Act des Leichtsinns, S. 92/93, 99.
20 Peter Ziegler/Peter Kummer. Geschichte der Gemeinde Meilen, Wädenswil 1998, S. 98.
21 Dokument in Privatbesitz.
22 StAZH. MF 35/179. Schönenberg, ehegerichtliche Urteile 1727–1797.

23 Hans Kläui. Geschichte der Gemeinde Herrliberg, Bd. 1, Stäfa 1980, S. 123.
24 StAZH. MF 35/179. Schönenberg, ehegerichtliche Urteile 1727–1797.
25 Eva Sutter. Ein Act des Leichtsinns, S. 298. – StAZH. YY 3.8. Ehegerichtsprotokoll 1810.
26 A. Farner. Die pfarramtlichen Register. In: Zürcher Taschenbuch 1899, S. 194–196. – StAZH. E III.
27 Stadtarchiv Zürich. VIII C 24b und VIII C 25.
28 Richard Weiss. Volkskunde der Schweiz, Erlenbach 1946, S. 179.
29 David Gugerli. Zwischen Pfrund und Predigt. Die protestantische Pfarrfamilie auf der Zürcher Landschaft im 18. Jahrhundert, Zürich 1988, S. 9, 172.
30 Sebastian Brändli. Die Retter der leidenden Menschheit. Sozialgeschichte der Chirurgen und Ärzte auf der Zürcher Landschaft 1700–1850, Zürich 1990, S. 336.
31 Sebastian Brändli. Die Retter der leidenden Menschheit, S. 340–342.
32 Albert Hauser. Das Neue kommt, Zürich 1989, S. 219.
33 Elisabeth Joris / Heidi Witzig. Brave Frauen, aufmüpfige Weiber, Zürich 1992, S. 49.
34 Wilhelm Bickel. Bevölkerungsgeschichte der Schweiz, Zürich 1947, S. 86.
35 Tages-Anzeiger, 17.5.2013. – Internet: Bundesamt für Statistik, Lebenserwartung, 2013.
36 Emil Egli. Actensammlung, Nr. 711.
37 Wilhelm Heinrich Ruoff. Stammliste der Familie Hess von Zürich, Zürich 1959, S. 2, 4, 5, 7, 14, 15, 18, 19, 32.
38 Geschichte des Kantons Zürich, Bd. 2, Zürich 1996, S. 307.
39 Alfred Dobler. Familienbuch der Schwarzenbach und Schwerzenbach, Riedikon 2007, S. 30, 34, 74, 80, 82.
40 Leo Weisz. Die Werdmüller, Bd. 2, Zürich 1949, S. 151, 152, 233.
41 Urspeter Schelbert. Bevölkerungsgeschichte der Schwyzer Pfarreien Freienbach und Wollerau im 18. Jahrhundert, Zürich 1989, S. 107.
42 Urspeter Schelbert. Bevölkerungsgeschichte, S. 109.
43 Zürcher Gesetzessammlung, Bd. 19, Zürich 1876, S. 11/12.
44 NZZ Online, 11.12.2009. – Bundesamt für Statistik, 2011.
45 Emil Egli. Actensammlung, Nr. 1664.
46 Zürcher Gesetzessammlung 1803–1830, Zürich 1840, S. 79.
47 Zürcher Gesetzessammlung, Bd. 19, S. 12.
48 Migros-Magazin, 2.4.2013.
49 Abgedruckt bei Susanna Burghartz. Leib, Ehre und Gut. Delinquenz in Zürich im 14. Jahrhundert, Zürich 1990, S. 210/211.
50 Hanns von Meyenburg. Die Schipf in Herrliberg, Zürich 1957, S. 70.
51 Hans Peter Treichler. Die Löwenbraut. – Zürichsee-Zeitung, Bezirk Horgen, 28.11.2002.
52 Pascale Sutter. Die Stadtrechte von Rapperswil, Basel 2007, S. 374–378.
53 Peter Ziegler. St. Peter in Zürich, Zürich 2006, S. 102.
54 DOZ. OC-3-1:34.
55 DOZ. OC 10-8:13.
56 Zürcher Gesetzessammlung, Bd. 30, Zürich 1918, S. 273 ff.
57 Sammlung der Bürgerlichen- und Policey-Gesetze, Bd. 4, Zürich 1779, S. 39.
58 Iris Ritzmann. Gegängelte Frauen. Konflikte mit der Sittenzucht in Stäfa. In: Christoph Mörgeli (Hrsg.). Memorial und Stäfner Handel 1794/95, Stäfa 1995, S. 101.
59 Albert Hauser. Alte Volkskunst am Zürichsee, Zürich 1992, S. 106–108.
60 Magazin Die Post, Dezember 2012, S. 20/21.
61 Hans Rudolf Schmid. Die Familie Abegg und ihre Unternehmungen, Zürich 1972, S. 49.
62 Hans Rudolf Schmid. Die Familie Abegg, S. 50.
63 Hans Altwegg. Julius Hauser, Emmishofen 1913, S. 68–71.
64 Alfred Cattani. Auf Brautschau vor 250 Jahren. Neue Zürcher Zeitung, 22./23.10.1988.
65 Allgemeiner Anzeiger vom Zürichsee 1871, Nr. 117.

66 Allgemeiner Anzeiger vom Zürichsee 1877, Nr. 72.
67 Allgemeiner Anzeiger vom Zürichsee 1883, Nr. 108.
68 Allgemeiner Anzeiger vom Zürichsee 1885, Nr. 34.
69 SonntagsZeitung, 24.3.2002. – Jürg Rohrer. Von Herzen gesucht: Hausrat und Erspartes. Tages-Anzeiger, 14.8.2013.
70 StAZH. C II 10, Nr. 119. – URStAZH, Bd. 1, Nr. 1296.
71 StAZH. C II 10, Nr. 119. – URStAZH, Bd. 1, Nr. 1296.
72 Geschichte des Kantons Zürich, Bd. 2, Zürich 1996, S. 244.
73 Eva Sutter. Ein Act des Leichtsinns, S. 185/186.
74 Hedwig Strehler. Kulturgeschichtliche Bilder, Zürcher Taschenbuch 1935, S. 92/93.
75 Hanns von Meyenburg. Die Schipf in Herrliberg, S. 34.
76 Gotthard Schmid. Die Landeskirche des Kantons Zürich, Zürich 1954, S. 93.
77 Hans Pestalozzi. Geschichte der Familie Pestalozzi, Zürich 1958, S. 79.
78 Gotthard Schmid. Landeskirche des Kantons Zürich, S. 93.
79 Daniel Pünter. Der Stillstand. In: Christoph Mörgeli. Memorial und Stäfner Handel, S. 82.
80 Iris Ritzmann. Gegängelte Frauen, S. 101.
81 Eva Sutter. Ein Act des Leichtsinns, S. 243.
82 KGA St. Peter. IV B 94.9, S. 28.
83 Heinrich Peter. Aus der Ortsgeschichte von Richterswil, Bd. 4, Richterswil 1983, S. 19.
84 Sibylle Malamud. Die Ächtung des Bösen. Frauen vor dem Zürcher Ratsgericht im späten Mittelalter (1400–1500), Zürich 2003, S. 262.
85 Eduard Hoffmann-Krayer. Feste und Bräuche des Schweizervolkes, Zürich 1913, S. 37. – Sibylle Malamud. Die Ächtung des Bösen, S. 262/263.
86 Franz Schoch. Geschichte der Gemeinde Küsnacht, Küsnacht 1951, S. 385/386.
87 So das Hochzeitsfoto von Meta König-Theiler aus Wädenswil von 1920. DOZ. Anna Dettwiler. Aline Theiler-Blattmann und Meta König-Theiler, S. 19, Abb. 21.

88 Zimmerberg Magazin, Januar 2012, S. 6.
89 Hans Frey. Stäfa, Bd. 2, Stäfa 1969, S. 483/484.
90 Allgemeiner Anzeiger vom Zürichsee. Modebeilage Frühling 1979.
91 Zimmerberg Magazin, Januar 2013, S. 4.
92 Zimmerberg Magazin, Januar 2013, S. 5.
93 Tages-Anzeiger, 3.6.2013.
94 DOZ. Fernande Meyer-Nipkow. Familie Diezinger aus Wädenswil am Zürichsee, Muralto 2011, S. 67.
95 Anthonius Werdmüller. Memorabilia Tigurina, 2. Teil, Zürich 1790, S. 271.
96 Peter Ziegler. Schloss Wädenswil, Wädenswil 2000, S. 18/19. – Hochzeit auf Schloss Wädenswil. Eine Nobelheirat vor 450 Jahren. Zürichsee-Zeitung, Bezirk Horgen, 31.7.2006.
97 ZBZ. Manuskript F 28, S. 175–180. – Walther Meier. Eine Wädenswiler Hochzeit im 16. Jahrhundert. Wädenswiler Jahresmappe 1934, Wädenswil 1934, S 3, 4, 8, 10, 24, 25.
98 Monika Gasser. Zürich von aussen gesehen, Zürich 1973, S. 215.
99 Monika Gasser. Zürich von aussen gesehen, S. 215–217.
100 Paul Kläui. Geschichte der Gemeinde Horgen, Horgen 1952, S. 687/688.
101 Gotthard Schmid. Landeskirche des Kantons Zürich, S. 92.
102 Gotthard Schmid. Landeskirche des Kantons Zürich, S. 92/93.
103 Johann Heinrich Kägi. Geschichte der Herrschaft und Gemeinde Wädenswil, Wädenswil 1867, S. 294. – Gotthard Schmid. Landeskirche des Kantons Zürich, S. 95.
104 Gottlieb Binder. Geschichte der Gemeinde Kilchberg, Kilchberg 1948, S. 299/300.
105 Edwin Messikommer. Geschichte der Gemeinde Seegräben, Zürich 1973, S. 206.
106 Klaus Martin Sauer. Die Predigttätigkeit Johann Kaspar Lavaters (1741–1801), Zürich 1988, S. 83/84.
107 Friedrich Vogel. Memorabilia Tigurina, S. 297.
108 Urspeter Schelbert. Bevölkerungsgeschichte, S. 106.

109 Paul Kläui. Horgen, S. 688.
110 Coopzeitung, 11.12.2012.
111 Hanns von Meyenburg. Die Schipf in Herrliberg, S. 40/41.
112 Hans Pestalozzi-Keyser. Geschichte der Familie Pestalozzi, Zürich 1958, S. 59.
113 Emil Stauber. Sitten und Bräuche im Kanton Zürich, 1. Teil. In: 122. Njbl. der Hülfsgesellschaft in Zürich, Zürich 1922, S. 15.
114 Schweizerisches Idiotikon, Bd. 1, Spalte 684. – Eduard Hoffmann-Krayer. Feste und Bräuche, S. 34.
115 StAZH. III AAb 1.9; III AAb 1.10.
116 Hans Frey. Stäfa, Bd. 2, S. 484.
117 Hans Frey. Stäfa, Bd. 2, S. 159.
118 Allgemeiner Anzeiger vom Zürichsee, 5.6.1850.
119 Johann Heinrich Kägi. Geschichte der Herrschaft und Gemeinde Wädenswil, S. 295.
120 Emil Stauber. Sitten und Bräuche im Kanton Zürich, 1. Teil, S. 19, 18.
121 Jürg Winkler. Der Hirzel. Bild einer Gemeinde, Richterswil 1974, S. 177.
122 Allgemeiner Anzeiger vom Zürichsee, 24.4.1850.
123 Hans Frey. Stäfa, Bd. 2, S. 158/159.
124 Hans Frey. Stäfa, Bd. 2, S. 484.
125 Leo Zehnder. Volkskundliches in der älteren schweizerischen Chronistik, Basel 1976, S. 122.
126 Emil Egli. Actensammlung, Nr. 1534.
127 Christian Casanova. Nacht-Leben, Zürich 2007, S. 113/114. Nach StAZH. B III 171, fol. 105r und 105 r.
128 Peter Ziegler. Zürcher Sittenmandate, Zürich 1978, S. 46/47.
129 StAZH. III AAb 1.4.
130 Peter Ziegler. Zürcher Sittenmandate, S. 48.
131 StAZH. AAb 1.4.
132 Albert Hauser. Vom Essen und Trinken im Alten Zürich, Zürich 1961, S. 129. – Peter Ziegler. Zürcher Sittenmandate, S. 48/49.
133 Archiv Peter Ziegler.
134 DOZ. OC-10-8.
135 Zürichsee-Zeitung, Bezirk Horgen, 27.2.2013.
136 Eduard Hoffmann-Krayer. Feste und Bräuche des Schweizervolkes, Zürich 1913, S. 36.
137 Sophie Hauser-Wiedemann. Meine Lebenserinnerungen, aufgeschrieben 1924 (Manuskript in Privatbesitz).
138 Coopzeitung, 11.12.2012.
139 Emil Egli. Actensammlung, Nr. 1534.
140 Emil Egli. Actensammlung, Nr. 1782.
141 StAZH. III AAb 1.1.
142 Franz Schoch. Küsnacht, S. 387.
143 Neue Zürcher Zeitung, 15.2.2013.
144 Ernst Gagliardi. Dokumente zur Geschichte des Bürgermeisters Hans Waldmann, Bd. 1, Quellen zur Schweizer Geschichte, Basel 1913, S. 310f. – Leo Zehnder. Chronistik, S. 122.
145 Zimmerberg Magazin, Januar 2012, S. 10.
146 Coopzeitung, 14.8.2012.
147 Archiv Peter Ziegler. In der Rechtschreibung modernisiert.
148 DOZ. OC-10-8:4.
149 Arnold Pünter. Erinnerungen von meiner Hochzeitreise vom 27. September bis 7. Oktober 1859, in: Ritterhaus-Vereinigung Ürikon-Stäfa, Jahresbericht 2012, Egg 2013, S. 8–46.
150 Sophie Hauser-Wiedemann. Lebenserinnerungen.
151 Hans Altwegg. Julius Hauser, S. 71.
152 Heinrich Peter. Erinnerungen eines Richterswiler Dorfarztes, Richterswil 1983, S. 26.
153 Paul Hugger. Handbuch der schweizerischen Volkskultur, Bd. 1, Zürich 1992, S. 139.
154 Urs Keller. «Nur du und ich». Schweizerisches Archiv für Volkskunde, Bd. 103 / 2007, S. 1–20.
155 Hans Weber. Die zürcherischen Landgemeinden in der Helvetik 1798–1803, Zürich 1971, S. 246.
156 Zürcher Gesetzessammlung, Bd. 3, Zürich 1833, S. 165. Gesetz vom 20. Herbstmonat 1833, § 22.
157 Johannes Strickler. Geschichte der Gemeinde Horgen, Horgen 1882, S. 181.
158 Peter Ziegler. St. Peter in Zürich, Zürich 2006, S. 73.
159 Johannes Strickler. Horgen, S. 181.
160 Diethelm Fretz. Die Blattmann, Bd. 2, Zürich 1938, S. 95. – Gottlieb Binder. Kilchberg,

S. 48/49, 53. – Peter Ziegler. Männedorf. Von den Anfängen bis zur Gegenwart, Stäfa 1975, S. 86.
161 Sibylle Malamud. Die Ächtung des Bösen, S. 320.
162 Zürcher Gesetzessammlung 1803–1830, Zürich 1840, S. 99.
163 Elisabeth Joris / Heidi Witzig. Brave Frauen, aufmüpfige Weiber, Zürich 1992, S. 32.
164 Sibylle Malamud. Die Ächtung des Bösen, S. 114.
165 Sibylle Malamud. Die Ächtung des Bösen, S. 320.
166 Zürcher Gesetzessammlung 1803–1830, S. 99.
167 Heinz Gallmann. Zürichdeutsches Wörterbuch, Zürich 2009.
168 Ueli Gyr. Welschlandaufenthalte als Übergangs- und Kontaktmuster. In: Paul Hugger. Handbuch, Bd. 1, S. 119–121.
169 Elisabeth Joris / Heidi Witzig. Brave Frauen, aufmüpfige Weiber, S. 80, 130/131.
170 Allgemeiner Anzeiger vom Zürichsee, 6.11.1852.
171 Allgemeiner Anzeiger vom Zürichsee, 19.3.1862.
172 Allgemeiner Anzeiger vom Zürichsee, 6.2.1869.
173 Allgemeiner Anzeiger vom Zürichsee, 9.10.1869.
174 Allgemeiner Anzeiger vom Zürichsee, 10.2.1870.
175 Allgemeiner Anzeiger vom Zürichsee, 18.4.1880.
176 Allgemeiner Anzeiger vom Zürichsee, 18.2.1890.
177 Ueli Gyr. Welschlandaufenthalte, S. 121.
178 Ueli Gyr. Welschlandaufenthalte, S. 121.
179 Ueli Gyr. Welschlandaufenthalte, S. 122, 124, 127.
180 Sibylle Malamud. Die Ächtung des Bösen, S. 194/195.
181 http://www.patchwork-familie.ch
182 Dachverband Regenbogenfamilien, Medienmitteilung vom 4.4.2011.
183 Zürichsee-Zeitung, Bezirk Meilen, 15.2.2013. – Neue Zürcher Zeitung, 14.5.2012.
184 Neue Zürcher Zeitung, 2.10.2007.
185 NZZ am Sonntag, 30.12.2012.
186 Zürichsee-Zeitung, Bezirk Horgen, 7.1.2013.
187 Neue Zürcher Zeitung, 3.1.2013.
188 Tages-Anzeiger, 27.12.2012.
189 Heinrich Zeller-Werdmüller. Die Zürcher Stadtbücher des 14. und 15. Jahrhunderts, Bd. 2, Zürich 1899, S. 36f.
190 Pascale Sutter. Von guten und bösen Nachbarn, Zürich 2002, S. 303.
191 Beobachter, Nr. 8/2006.
192 http://www.admin.ch
193 Pascale Sutter. Von guten und bösen Nachbarn, S. 237. – StAZH. B VI 223, fol. 323r–324r.
194 Sibylle Malamud. Die Ächtung des Bösen, S. 214.
195 Emil Egli. Actensammlung, Nr. 8.
196 Iris Ritzmann. Gegängelte Frauen, S. 104.
197 Geschichte des Kantons Zürich, Bd. 2, Zürich 1996, S. 306.
198 Historisches Lexikon der Schweiz, Bd. 4, Basel 2005, S. 95.
199 http://www.bfs.admin.ch. Bevölkerungsbewegung.
200 Tages-Anzeiger, 13.3.2012. – Zürichsee-Zeitung, 16.3.2012.
201 Zürichsee-Zeitung, Bezirk Horgen, 6.3.2012.
202 reformiert. Kirchenbote Kanton Zürich, 13.4.2012.
203 Eduard Hoffmann-Krayer. Feste und Bräuche, S. 35.
204 Zuza Speckert. Ausgeflippte Hühner, in: NZZ am Sonntag, 1.7.2012.
205 Tages-Anzeiger, 14.6.2012.
206 Tages-Anzeiger, 9.7.2012.
207 http://www.heiraten.ch/tipps/hochzeitsbrauch/index.html
208 http://www.hochzeitsspiele.info/die-brautentfuehrung.html
209 Tages-Anzeiger, 9.1.2012, 12.1.2013.
210 Hochzeitsplanerin Evelyne Schärer in: Schweizer Familie Nr. 19/2012, S. 9.
211 Medienmitteilung des Präsidialdepartements vom 10.5.2012. – Neue Zürcher-Zeitung, 11.5.2012.

212 http://www.grizzly.ch/rima/hochjubi.html
213 Zürichsee-Zeitung, Bezirk Meilen, 23.1.2012.
214 Allgemeiner Anzeiger vom Zürichsee, 8.6.1850.
215 Allgemeiner Anzeiger vom Zürichsee, 25.5.1850.
216 Allgemeiner Anzeiger vom Zürichsee, 2.3.1863.
217 Allgemeiner Anzeiger vom Zürichsee, 19.12.1866.
218 http:/de.wikipedia.org/wiki/Theodoor_Hendrik_van_de_Velde
219 Zürcher Hausbuch, Luzern 1934, S. 9.

RUND UM DAS STERBEN

1 Peter-Johannes Schuler. Das Anniversar, Sigmaringen 1987, S. 67–117.
2 Albert Hug. Die Jahrzeitbücher des Kantons Schwyz, Bd. 3, (Ufnau und Freienbach), Schwyz 2008, S. 34–36.
3 Historisches Lexikon der Schweiz, Bd. 6, Basel 2007, S. 744.
4 ZUB 12, Nr. 3399a.
5 Peter Ziegler. Die Johanniterkomturei Wädenswil 1287 bis 1550, Wädenswil 1987, S. 53.
6 KAE. A.XD.1.
7 StAZH. C II 18, Nr. 559a.
8 StAZH. C II 10, Nr. 198.
9 StAZH. C II 18, Nr. 251.
10 StAZH. C II 11, Nr. 406.
11 KAE. O.CA.5.
12 StAZH. B VI 308, fol. 122. – Pascal Küng. Die Sorge um das Seelenheil in den Zürcher Gemächtbüchern, Seminararbeit Universität Zürich, März 1997.
13 Roger Sablonier. Inventar spätmittelalterlicher Wirtschafts- und Verwaltungsquellen im Staatsarchiv des Kantons Zürich, Zürich 1990, S. 197.
14 Albert Hug. Jahrzeitbücher Ufnau und Freienbach, S. 34, 37.
15 Emil Egli. Actensammlung zur Geschichte der Zürcher Reformation in den Jahren 1519–1530, Zürich 1879, Nr. 950.
16 Emil Egli. Actensammlung, Nr. 456.
17 StAZH. AG 7: IV,2.
18 StAZH. GA Richterswil, I A 1.
19 Roger Sablonier. Wirtschaftsquellen, S. 195/196.
20 StAZH. GA Richterswil, I A 1. – Roger Sablonier. Wirtschaftsquellen, S. 196–198.
21 StAZH. G II 16, Nrn. 1-14 und G II 16a, Nrn. 1–19. – Roger Sablonier. Wirtschaftsquellen, S. 290/291.
22 StAZH. F II c 48. – Roger Sablonier. Wirtschaftsquellen, S. 247/248.
23 StAZH. F II a 241.
24 Roger Sablonier. Wirtschaftsquellen, S. 216/217.
25 Albert Hug. Jahrzeitbücher Ufnau und Freienbach.
26 Internet: http://www.villmergerkriege.ch/Chilerodel/index.htm
27 Staatsarchiv Schwyz. Urkunde Nr. 1766.
28 Albert Hug. Jahrzeitbücher Ufnau und Freienbach, S. 45.
29 Zentralbibliothek Zürich. Manuskript C 8b. – Martin Illi. Begräbnis und Kirchhof in der Stadt Zürich, Lizentiatsarbeit Universität Zürich 1984, S. 79–88.
30 StAZH. B I 55, fol. 397.
31 Martin Illi. Begräbnis und Kirchhof, S. 107/108, 110. – Geschichte des Kantons Zürich, Bd. 1, Zürich 1995, S. 450. – StAZH. B VI 308, fol. 131v.
32 Emil Egli. Actensammlung, Nr. 919.
33 Martin Illi. Begräbnis und Kirchhof, S. 116.
34 Josua Maaler. Die Teütsch Sprach, Zürich 1561, zitiert nach Martin Illi. Begräbnis und Kirchhof, S. 116.
35 StAZH. A 70.1.
36 Ludwig Meyer von Knonau. Lebenserinnerungen, Frauenfeld 1883, S. 95/96.
37 Peter Ziegler. Zur Volkskunde von Hirzel. In: Allgemeiner Anzeiger vom Zürichsee, 24.7.1959.
38 Paul Kläui. Geschichte der Gemeinde Horgen, Horgen 1952, S. 688/689.
39 Peter Ziegler/Peter Kummer. Geschichte der Gemeinde Meilen, Wädenswil 1998, S. 83.
40 StAZH. E III 132.8, Totenregister Wädenswil 1835–1875.

41	Paul Hugger, Handbuch der schweizerischen Volkskultur, Bd. 1, Zürich 1992, S. 186, 196.	62	StAZH. Stillstandprotokoll Wädenswil 1849, S. 204/205 vom 3.4 1849.
42	Martin Illi. Begräbnis und Kirchhof, S. 158. – Albert Hauser. Von den letzten Dingen. Tod, Begräbnis und Friedhöfe in der Schweiz, Zürich 1994, S. 70.	63	Allgemeiner Anzeiger vom Zürichsee 1853, Nr. 3, 44.
		64	Allgemeiner Anzeiger vom Zürichsee 1854, Nr. 84.
43	Adolf Streuli. Erinnerungen aus der Jugendzeit 1868–1890, Zürich 1944, S. 34/35.	65	Peter Ziegler/Peter Kummer. Meilen, S. 306. – Hans Jakob Zwicky. Chronik der Gemeinde Thalwil, Thalwil 1995, S. 188.
44	Im Besitz des Autors.		
45	Gottlieb Binder. Zur Kulturgeschichte des Zürichsees, Erlenbach 1937, S. 136.	66	Richard Weiss. Volkskunde der Schweiz, Erlenbach 1946, S. 272, mit Abbildung.
46	Hans Pestalozzi. Geschichte der Familie Pestalozzi, Zürich 1958, S. 77.	67	Allgemeiner Anzeiger vom Zürichsee 1858, Nr. 110.
47	Hans Kläui. Geschichte der Gemeinde Herrliberg, Bd. 1, Stäfa 1980, S. 273.	68	Allgemeiner Anzeiger vom Zürichsee 1861, Nr. 119.
48	StAZH. E III 132.8, Totenregister Wädenswil 1836.	69	Allgemeiner Anzeiger vom Zürichsee 1864, Nr. 39.
49	Iris Ritzmann. Kinderkrankheiten und Kindersterblichkeit. In: Paul Hugger. Kind sein in der Schweiz, Zürich 1998, S. 304.	70	Allgemeiner Anzeiger vom Zürichsee 1863, Nr. 22; 1864, Nr. 101; 1865, Nr. 7; 1870, Nr. 19; 1875, Nr. 15.
50	Tages-Anzeiger, 21.3.2012.	71	Neue Zürcher Zeitung, 29.12.2012; Zürichsee-Zeitung, Bezirk Horgen, 29.12.2012.
51	Historisches Lexikon der Schweiz, Bd. 9, Basel 2010, S. 631/632.	72	Allgemeiner Anzeiger vom Zürichsee, 8.9.1990. Rechtschreibung angepasst.
52	Friedrich Vogel. Memorabilia Tigurina, Zürich 1841, S. 751.	73	Allgemeiner Anzeiger vom Zürichsee, Bezirk Horgen, 15.2.2013.
53	Cilla Oertli-Cajacob. Chronik der Gemeinde Kilchberg, Kilchberg 1998, S. 90.	74	Neue Zürcher Zeitung, 29.12.2012 (Logo); Neue Zürcher Zeitung, 18.12.2012 (Passfoto); Neue Zürcher Zeitung, 21.5.2012 (Bild); Tages-Anzeiger, 27.12.2012 (Blume); Zürichsee-Zeitung, Bezirk Horgen, 26.6.2012 (Hase).
54	Neue Zürcher Zeitung, 5.1.1982.		
55	Geschichte des Kantons Zürich, Bd. 1, S. 266.		
56	Friedrich Vogel. Memorabilia Tigurina, S. 19.		
57	Friedrich Vogel. Memorabilia Tigurina, S. 327, 406.		
58	Emil Stauber. Sitten und Bräuche im Kanton Zürich, Teil 1. In: 122. Njbl. der Hülfsgesellschaft in Zürich, Zürich 1922, S. 31.	75	URStAZH. Bd. 7, Nr. 9289.
		76	StAZH. A 42.3. – Martin Illi. Begräbnis und Kirchhof, S. 113.
		77	KGA St. Peter. IV A 23.2.
59	StAZH. Stillstandprotokolle Wädenswil August 1711, 20.3.1809, 27.12.1811, 31.10.1812.	78	Johann Heinrich Kägi. Wädenswil, S. 295.
60	Johann Heinrich Kägi. Geschichte der Herrschaft und Gemeinde Wädenswil, Wädenswil 1867, S. 297.	79	Jakob Stelzer. Geschichte der Gemeinde Meilen, Meilen 1934, S. 40.
		80	StAZH. FM 35/181.
61	Peter Ziegler. Beerdigungsbräuche im alten Wädenswil. In: Allgemeiner Anzeiger vom Zürichsee, 24.3.1958. – Franz Schoch. Geschichte der Gemeinde Küsnacht, Küsnacht 1951, S. 693/694.	81	Allgemeiner Anzeiger vom Zürichsee, 14.12.1869. Danksagung Rosina Rusterholz.
		82	Allgemeiner Anzeiger vom Zürichsee, 12.4.1871. Ebenso 9.5.1871; 29.6.1871.
		83	Allgemeiner Anzeiger vom Zürichsee, 10.10.1871.

84 Allgemeiner Anzeiger vom Zürichsee, 23.2.1886.
85 Allgemeiner Anzeiger vom Zürichsee, 22.3.1884; 23.4.1887.
86 de.wikipedia.org/wiki/Trauerkranz.
87 Richard Weiss. Volkskunde der Schweiz, S. 271.
88 Schweizerisches Idiotikon, Bd. 2, Spalte 574. (Internet)
89 Johann Heinrich Kägi. Wädenswil, S. 296.
90 StAZH. Stillstandprotokolle Wädenswil, 11.1.1835; 29.3.1836, S. 14.
91 StAZH. Stillstandprotokoll Wädenswil, 1.6.1838, S. 62.
92 Peter Ziegler. Hundert Jahre Kirche Hütten, Wädenswil 1956, S. 13/14.
93 Allgemeiner Anzeiger vom Zürichsee 1886, Nr. 25; 1887, Nr. 147; 1890, Nr.125.
94 Allgemeiner Anzeiger vom Zürichsee 1862, Nr. 35.
95 Allgemeiner Anzeiger vom Zürichsee, 4.2.1890.
96 Allgemeiner Anzeiger vom Zürichsee, 3.3.1891.
97 Jakob Stelzer. Meilen, S. 136.
98 Friedrich Vogel. Memorabilia Tigurina, S. 177. – Allgemeiner Anzeiger vom Zürichsee 1850, Nr. 79.
99 Allgemeiner Anzeiger vom Zürichsee 1873, Nrn. 27, 28, 35.
100 Allgemeiner Anzeiger vom Zürichsee 1873, Nrn. 38, 139; 1869, Nr. 147; 1874, Nrn. 21, 41, 44, 145, 152; 1875, Nrn. 45, 70, 95, 150; 1870, Nr. 130.
101 Allgemeiner Anzeiger vom Zürichsee 1873, Nr. 152; 1876, Nr. 54.
102 Cilla Oertli-Cajacob. Kilchberg, S. 113. – Gottlieb Binder. Kilchberg, S. 302.
103 So 1922 auch in Stäfa: Emil Stauber. Sitten und Bräuche im Kanton Zürich, 1. Teil, S. 36.
104 Adolf Streuli. Erinnerungen, S. 40.
105 Allgemeiner Anzeiger vom Zürichsee 1877, Nrn. 12, 18, 24, 40.
106 Allgemeiner Anzeiger vom Zürichsee 1871, Nr. 65.
107 KGA St. Peter. IV A 23.3., S. 173.
108 Zürcher Wochen-Chronik 1909, Nr. 25, S. 245.
109 Zürcher Wochen-Chronik 1912, Nr. 8, S. 78.
110 Adrian Scherrer. Letzte Ruhestätte für einen Leichenwagen. Jahrbuch der Stadt Wädenswil 2006, Wädenswil 2006, S. 38–45.
111 Allgemeiner Anzeiger vom Zürichsee, 13.6.1876.
112 Allgemeiner Anzeiger vom Zürichsee, 14.10.1876.
113 Adrian Scherrer. Leichenwagen, S. 41, 44.
114 Stadtarchiv Wädenswil. II B 12.07, Vertrag vom 22.8.1885.
115 KGA St. Peter. II B 4.04.4.
116 Stadtarchiv Wädenswil. Protokoll Gemeinderat 2.3.1971.
117 Adrian Scherrer. Leichenwagen, S. 44.
118 Zürichsee-Zeitung, 1.3.2006.
119 Peter Ziegler/Peter Kummer. Meilen, S. 306; Peter Ziegler. Männedorf. Von den Anfängen bis zur Gegenwart, Stäfa 1975, S. 174; Peter Ziegler. Uetikon am See, Stäfa 1983, S. 108; Karl Kuprecht. Erlenbach. Geschichte einer Zürichseegemeinde, Stäfa 1981, S. 325; Hans Jakob Zwicky. Thalwil, S. 188.
120 Emil Stauber. Sitten und Bräuche im Kanton Zürich, 1. Teil, S. 37.
121 Karl Kuprecht. Erlenbach, S. 325; Peter Ziegler/ Peter Kummer. Meilen, S. 306/307; Hans Kläui. Herrliberg, S. 285.
122 Heinrich Bullinger. Reformationschronik, Bd. 1, Frauenfeld 1838, S. 116.
123 Hans Kläui. Herrliberg, S. 89.
124 Peter Ziegler. Zur Volkskunde von Hirzel. In: Allgemeiner Anzeiger vom Zürichsee, 24.7.1959.
125 Emil Stauber. Sitten und Bräuche im Kanton Zürich, Teil 1, S. 40–42.
126 Gotthard Schmid. Die Landeskirche des Kantons Zürich, Zürich 1954, S. 98. – Hans Heinrich Bluntschli. Memorabilia Tigurina, Zürich 1711.
127 Notabene 2/2007. «Mitten im Tod sind wir vom Leben umfangen.»
128 Franz Schoch. Küsnacht, S. 453.
129 Gotthard Schmid. Landeskirche des Kantons Zürich, S. 99.
130 Gotthard Schmid. Landeskirche des Kantons Zürich, S. 99.

131	Predicanten-Ordnung vom 14.12.1803. Zürcher Gesetzessammlung 1803–1830, Zürich 1840, S. 187.	153	Zürcher Denkmalpflege, 3. Bericht, 1962/63, S. 112–114.
132	Johann Heinrich Kägi. Wädenswil, S. 295/296.	154	Regine Abegg et al. Die Kunstdenkmäler des Kantons Zürich. Die Stadt Zürich, Bd. III.1, Bern 2007, S. 90, 110, 112. – ZUB 9, Nr. 3149.
133	Kirchenrat des Kantons Zürich. Kreisschreiben 2/1937.	155	60. Bericht der Antiquarischen Gesellschaft in Zürich, 1936/37, S. 15.
134	Allgemeiner Anzeiger vom Zürichsee, 9.4.1870; 13.12.1870; 6.3.1875; 9.3.1875.	156	Kunstdenkmäler Stadt Zürich, Bd. III.1, S. 284, 252.
135	Allgemeiner Anzeiger vom Zürichsee, 2.2.1871.	157	Martin Illi. Wohin die Toten gingen, S. 143/144.
136	Allgemeiner Anzeiger vom Zürichsee, 16.2.1856; 1.3.1856; 20.9.1856.	158	Helvetia Sacra, Abteilung IV, Bd. 7/1, Basel 2006, S. 288.
137	Allgemeiner Anzeiger vom Zürichsee, 19.3.1856; 22.3.1856; 10.5.1856.	159	Franz Schoch. Küsnacht, S. 100, 130/131.
138	Allgemeiner Anzeiger vom Zürichsee, 30.12.1865; 27.12. und 29.12.1871.	160	Peter Ziegler. Uetikon am See, S. 105.
139	Allgemeiner Anzeiger vom Zürichsee, 2.2.1859.	161	Zürcher Stadtbücher, Bd. 1, Nr. 208, S. 79.
140	Friedhofverordnung Hütten vom 29.6.1993, Artikel 10. (Internet)	162	Konrad Furrer. Geschichte der Kirche und Gemeinde St. Peter Zürich, Zürich 1906, S. 41.
141	Friedhofverordnung Hirzel vom 1.1.2012. (Internet)	163	StAZH. A 42.2., 1540–1560.
142	Martin Illi. Wohin die Toten gingen. Begräbnis und Kirchhof in der vorindustriellen Stadt, Zürich 1992, S. 142. – Zentralbibliothek Zürich. Ms. Z 22b.	164	Gerald Dörner. Kirche, Klerus und kirchliches Leben in Zürich von der Brunschen Revolution bis zur Reformation. Studien zur Literatur- und Kulturgeschichte 10, Würzburg 1996, S. 340, nach StAZH. B VI 203, fol. 316r-v.
143	Jakob Zwicky. Thalwil, S. 188. – KGA St. Peter. IV B 94.12, S. 478.	165	ZUB 2, Nr. 793. – StAZH. C II 4, Nr. 54.
144	Zürcher Denkmalpflege, 4. Bericht, 1964/65, S. 94/95.	166	ZUB 4, Nr. 1396.
145	Paul Kläui. Stäfa, Bd. 1, S. 31–33. – Zürcher Denkmalpflege, 7. Bericht, 1970–1974, 2. Teil, S. 164.	167	ZUB 2, Nr. 160; ZUB 5, S. 62.
146	Paul Kläui. Horgen, S. 31–34.	168	StAZH. C I 319.
147	Peter Ziegler/Peter Kummer. Meilen, S. 19.	169	Albert Hauser. Von den letzten Dingen, S. 30.
148	Karl Kuprecht. Erlenbach, S. 216.	170	Martin Illi. Begräbnis und Kirchhof, S. 50.
149	Zürcher Denkmalpflege, 3. Bericht, 1962/63, S. 54.	171	Kunstdenkmäler der Stadt Zürich, Bd. III.1, S. 339. – Tages-Anzeiger, 23.8.2008.
150	Peter Ziegler/Peter Kummer. Meilen, S. 19. – Zürcher Denkmalpflege, 6. Bericht, 1968/69, S. 99/100. – Zürcher Denkmalpflege, 9. Bericht, 1977/78, S. 104–109.	172	Martin Illi. Wohin die Toten gingen, S. 46.
		173	KGA St. Peter. IV A 23.2.
151	Paul Kläui. Horgen, S. 37–39.	174	Salomon Hess. Geschichte der Pfarrkirche zu St. Peter in Zürich, Zürich 1793, S. 214.
152	Peter Ziegler. Wädenswil, Bd. 1, Wädenswil 1970, S. 13. – Allgemeiner Anzeiger vom Zürichsee, 13.10.1922.	175	Hans Jakob Zwicky. Thalwil, S. 187.
		176	Rudolf Diezinger. Wahrhafte Beschreibung. Neujahrsblatt der Lesegesellschaft Wädenswil für 1967, Wädenswil 1967, S. 71.
		177	Franz Schoch. Küsnacht, S. 472.
		178	Karl Kuprecht. Erlenbach, S. 329.
		179	Peter Ziegler/Peter Kummer. Meilen, S. 90.
		180	Hans Frey. Stäfa, Bd. 2, Stäfa 1969, S. 229.
		181	Jürg Winkler. Hirzel. Bild einer Gemeinde, Richterswil 1974, S. 80–85.

182 http://www.latein.ch/leben/schweiz/turicum/grab.php
183 Geschichte des Kantons Zürich, Bd. 1, S. 81.
184 Ludwig Ettmüller. Gerold Edlibachs Chronik, Zürich 1844, S. 264, 277. – Emil Egli. Actensammlung, Nr. 865.
185 David von Moos. Sammlung alter und neuer Grabschriften, 3. Teil, Zürich 1779, S. 3–5.
186 Jürg Winkler. Hirzel, S. 77–85.
187 Hans Kläui. Herrliberg, S. 284.
188 KGA St. Peter. IV B 94.7, S. 206/207, 240.
189 KGA St. Peter. IV B 94.8.
190 Peter Ziegler / Peter Kummer. Meilen, S. 196, 307.
191 Hans Rudolf Sprüngli. Heimatbuch der Gemeinde Rüschlikon, Bd. 1, Rüschlikon 1965, S. 141.
192 Johannes Strickler. Geschichte der Gemeinde Horgen, Horgen 1882, S. 482.
193 Peter Ziegler. Uetikon am See, S. 108.
194 Jakob Zwicky. Thalwil, S. 188.
195 Johann Heinrich Kägi. Wädenswil, S. 285.
196 Allgemeiner Anzeiger vom Zürichsee 1861, Nr. 68 vom 12. Juni.
197 Allgemeiner Anzeiger vom Zürichsee 1876, Nr. 39 vom 1. April.
198 Allgemeiner Anzeiger vom Zürichsee, 8.4.1879.
199 Karl Fehr (Hrsg.). Meta Heusser. Haus-Chronik, Kilchberg 1980, S. 53/54.
200 Albert Heer. Unser Zollikon, Zollikon 1956, S. 99.
201 Geschichte des Kantons Zürich, Bd. 1, S. 152. – Neue Zürcher Zeitung, 23.5.1978.
202 Dölf Wild. Der Münsterhof um 1300. In: Das Fraumünster in Zürich, MAGZ, Bd. 80, Zürich 2012, S. 107.
203 Das Fraumünster in Zürich. MAGAZ Bd. 80, Zürich 2012, S. 191, Abb. 3.
204 Neue Zürcher Zeitung, 22.5.2007.
205 Paul Hugger. Handbuch, Bd. 1, S. 218.
206 Paul Hugger. Handbuch, Bd. 1, S. 218.
207 Albert Hauser. Von den letzten Dingen, S. 283.
208 KGA St. Peter. IV A 27, S. 113.
209 Johannes Strickler. Horgen, S. 483.
210 Johann Heinrich Kägi. Wädenswil, S. 285.
211 Historisches Lexikon der Schweiz, Bd. 4, Basel 2005, S. 827.
212 Gustav W. v. Schulthess (Hrsg.). Regula von Orelli-Escher. Selbstzeugnisse aus dem Umfeld von J. C. Lavater, Stäfa 2001, S. 509/510.
213 Johannes Strickler. Horgen, S. 482.
214 Allgemeiner Anzeiger vom Zürichsee 1869, Nr. 13.
215 Allgemeiner Anzeiger vom Zürichsee 1887, Nrn. 52, 147.
216 Hans Jakob Zwicky. Thalwil, S. 187–189.
217 Hans Rudolf Sprüngli. Rüschlikon, Bd. 1, S. 192.
218 Allgemeiner Anzeiger vom Zürichsee 1876, Nr. 23 vom 24.2 und Nr. 34 vom 21.3.
219 Zürcher Wochen-Chronik 1912, Nr. 16, S. 172. – Peter Ziegler/Peter Kummer. Meilen, S. 196.
220 Zürcher Wochen-Chronik 1915, Nr. 12, S. 119.
221 Zürcher Wochen-Chronik 1914, Nr. 2, S. 32.
222 Christine Süssmann/Daniel Müller. Kremation. Vom Verbrennen der Toten in Zürich, Zürich 2013.
223 Neue Zürcher Zeitung, 31.7.2013.
224 Internet: Friedhof Hütten.
225 http://www.waedenswil.ch
226 Silvio Temperli. Ruhe sanft – in der Anonymität. Tages-Anzeiger, 27.7.2004.
227 Zürichsee-Zeitung, Bezirk Meilen, 1.11.2013.
228 Neue Zürcher Zeitung, 15.10.2008.
229 Tages-Anzeiger, 27.7.2004.
230 Tages-Anzeiger, 16.3.2011. – Zürichsee-Zeitung, Bezirk Meilen, 23.10.2012.
231 Zürichsee-Zeitung, Bezirk Meilen, 15.9.2012.
232 Zürichsee-Zeitung, Bezirk Meilen, 27.11.2012.
233 Cilla Oertli-Cajacob. Kilchberg, S. 67.
234 Albert Keller. Aus der Geschichte der Herrschaft Wädenswil, 5. Teil. In: Njbl. der Lesegesellschaft Wädenswil für 1936, Wädenswil 1936, S. 61/62.
235 Albert Keller. Herrschaft Wädenswil, 5. Teil, S. 62.
236 DOZ. Chronik der Lesegesellschaft Wädenswil 1808, S. 169/170. – Kirchenpflege Wädenswil (Hrsg.). So leben wir, Wädenswil 1967, S. 28–30.

237 Hans Jakob Zwicky. Thalwil, S. 190.
238 Peter Ziegler. Männedorf, S. 60.
239 Hans Kläui. Herrliberg, Bd. 1, S. 284.
240 Karl Kuprecht. Erlenbach, S. 330.
241 Hans Rudolf Sprüngli. Rüschlikon, Bd. 1, S. 141.
242 Peter Ziegler. Zur Geschichte der Beinhäuser in der deutschen Schweiz. In: Allgemeiner Anzeiger vom Zürichsee, 11.3., 15.3.1957.
243 Peter Ziegler. Beinhäuser, in: Damals am See, Stäfa 2001, S. 20.
244 Küsnacht: StAZH. C II 9, Nr. 39b; Richterswil und Wollerau: StAZH. GA Richterswil I A 1; Grossmünster: Konrad Escher. In: Anzeiger für Schweizerische Altertumskunde, 30/1928, S. 62; Wädenswil: Albert Keller. Aus der Geschichte der Herrschaft Wädenswil, 3. Teil. In: Njbl. der Lesegesellschaft Wädenswil für 1932, Wädenswil 1932, S. 25; Thalwil: Friedrich Vogel. Memorabilia Tigurina, S. 765.
245 Ernst Murbach. Die mittelalterlichen Wandbilder der St.-Peters-Kirche in Zürich. In: Zeitschrift für Archäologie und Kunstgeschichte, Heft 1/1976, S. 35.
246 Franz Schoch. Küsnacht, S. 129.
247 Franz Schoch. Küsnacht, S. 311.
248 Martin Illi. Begräbnis und Kirchhof, S. 148. – StAZH. B II 143, fol. 21.
249 Salomon Hess. St. Peter, S. 350.
250 KGA St. Peter. III A 2.5. Rechnung 1677. – Salomon Hess. St. Peter, S. 353.
251 Salomon Hess. St. Peter, S. 368. – Peter Ziegler. St. Peter in Zürich, Zürich 2006, S. 187.
252 Peter Ziegler/Peter Kummer. Meilen, S. 90.
253 Esther Nievergelt-Albrecht. Das Fraumünster am Ende des 19. Jahrhunderts, Zürich 2012, S. 23.
254 Albert Hauser. Vom Essen und Trinken im Alten Zürich, Zürich 1961, S. 101.
255 StAZH. B IV 15, fol. 75. – Martin Illi. Begräbnis und Kirchhof, S. 155.
256 Zürcher Taschenbuch 1926, S. 134/135.
257 Gotthard Schmid. Landeskirche des Kantons Zürich, S. 49.
258 Pascale Sutter. Die Stadtrechte von St. Gallen und Rapperswil, Bd. 2, Basel 2007, S. 598.
259 Gotthard Schmid. Landeskirche des Kantons Zürich, S. 49.
260 Emil Stauber. Sitten und Bräuche im Kanton Zürich, 1. Teil, S. 39.
261 Manfred Becker-Huberti. Lexikon der Bräuche und Feste, Freiburg im Breisgau 2007, S. 398/399.
262 Christoph Wehrli. Die Zürcher Hoffartsgesetzgebung in nachreformatorischer Zeit, Zürich 1966, S. 15. – StAZH. III AAb 1.
263 Emil Stauber. Sitten und Bräuche im Kanton Zürich, 1. Teil, S. 33.
264 Paul Hugger. Handbuch, Bd. 1, S. 215.
265 Karl Kuprecht. Erlenbach, S. 37, 40.
266 Pascale Sutter. Die Stadtrechte von St. Gallen und Rapperswil, Bd. 1, Basel 2007, Nr. 50, S. 108/109.
267 StAZH. C II 14, Nr. 682, dat. 18.4.1440.
268 Claudio Leibacher. Leibeigen zwischen Abt und Stadt. In: Äbte, Amtsleute, Archivare, MAGZ, Bd. 76, Zürich 2009, S. 45/46.
269 Claudio Leibacher. Leibeigen zwischen Abt und Stadt, S. 45, 49.
270 StAZH. F III 38, Landvogteirechnungen Wädenswil. – StAZH. B II 1055, Ratsmanual I, 10.6.1797.
271 Historisches Lexikon der Schweiz. Todfall. Internetversion vom 3.7.2008.
272 Allgemeiner Anzeiger vom Zürichsee, 18.2.1857.
273 Allgemeiner Anzeiger vom Zürichsee, 18.2.1857.
274 Allgemeiner Anzeiger vom Zürichsee, 11.4.1863; 21.10.1865; 27.12.1865.
275 Tages-Anzeiger, 13.7.2012.
276 Peter Ziegler. St. Peter, S. 71/72.
277 StAZH. E III 132.8, S. 95.
278 StAZH. E III 132.8, S. 97.
279 Friedrich Vogel. Memorabilia Tigurina, S. 437.
280 Peter Ziegler. Uetikon am See, S. 224–226.
281 Paul Kläui. Horgen, S. 442.
282 Peter Ziegler. Spital Wädenswil, Wädenswil 1886–1986, Wädenswil 1986, S. 6.
283 Peter Ziegler/Peter Kummer. Meilen, S. 315.
284 Allgemeiner Anzeiger vom Zürichsee, 18.1.1876.

285 Allgemeiner Anzeiger vom Zürichsee, 8.1.1887.
286 Allgemeiner Anzeiger vom Zürichsee, 17.11.1888.
287 Tages-Anzeiger, 8.5.2012.
288 Leo Weisz. Die Werdmüller, Bd. 2, Zürich 1949, S. 17 und Bd. 3, Tafel 39. – Peter Ziegler. Kinder in Zürich, Zürich 1986, S. 75.
289 Jenny Schneider. Schatzkammer der Schweiz, Zürich 1980, S. 69. – Peter Ziegler. Kinder in Zürich, S. 78.
290 Allgemeiner Anzeiger vom Zürichsee, 1850, Nr. 44; 1858, Nrn. 33, 88, 95, 122, 139, 140; 1860, Nr. 56; 1862, Nrn. 57, 68, 92, 126, 129, 133, 134, 135.
291 Allgemeiner Anzeiger vom Zürichsee, 21.11 1874. Ebenso 1879, Nr. 111.
292 Allgemeiner Anzeiger vom Zürichsee, 3.2.1881.

Bildernachweis

Allenspach Walter / Walder Hans, Zürich: Seite 40.

Archiv Peter Ziegler, Wädenswil: Seiten 17 unten, 23, 24 unten, 27, 29 links, 29 rechts, 32 unten, 35, 36, 37, 39, 43 oben, 46 oben, 57, 69, 73, 84, 89, 94, 100, 107 unten, 108, 112, 115, 116, 124, 127, 128, 129 oben links, 130, 137.

Augsburger Kalender 1490: Seiten 51, 53.

Bachmann Confiseur, Luzern: Seite 85 links.

Bächtiger Paul, Horgen: Seite 91.

Baugeschichtliches Archiv des Stadt Zürich, Zürich: Seiten 121, 122, 125, 129 rechts.

Braut- u. Festmoden Chez Janine AG, Bubikon: Seite 74.

Burlet Reto, Wädenswil: Seite 11 unten.

Christen Urs, Pfäffikon SZ: Seite 135 links.

Denkmalpflege des Kantons Zürich, Dübendorf: Seite 66, 120.

Dokumentationsstelle Oberer Zürichsee, Wädenswil: Seiten 81, 85 rechts, 87.

Fankhauser Fritz, Hütten: Seite 80.

Foto Tevy, Wädenswil: Seite 32 oben.

FriedWald, Pressefoto Thomas Gasparini: Seite 132 rechts.

Grieder Sandra, Winterthur: Seite 16.

Hauser Albert. Alte Volkskunst am Zürichsee, Zürich 1992, S. 107, 88: Seiten 68, 79.

Herrliberger David. Heilige Ceremonien …, Zürich 1751: Seiten 12, 13 oben, 31, 41, 77 links, 107 oben, 114 oben, 118.

Hoffmann Georges, Au: Seiten 43 unten, 45, 46 unten, 47, 49, 50, 77 rechts, 78, 81, 85 rechts, 87, 99.

Internet: Seiten 8, 9, 11 oben, 13 unten, 15, 21.

Kirchgemeindearchiv St. Peter, Zürich: Seiten 40, 62.

Neujahrsblatt 1991 der Hülfsgesellschaft in Zürich: Seite 129 unten links.

Ortsmuseum Meilen, Meilen: Seite 64.

Ortsmuseum Richterswil, Richterswil: 114 unten.

Preisig E. Magdalena, Wädenswil: Seite 24 oben rechts.

Privatbesitz: Seite 96, 97.

Schmid Gotthard. Die Landeskirche des Kantons Zürich, Zürich 1954, bei S. 192, 144: Seiten 20, 34.

«Schweizerische Bauzeitung», Bd. 14, 1889, S. 4, 5: Seite 131.

Schweizerische Nationalbibliothek, Graphische Sammlung, Sammlung Gugelmann, Bern: Seite 52.

Schweizerisches Nationalmuseum, Zürich: Seite 19 (LM 54 111), 58 (DIG-4583).

Staatsarchiv des Kantons Schwyz, Schwyz: Seite 103.

Staatsarchiv des Kantons Zürich, Zürich: Seiten 17 oben, 55.

Stiftsarchiv Einsiedeln, Einsiedeln: Seiten 101, 102.

Stäfa, Gemeindeverwaltung: Seite: 132 links.

Wyss Pit, Dielsdorf: Seiten 24 oben links, 110, 138.

Zentralbibliothek Zürich, Grafische Sammlung, Zürich: Seiten 10, 86, 135 unten rechts, 139.

Ziegler Peter, Wädenswil: Seiten 22, 28, 135 oben rechts.